grüner wohnen

green living

Zeitgenössische
deutsche Landschafts-
architektur

Contemporary
German Landscape
Architecture

Birkhäuser
Basel

Bund Deutscher Landschaftsarchitekten bdla (Hg./Ed.)

Wir danken den Förderern des Deutschen Landschaftsarchitektur-Preises für ihre freundliche Unterstützung dieser Publikation | We would like to thank the sponsors of the German Landscape Architecture Prize for their kind support of this publication:

Bruns-Pflanzen-Export GmbH & Co. KG
ComputerWorks GmbH
Dehner GmbH & Co. KG
Deutscher Mieterbund e. V.
GdW Bundesverband Deutscher Wohnungs- und Immobilienunternehmen
RINN Beton- und Naturstein GmbH & Co. KG

Distribution
ActarBirkhäuserD
www.actarbirkhauser-d.com
Barcelona - Basel - New York

Roca i Batlle 2
E-08023 Barcelona
T +34 93 417 49 43
F +34 93 418 67 07
salesbarcelona@actarbirkhauser.com

Viaduktstrasse 42
CH-4051 Basel
T +41 61 5689 800
F +41 61 5689 899
salesbasel@actarbirkhauser.com

151 Grand Street, 5th floor
New York, NY 10013, US A
T +1 212 966 2207
F +1 212 966 2214
salesnewyork@actarbirkhauser.com

Redaktion im Auftrag des bdla | Editor for bdla Sandra Kalcher · Thies Schröder, ts|pk thies schröder planungskommunikation, Berlin

Redaktionsbeirat | Editorial Board Ulrike Böhm · Norbert Kloeters · Andreas Müller · Martin Prominski · Till Rehwaldt · Jutta Sankowski

Übersetzung vom Deutschen ins Englische | Translation from German into English Julian Reisenberger, Weimar

Gestaltung | Layout Miriam Bussmann, Berlin

Buchherstellung | Book production ActarBirkhäuserPro

Die Abbildungen der Beiträge „Wie grün werden wir wohnen?" und „Entwerfen = Entscheiden" zeigen Projekte, die zum Deutschen Landschaftsarchitektur-Preis 2011 sowie zum Sonderpreis Wohnumfeld eingereicht wurden.

The illustrations and photos accompanying the articles "How green will we live?" and "Designing = Decision-making" show projects that were submitted for the German Landscape Architecture Prize in 2011 and the Special Prize for Residential Environments.

A CIP catalogue record for this book is available from the Library of Congress, Washington D.C., USA.

Bibliographic information published by the German National Library The German National Library lists this publication in the Deutsche Nationalbibliografie; detailed bibliographic data are available on the Internet at http://dnb.d-nb.de.

© 2011 Birkhäuser GmbH, Basel
P.O. Box, 4002 Basel, Switzerland
Part of ActarBirkhäuser

Printed on acid-free paper produced from chlorine-free pulp. TCF ∞

Printed in Spain

ISBN 978-3-0346-0755-1

9 8 7 6 5 4 3 2 1
www.birkhauser.com

Inhalt

Contents

Vorwort

Foreword

Grüner Wohnen – Bürgerwunsch und Strategie der Stadtentwicklung

Green living – between residents' wishes and urban development strategies

Freiräume im Wohnungsbau sind grundsätzliche Fragen der Landschaftsarchitektur.

Wer grüner wohnen will, zieht an den Stadtrand? Oder sein Gemüse auf dem Dach? Monatlich erscheinen neue Ratgeber zu Garten, Kochen, Selbstversorgung. Kein Regal mehr, das nicht gut gefüllt ist mit dieser Gartenliteratur. Selbstorganisation basiert heute nicht mehr nur auf Psychologie oder Fitness, sondern auf dem Gärtnern. Dazu das Versprechen der „Landlust", einzulösen gleich am Bahnhofskiosk.

Zugleich beklagen Planer die Zersiedelung der Landschaft, versuchen die Überbauung von Naturräumen einzugrenzen. Freiraumkulissen inmitten der Städte gewinnen so weiter an Bedeutung. Forschungen bestätigen deren Einfluss auf den Wert des Wohnens. Freiraumqualität kann den Bodenrichtwert um bis zu 37 Prozent verbessern. „Die Aktivitäten der Grünflächenämter erweisen sich als höchst bedeutsam. ... Die Arbeit der Grünverwaltung [wirkt sich] nicht nur in ökologischer und sozialer Hinsicht, sondern auch ökonomisch unmittelbar positiv aus."[1] Umfragen des Deutschen Mieterbundes bestätigen diese Forschungen. Die Lage in der Nähe zu Parks und Plätzen, zu Gärten und Naturräumen wird zunehmend wertgeschätzt. Und längst ist das Gärtnern nicht mehr der Luxus der Älteren. Guerilla-Gardening und Urban Farming sind die aktuellen Umsetzungen des Langfrist-Trends Garten. Hier geht es um neue Lebensformen, um Experimente angesichts krisenhafter Herausforderungen. Aktivismus ist bis hinein in konservative Kreise zum Maßstab des Handelns geworden.

Bedarf es da noch der Planung? Der Wohnungsbaupolitik? Trotz regional wieder stark nachwachsender Nachfrage und einem zu knappen Angebot am Wohnungsmarkt vieler Städte geht es nicht mehr vorrangig um eine Versorgung mit Wohn- und Grünraum, sondern um die Selbst-

von · by Andrea Gebhard Outdoor spaces in residential environments are fundamental aspects of landscape architecture.

Should those who want to live a greener life move to the suburbs? Or grow their vegetables on the roof? Every month new lifestyle guides are published on gardening, cooking or self-sufficiency. Self-organisation, once the domain of psychology or fitness, is now also a matter for gardening.

At the same time, planners bemoan uncontrolled land consumption and attempt to restrict the development of natural environments. Open spaces within the city are becoming increasingly important. Research confirms their influence on the value of living. High-quality outdoor amenities can increase local ground values by up to 37 percent. "The activities of Parks and Recreational Facilities Departments are of utmost importance. ... The work of the Parks Authority is not only ecologically and socially important but also has a direct positive economic effect."[1] Such research is corroborated by questionnaires conducted by the German Tenants' Association. Locations in the vicinity of parks and squares, gardens and natural environments are increasingly highly prized. Gardening too is no longer a luxury available only to the elderly. Guerrilla gardening and urban farming are just current manifestations of a long-term trend toward the garden. Here it is about new ways of life, about experiments in the face of crisis-like challenges. Activism has become an acknowledged means of action even among conservative circles.

So, do we still need planning, or housing policies? Despite renewed growing regional demand coupled with insufficient housing supply in many cities, the issue is no longer primarily concerned with the provi-

versorgung mit Identität. Dass diese oftmals grün ist, kennzeichnet inzwischen alle politischen Lager und Bevölkerungsgruppen. Für die Landschaftsarchitektur und -planung liegen hierin Herausforderungen. Grüne Werte sind in die gesellschaftliche Mitte gerückt. Um Akzeptanz müssen Landschaftsarchitekten nicht mehr ringen. Starke Positionen in Verwaltungen oder gut bezahlte Aufträge für alle leiten sich aus dieser neuen Stärke aber nicht automatisch ab. Im Gegenteil, die Konkurrenz innerhalb der wachsenden Branche ist härter geworden, wie auch die Konkurrenz um Haushaltstitel und Etats in Zeiten knapper öffentlicher Mittel.

Die Vorsorge für Zukunftsherausforderungen darf jedoch nicht nur Trends untergeordnet werden. Weil aber Grüner Wohnen ein starker Trend ist, wird sich die Vielfalt der Ideen und Gestaltungen auf dem engen Raum eines Stadtbalkons wie in der Weite der Urban Farm weiter entwickeln. Dieses Buch fragt nach den Bedingungen des Wohnens wie des Grüns der Städte. Führende Autoren und Wissenschaftler sowie Interviewpartner aus der Planungspraxis schildern und interpretieren die Entwicklungen. Die Haltungen der jungen Landschaftsgestalter werden in Form der Arbeiten des Peter-Joseph-Lenné-Preises dokumentiert.

Im Mittelpunkt des Buches stehen diejenigen Arbeiten, die von der Jury zu den Leitprojekten der Landschaftsarchitektur in Deutschland erkoren wurden.

Apropos Schönheit und Funktion: Das Bi-Annual des Bundes Deutscher Landschaftsarchitekten ist eine Erfolgsgeschichte und erreicht viele Leser auch auf dem internationalen Markt. Das erste dieser Bücher zum Deutschen Landschaftsarchitektur-Preis erschien vor zehn Jahren 2001. Auch deshalb wurde dieses Jahrbuch nun mit seiner sechsten Ausgabe 2011 von Grund auf neu gestaltet.

sion of housing and public outdoor amenities but with the creation of an own identity. That this is often green is a trend that now pervades all political camps and sections of the population. This presents new challenges for landscape architecture and landscape planning. While green values have shifted to the centre of society and landscape architects no longer need campaign for awareness, well-paid commissions and a stronger representation in local administration do not automatically follow. On the contrary, competition within the growing branch has intensified, as has competition for budget allocations and funding in times of diminishing public resources.

However, provisions for future challenges should not be dictated by trends alone. That said, because green living is a strong trend, the variety of ideas and designs, whether for tight spaces such as balconies or for extensive spaces such as urban farms, will continue to develop. This book examines the conditions of living and of green spaces in the city. Leading authors and academics as well as interviewees from the realm of planning practice describe and interpret the developments. The standpoints of young landscape designers are documented in the designs entered for the Peter Joseph Lenné Prize.

The main focus of the book is given over to the works that were selected by the jury as being representative of contemporary landscape architecture in Germany.

And speaking of beauty and function: the Federation of German Landscape Architects' biennial publication has proven to be a success story and also attracts many readers on the international market. The first of these books was published ten years ago to accompany the German Landscape Architecture Prize in 2001. For this reason too, this yearbook, now in its sixth edition, has been given a complete redesign.

1 Hoffmann, Gruehn 2010: Bedeutung von Freiräumen und Grünflächen in deutschen Groß- und Mittelstädten für den Wert von Grundstücken und Immobilien, LLP report 015, TU Dortmund.

1 Hoffmann, Gruehn 2010: The importance of open spaces and green areas in large and medium-sized cities in Germany for the value of land prices and real estate, LLP report 015, TU Dortmund (transl. by the ed.).

Landschaftsarchitektur im Zeitalter urbaner Transformation

Landscape architecture in an age of urban transformation

„Das Leben. Es heißt, das Leben sei voller Gegensätze, voller Wünsche und Entscheidungen, voller Entweder, voller Oder. Aber wäre es nicht viel schöner, sich nicht entscheiden zu müssen, sondern Gegensätze zusammenzubringen, unterschiedliche Wünsche zu vereinbaren und einfach mehr zu genießen? Wäre das nicht ein besseres Leben? Warum heißt es statt ENTWEDER ODER nicht einfach UND? Würde das nicht vieles erleichtern, das Leben bereichern? Nicht ENTWEDER Karriere ODER Familie, sondern Karriere + Familie. Nicht ENTWEDER Arbeit ODER Vergnügen, sondern Arbeit + Vergnügen. Nicht ENTWEDER Stadt ODER Land, sondern Stadt + Land. Ist das denn so schwer? Und ist es zu viel, mehr zu wollen? Auf jeden Fall wollen wir eines: ein schönes Leben! Ein Leben, in dem vieles Verschiedenes Platz hat. Und einen Platz, an dem wir eines finden: das ganze Leben.“ [1]

DIE SEHNSUCHT NACH DEM GRÜNEN PLUS

Viel plakativer als im professionellen Werbefilm für Aspern, die aktuell im Bau befindliche „Seestadt Wiens", lassen sich die allgemeinen Erwartungen der Menschen an ein modernes Stadtleben in unseren Breitengraden kaum darstellen, und so soll in der neuen 240-Hektar-Trabantenstadt auf der grünen Wiese endlich jener uralte Gegensatz zwischen Stadt und Land aufgelöst werden, an dem sich Generationen von Planern schon seit Ebenezer Howards „Garden Cities of To-morrow" von 1898 [2] beharrlich abarbeiten. Ob mit dem „grünen Plus", das Aspern seinen zukünftig 20.000 Einwohnern verspricht, tatsächlich der Durchbruch gelingen wird, ist aus vielen Gründen fragwürdig. Ein Grund: Nach einer repräsentativen Infratest-Studie [3] im Auftrag von FOCUS und der Commerzbank vom August 2010 träumen 71 Prozent von 1.000 befragten Wohninteressenten in Deutschland von einem Leben im

von · by Udo Weilacher

"Life. They say that life is full of contradictions, full of desires and decisions, full of eithers, full of ors. But wouldn't it be much nicer not to have to decide, but to bring together opposites, to fulfil more than one dream and simply to enjoy more? Wouldn't that be a better life? Why do they say EITHER OR and not simply AND? Wouldn't that make things much easier, make life more fulfilling? Not EITHER career OR family, but career + family. Not EITHER work OR pleasure but work + pleasure. Not EITHER city OR countryside but city + countryside. Is that really so hard? And is it too much to want more? In any case, we want one thing: a good life! A life in which there is room for many different things. And a place in which we can find one thing: a full life!" [1]

YEARNING FOR THE GREEN PLUS

The depiction of people's general expectations of modern city life in our climes doesn't get much more superficial than that portrayed in the professional advert for Aspern, the "Seestadt Wien" currently being built in Vienna. The new 240 hectare satellite city built on a greenfield site promises to reconcile the age-old opposition of city and countryside that generations of planners have strived for ever since Ebenezer Howard published "Garden Cities of To-morrow" in 1898 [2]. Whether the "green plus" that Aspern promises its 20,000 future inhabitants will actually represent the long sought-after breakthrough is questionable for a number of reasons. One reason: according to a representative Infratest study [3] commissioned by FOCUS magazine and the Commerzbank in August 2010, 71 percent of 1,000 prospective home owners in Germany dream of living in a single-family house on

▼ Flugfelder wie das Gelände des 1977 stillgelegten
Flughafens Wien-Aspern zählen zu den wichtigsten
zusammenhängenden und daher wertvollsten Flächen-
reserven vieler Städte in Europa

The sites of former airfields, such as that of Aspern
Airport Vienna closed in 1977, represent some of the
most significant – and therefore valuable – areas of
contiguous land in many cities in Europe

freistehenden Einfamilienhaus am Stadtrand oder auf
dem Land, ohne lästiges Entweder-Oder. Dass derlei Ide-
alvorstellungen nicht nur in Deutschland vorherrschen, ist
ebenso offenkundig wie die globalen Folgen für die Umwelt, die jeder Versuch, diese Wünsche zu erfüllen, schon
heute nach sich zieht, vom ungebremsten Verbrauch der

the outskirts of a city or in the countryside, without any
tiresome either or. That such ideals prevail not only in
Germany should be as apparent as the global consequences for the environment that already result from
each new scheme built to fulfil this ideal, from the
unrestricted consumption of land – a non-renewable

nicht vermehrbaren Ressource Boden – derzeit in Deutschland noch immer etwa 100 Hektar pro Tag – bis zu den gravierenden Klimafolgen, die der steigende Energieverbrauch für Mobilität und Klimatisierung mit sich bringt.

UNBEQUEME WAHRHEITEN DER ÖKOLOGIE

Je nach Standpunkt – und das ist keineswegs neu – sind die Erwartungen an die Landschaftsarchitektur im Zusammenhang mit zukünftiger Stadtentwicklung sehr unterschiedlich bis vollkommen divergierend. Während die meisten Wohninteressenten in den hoch entwickelten Industrieländern erwarten, dass man der Realisierung ihres privaten Traums vom Häuschen im Grünen nicht im Weg steht, fordern die Weltgemeinschaft und insbesondere jene, die schon heute von den Folgen des Klimawandels unmittelbar und existenziell betroffen sind, vollkommen zu Recht die sofortige Anerkennung der „unbequemen Wahrheiten der Ökologie"[4], den Schutz wertvoller globaler Gemeingüter und ein entsprechend gewissenhaftes Planen und Bauen. Auch die Landschaftsarchitektur in Deutschland muss insbesondere hinsichtlich des Schutzes der Ressource Boden klare Standpunkte beziehen und verantwortungsvoll mitwirken an der Gestaltung einer Lebensumwelt, die sich permanent auf komplexe Weise verändert. Triebkräfte dieser dynamischen Veränderungen sind in erster Linie der Wandel gesellschaftlicher Normen und Werte vor dem Hintergrund einer täglich um etwa 230.000 Erdenbürger[5] zunehmenden Weltbevölkerung und ständig wachsender alltäglicher Ansprüche der Menschen. Diese Ansprüche sind weltweit betrachtet keineswegs nur auf mehr Genuss und „grünes Plus", sondern immer häufiger auf die Sicherung der blanken Existenz gerichtet. Es ist nicht nur kurzsichtig, sondern geradezu fahrlässig, die Frage nach der Zukunft des Stadtgrüns im

resource that in Germany is currently being consumed at a rate of 100 hectares per day – to the grave consequences for the climate caused by spiralling energy consumption for mobility and air conditioning.

INCONVENIENT ECOLOGICAL TRUTHS

Depending on the viewpoint – and that is nothing new – the expectations placed in the role of landscape architecture for future urban development vary considerably or are even entirely divergent. While most prospective home owners in the industrialised nations do not expect anyone to stand in the way of their private dream of a home in the countryside, the global community, and in particular those already directly affected by the consequences of climate change, is calling for immediate recognition of the "inconvenient ecological truths"[4], the protection of valuable, common global resources and a correspondingly responsible approach to planning and building. Landscape architecture in Germany must likewise adopt a clear position with regard to conserving land resources and responsibly contribute to designing a living environment that is continually changing in complex ways. The driving forces behind these dynamic changes can be attributed for the most part to changing societal norms and values in light of the growing global population – which is increasing at a rate of about 230,000 new inhabitants per day[5] – and continually rising everyday demands in general. From a global perspective, these demands are by no means solely about consumption and more "green plus" but increasingly about securing basic livelihoods. To discuss the future of urban green solely from within our own sphere of activity, without regard for the wider global implications, is not only short-sighted but down-

◀ Die Infotafel im Vordergrund des Landschaftspanoramas lässt erahnen, wie man sich die Stadt der Zukunft auf dem etwa 200 Hektar großen ehemaligen Flugfeld in Zukunft vorstellen muss

The hoarding in the foreground of the panoramic view over the landscape presents an idea of how the approximately 200 hectare large site of the former airfield will look after the proposed city of the future has been built

eigenen Wirkungskreis zu diskutieren, ohne sich der vollen globalen Tragweite dieser Frage bewusst zu sein. Dieses Problembewusstsein und den Mut zu unbequemen Wahrheiten muss man von aktueller Landschaftsarchitektur grundsätzlich erwarten können.

GREEN IS COOL – NORMAN FOSTERS VISION DER IDEALEN STADT

Der renommierte Architekt Lord Norman Foster befasst sich seit vielen Jahren mit zentralen Fragen der Stadtentwicklung und identifizierte im Rahmen eines Thinktanks unter dem Titel „Foresight"[6] zwei Kernfragen der Zukunft: 1. Wird es der Menschheit gelingen, ein umweltschonendes Mobilitätskonzept zu entwickeln, das auf niedrigem Energieverbrauch beruht? 2. Wird die Gesellschaft einen technischen Fortschritt akzeptieren – mitsamt seinen Orwell'schen Folgen –, bei dem zukünftig insbesondere die Computertechnologie alle Lebensbereiche erfassen wird? Das derzeit größte urbane Entwicklungsgebiet in Europa, das nach einem Masterplan von Foster + Partners entwickelt wird, liegt im südöstlichen Bezirk der Stadt Mailand auf dem Gelände einer 1,2 Quadratkilometer großen ehemaligen Industriefläche. Dort realisieren die Londoner Architekten gerade ihre Vorstellung einer Idealstadt der Zukunft, „Milano Santa Giulia" für 50.000 bis 60.000 Einwohner. Das ambitionierte Innenentwicklungsprojekt, dessen Planung bereits 2003 begann, soll insbesondere hinsichtlich der Nachhaltigkeit neue Maßstäbe setzen. Hohe Bebauungsdichte und energieeffiziente Mobilität stehen dabei natürlich im Mittelpunkt, aber auch die Entwicklung eines leistungsfähigen Freiraumsystems mit einem etwa 30 Hektar großen Central Park, den Foster als „grüne Lunge" bezeichnet. Alle städtebaulichen Zukunftsvisionen der Architekten, darunter auch die Pläne zur

right negligent. Contemporary landscape architecture should exhibit a fundamental awareness of this problem along with the courage to tackle inconvenient truths.

GREEN IS COOL – NORMAN FOSTER'S VISION OF THE IDEAL CITY

The renowned architect Lord Norman Foster, who has tackled key issues of urban development for many years, identified two main questions for the future as part of a think tank entitled "Foresight"[6]: 1. Will mankind be able to develop environmentally-friendly transport concepts that consume very little energy? 2. Will society accept technological advances – with all its Orwellian consequences – in which computer technology will permeate all aspects of everyday life? The largest current urban development area in Europe, which is being developed according to a masterplan drawn up by Foster + Partners, lies on the southeast perimeter of Milan on a 1.2 square kilometre large former industrial site. Here the London-based architecture office is planning "Milano Santa Giulia", its vision of an ideal city of the future for 50-60,000 inhabitants. The ambitious inner urban development project, which has been in planning since 2003, aims to set new standards, particularly with regard to sustainability. High-density building and energy-efficient mobility concepts are, of course, core aspects of the scheme as well as the creation of an extensive urban green space, a 30 hectare large Central Park that Foster terms the city's "green lung". All of the architects' urban design visions for the future, among them the plans for Masdar City, an ecologically sustainable city in the United Arab Emirates, are characterised not only by issues such as energy

Ökostadt Masdar City in den Vereinigten Arabischen Emiraten, werden nicht nur von den Themen Energieeffizienz, Umweltschutz und Mobilität geprägt, sondern sind auch durch einen hohen Grünanteil deutlich gekennzeichnet. Die Qualitäten dieses öffentlichen und privaten Grüns, und zwar keineswegs nur die ästhetischen, sind entscheidend für die Baukultur der Zukunft.

VERANTWORTUNGSVOLLES FREIRAUMMANAGEMENT
In Milano Santa Giulia möchten die Planer einerseits die Ressource Boden schonen und andererseits durch ausgedehnte Grünflächen eine gute Lebensqualität innerhalb des neuen Wohnquartiers erreichen. In Plänen und Modellen wird deutlich, dass sich die geplanten Außenräume in ihrer Ästhetik von urbanen Grünflächen der Vergangenheit nicht wesentlich unterscheiden. Heute ist man sich jedoch darüber im Klaren, dass unbebaute, unzerschnittene und unzersiedelte Fläche eine sehr begrenzte und kostbare Ressource ist. Einige der wichtigsten Herausforderungen für die Landschaftsarchitektur in solchen Projekten bestehen darin, in interdisziplinärer Zusammenarbeit mit Architekten, Stadtplanern, Verkehrsexperten und

efficiency, protection of the environment and mobility but also a high proportion of green space. The qualities of such public and private green spaces in the city, and not just their aesthetic appearance, will be crucial for the future of the built urban environment.

RESPONSIBLE MANAGEMENT OF OPEN SPACES
In Milano Santa Giulia, the planners wish on the one hand to conserve land resources and on the other to provide extensive green areas for a better quality of life in the new residential quarter. In plans and models, one can see quite clearly that the aesthetic qualities of the planned outdoor areas bear a strong resemblance to the urban green spaces of yesteryear. Today, however, one is very much aware that undeveloped, unparcelled and unsettled land is a scarce and precious commodity. Among the most important challenges facing landscape architecture in such projects is the need to work with other disciplines such as architects, town planners, traffic engineers and other specialists to keep an eye on the "ecological footprint" of the overall urban development project. In the interests of facilitating a

◁ Ihren Namen verdankt die „Seestadt Wiens" dem künstlichen See im Zentrum der neuen Trabantenstadt, von dem man sich offensichtlich eine ähnliche Anziehungskraft erhofft wie von der Hamburger Binnenalster

The "Seestadt Wien" (in Vienna) derives its name from the artificial lake in the centre of the new satellite city, which the developers hope will have a similar appeal to the Binnenalster in Hamburg

anderen Fachleuten den „ökologischen Fußabdruck" des gesamten Stadtentwicklungsprojektes im Auge zu behalten. Im Interesse einer sinnvollen Innenentwicklung müssen sie einerseits zulassen, dass geeignete Freiflächen in erforderlicher Dichte bebaut werden. Andererseits muss die Landschaftsarchitektur dafür Sorge tragen, dass nicht aus ökonomischen Sachzwängen wichtige Bausteine des vernetzten Freiraumsystems von Stadt, Umland und Region der unbedachten Überbauung zum Opfer fallen. Die langfristige Sicherung solcher Freiflächen als „grünes Gemeingut" wird nur durch eine strategisch sinnvolle Einbindung in multisoziale und multiethnische Stadtsysteme zu gewährleisten sein. So wichtig die attraktive gestalterische Qualität neuer Gärten, Parks und Plätze in Zukunft auch sein mag, ohne Einbeziehung aller Akteure in die Planungsentscheidungen und ohne intelligente Einbindung der Landschaftsarchitektur in komplexe Stadtentwicklungsprozesse, zum Beispiel im Rahmen von Innenentwicklungs-, Qualifizierungs-, Umnutzungs- oder Zwischennutzungsstrategien, besteht die Gefahr, dass Grünflächen zukünftig lediglich als hübsche, aber im Zweifelsfall entbehrliche Schmuckstücke betrachtet werden.

SCIENCE-FICTION – URBANE ZUKUNFT IM JAHR 2054

Die urbane Zukunft der Menschheit hält aber noch ganz andere Herausforderungen für die Landschaftsarchitektur bereit als jene, die bereits in den großen Stadtentwicklungsprojekten der Gegenwart in Industrienationen, aber auch in Schwellen- und Entwicklungsländern bearbeitet werden. Einen aufschlussreichen Blick in die Zukunft einer amerikanischen Metropole gestattet der amerikanische Regisseur Steven Spielberg mit seinem Film „The Minority Report" von 2002. Die Handlung des Science-Fiction-Thrillers spielt in Washington D.C. 2054, das Drehbuch basiert

sensible degree of inner urban development, some open space must be relinquished for building on in the necessary density. At the same time, landscape architecture must ensure that economic constraints do not cause important elements of the network of open spaces in the city, surrounding areas and region to be sacrificed for building on. The long-term benefit of such open spaces as "common green space" can only be guaranteed through a strategic and sensible approach to embedding them in multi-social and multi-ethnic urban systems. However important the attractive design qualities of new gardens, parks and squares may be in future, without including all stakeholders in planning decisions and without intelligently embedding landscape architecture in complex urban development processes – for example as part of inner urban development, upgrading, conversion or interim use measures – the danger is that green areas will be regarded solely as pretty but ultimately expendable decoration in the city.

SCIENCE FICTION – AN URBAN FUTURE IN THE YEAR 2054

The urban future of humanity holds a whole series of other challenges in store for landscape architecture aside from those that are presently already being tackled in urban development projects in industrialised nations, and in emerging and developing countries around the world. The American director Steven Spielberg offers a revealing view of the future of the American metropolis in his film "Minority Report" from 2002. The science fiction thriller is set in Washington D.C. in the year 2054, while the script was based on a short story of the same name by the American author

auf der gleichnamigen Kurzgeschichte des amerikanischen Autors Philip K. Dick aus dem Jahr 1956. Spielberg lud zur Vorbereitung seines Films renommierte amerikanische Experten aus den Bereichen Technologie, Umwelt, Verbrechensbekämpfung, Medizin, Gesundheit, soziale Dienste, Verkehr, Computertechnologie und Stadtplanung zu einem dreitägigen Thinktank ein, um gemeinsam darüber zu beraten, wie die Welt in Zukunft aussehen wird. Dabei ging es nicht etwa um eine weit entfernte, sondern um die vorhersehbare Zukunft in einem halben Jahrhundert – fünfzig Jahre, in denen sich aller Wahrscheinlichkeit nach in den USA keine völlig neue Gesellschaftsform entwickeln würde. Im interdisziplinären Experten-Workshop gelangte man zu dem Ergebnis, dass sich bestimmte Trends, die sich in der heutigen Gesellschaft bereits deutlich abzeichnen, in Zukunft noch erheblich verstärken werden.

ÜBERWACHUNG UND SICHERUNG DES ÖFFENTLICHEN RAUMES

„George Orwells Prophezeiung wird wahr; nicht im 20. Jahrhundert, sondern im 21. Jahrhundert", resümiert Steven Spielberg[7] und stellt fest, dass das Bedürfnis der Stadtbewohner nach mehr Sicherheit im öffentlichen Raum in Zukunft immer stärker werden wird. Dafür nehmen die Menschen in Kauf, dass die Stadträume 2054 mit Netzhautscannern gespickt sind, um sie überall und jederzeit zu identifizieren, ob beim Betreten eines öffentlichen Gebäudes oder beim Benutzen der Stadtbahn. Schon vor dem 11. September 2001 geriet der durchschnittliche Großstädter an öffentlichen Orten in der Stadt mehr als 20 Mal pro Tag ins Visier einer Überwachungskamera. Die Vision von der totalen Sicherung und Überwachung des öffentlichen Raumes in Zukunft scheint keineswegs übertrieben, und die damit verbundenen Gefahren restriktiver

Philip K. Dick, written in 1956. By way of preparation, Spielberg invited renowned American experts from the fields of technology, the environment, crime prevention, medicine, health, social services, transport, information technology and urban planning to a three-day think tank in order to explore how the world of tomorrow could look. Rather than postulating scenarios for the distant future, the think tank focused on a foreseeable future half a century later – a time frame of 50 years in which, in all probability, a new form of society would not have developed in the USA. With the help of interdisciplinary expert workshops, they came to the conclusion that certain trends that are already beginning to become apparent in the present day will in future become more pronounced.

SURVEILLANCE AND SAFETY IN THE PUBLIC REALM

"George Orwell's prophecy really comes true, not in the twentieth century but in the twenty-first,"[7] says Steven Spielberg and predicts that in future the city dwellers' need for public safety will become so great that by 2054, urban space will be bristling with retinal scanners that can identify them wherever they go, at any time of day or night, whether they are entering a generally accessible building or using public transport. Even before the 11th September 2001, the average city dweller was caught on film by a CCTV camera more than 20 times a day. The vision of total surveillance and safeguarding of space portrayed in the film does not seem exaggerated, and the accompanying risk of use restrictions and increasing privatisation of the public realm are already becoming apparent today. In 2054, interactive advertising screens in shopping centres and public spaces will

Nutzungsregulierung und zunehmender Privatisierung sind schon heute absehbar. 2054 sollen zudem interaktive Reklamebildschirme in Einkaufspassagen und auf öffentlichen Plätzen mittels blitzschneller Netzhautscans jede Person schon von Weitem identifizieren und ihre Werbebotschaften gezielt an vorbeieilende Konsumenten richten. Was einst das Wesen des öffentlichen Raumes ausmachte, die zufällige, direkte Begegnung mit Mitmenschen, wird durch perfekte Simulationen ergänzt. Der

identify people from afar through rapid retinal scanning so that they can show advertising targeted specifically to the passing consumers. Where once the nature of public space served the chance meeting of people in person, it is now augmented by perfectly orchestrated simulations. According to this vision, public space will be secure, largely privatised, commercialised and perfectly tailored to our personal needs – is this a dream or a nightmare?

öffentliche Raum der Zukunft: sicher, eigentumsrechtlich privatisiert, kommerzialisiert und perfekt zugeschnitten auf unsere persönlichen Bedürfnisse – Traum oder Alptraum?

NATÜRLICHE UND KÜNSTLICHE SYSTEME IN SYMBIOSE

Nach Meinung der Experten wird sich Washington D.C. in seiner äußeren Erscheinung kaum verändern, denn geltende Bauvorschriften verhindern auch in naher Zukunft die Errichtung von Wolkenkratzern und das Überbauen vorhandener öffentlicher Parks und Gärten im zentralen Stadtgebiet. In den neuen, hoch verdichteten Stadtquartieren jenseits des Flusses Potomac erkennt der Zuschauer in Spielbergs Vision zahlreiche öffentliche, aufwändig begrünte Freiräume, die sich äußerlich nicht von jenen unterscheiden, wie man sie heute schon aus den großen Metropolen kennt. Die Herausforderung für Landschaftsarchitekten und Architekten wird darin bestehen, künstliche und natürliche Systeme so miteinander zu verbinden, dass in der Stadt eine lebenswerte, mit Natur durchwirkte Dichte zustande kommt. Die alten Gärten und Parks werden auch in Zukunft Orte sein, an denen der Mensch den sinnlichen Kontakt zum *terroir*, zur landschaftlichen

A SYMBIOSIS OF NATURAL AND ARTIFICIAL SYSTEMS

According to the experts, the appearance of Washington D.C. will hardly change because building regulations will also prevent the construction of skyscrapers and the building over of still existent public parks and gardens in the city centre. In the new, densely-built districts on the other side of the Potomac River, the viewer sees numerous, elaborately planted public green spaces that differ very little from those in the metropolis as we know it today. The challenge for landscape architects and architects will be to connect artificial and natural systems in such a way that a liveable, nature-suffused dense urban structure results. The old gardens and parks will in future also be places where people can make sensory contact with the *terroir*, with the landscape on which the city is built. Such green spaces will only be saved from disappearing from the face of the city if landscape architecture is able to keep alive public appreciation of the value and history of these places and to continually ensure their care and upkeep. Many existing parks and gardens in our own country could likewise benefit from more consistent care and

Grundlage der Stadt aufnehmen kann. Diese Grünräume werden aber nur dann nicht aus dem Bild der Städte verschwinden, wenn es der Landschaftsarchitektur gelingt, das öffentliche Bewusstsein für den Wert und die Geschichte dieser Orte wachzuhalten und beständig für ihre Pflege und Erhaltung zu sorgen. Auch hierzulande könnten viele vorhandene Gärten und Parks konsequenter gepflegt und kultiviert werden, um das öffentliche Grün für die Menschen wieder wahrnehmbar und besser erlebbar zu machen, bevor man aus marketingstrategischen Gründen die aufwändige Inszenierung neuer, publikumswirksamer Grün-Events in Erwägung zieht. Obwohl sich die Gärten und Parks in der Zukunft gestalterisch kaum verändern werden, wird sich das öffentliche Leben auch in diesen Stadträumen durch den technologischen Fortschritt wahrscheinlich gravierend wandeln.

SCHLÜSSELPROBLEM URBANE MOBILITÄT

Eine ganz besondere Rolle werden in Zukunft die städtischen Verkehrsräume spielen, darunter auch stillgelegte Verkehrsstraßen. Während der Filmheld in „Minority Report" 2054 mit seinem individuellen, bodengebundenen Elektromobil auf dem Land außerhalb der Stadt unterwegs ist, sehen die Visionen für den innerstädtischen Verkehr etwas anders aus. Hier bewegen sich die Menschen in so genannten Maglev-Mobilen, privaten Magnetschwebefahrzeugen, fast lautlos auf speziellen Highways computergesteuert und mit einer Höchstgeschwindigkeit von 160 Kilometern pro Stunde durch die Stadt. Experten sind der Ansicht, dass der Individualverkehr zukünftig in ein Massenverkehrssystem integriert und mit diesem synchronisiert gesteuert werden wird. Die privaten Maglev-Fahrzeuge docken direkt an den Stadtwohnungen an und werden zu einem Teil der Innenarchitektur. Losgelöst vom

cultivation, in order to improve the wider perception and experience of public green spaces instead of resorting to marketing-driven, elaborate green events designed to draw the public into parks. Although gardens and parks will in future change little in their design, public life in these urban spaces will probably change significantly as a result of technological progress.

URBAN MOBILITY – A KEY ISSUE

Transport routes in the city will play a very special role in future, including former, now obsolete traffic arteries. While in 2054 in "Minority Report", the film's hero travels around outside the city limits in his own landbound electromobile, the vision presented for innercity transport is somewhat different. In the city, people travel in so-called mag levs, private magnetic levitation vehicles that travel almost silently at speeds of up to 160 kilometres per hour along special highways that are computer controlled. The experts were of the view that personal transport will in future be integrated into a mass transit system and synchronised with it using a control system. The private mag lev vehicles dock directly onto the owner's residence becoming a part of its interior. When detached from the dwelling, the capsules glide through urban space horizontally along special elevated highways and travel vertically up and down the façades of skyscrapers. Rather than the city adapting to the means of travel, the mode of transport adapts to the conditions of the city. Just how much these developments will affect the design of the external realm in cities, and what scope this has for the design of landscape architecture can be guessed at when one considers the High Line project in New York.

Wohnraum gleiten die Kapseln sowohl horizontal auf speziellen Hochbahntrassen als auch vertikal entlang der
Hochhausfassaden durch den urbanen Raum. Nicht die
Stadt muss sich zukünftig dem Verkehr anpassen, sondern
das Verkehrsmittel muss den Bedingungen der Stadt angepasst werden. Wie stark sich diese Entwicklungen auf
die Außenraumgestaltung in den Städten auswirken werden und welche Gestaltungsspielräume sich für die Landschaftsarchitektur ergeben, lässt nicht nur das New Yorker
High-Line-Projekt erahnen. Neue Verkehrssysteme können
darüber hinaus zu Auslösern faszinierender Entwicklungs-
prozesse im urbanen Außenraum werden. In den steilen
Hanglagen der Städte Medellín in Kolumbien und Caracas
in Venezuela sind heute schon Seilbahnen, „Metrocable"
genannt, als innovative Nahverkehrssysteme in Gebrauch,
um die dichten, informellen Stadtquartiere, die über kein
geeignetes Autostraßennetz verfügen, effizient und um-
weltschonend zu erschließen[8]. Allein in Medellín werden
auf diese Weise mehr als 30.000 Fahrgäste pro Tag befördert. Die positiven sozialen, kulturellen und wirtschaftlichen Folgewirkungen dieser Infrastrukturinvestitionen
sind beeindruckend, und der öffentliche Raum gewinnt
enorm an Qualität und Bedeutung als Gemeingut.

SOZIALE WERTE SCHAFFEN

„Durch den fokussierten Blick auf den globalen und loka-
len Wandel der Städte in dieser Welt, durch die Unter-
suchungen, wie neue Transporttechnologien und Stadtgestaltung soziale Gerechtigkeit und Gleichheit fördern
können, durch die Erforschung neuer Verbindungen zwischen Stadtgestalt und Nachhaltigkeit sowie durch das
Verständnis für die verbindende Kraft öffentlicher Räume
erlaubt diese Ausstellung eine internationale Betrachtung
des sozialen Wertes von Architektur in der Stadt", schrieb
der Londoner Architekt Richard Burdett, Direktor der

Furthermore, new transit systems can be a trigger for
fascinating developmental processes in outdoor urban
environments. In cities with steep inclines such as
Medellín in Columbia or Caracas in Venezuela, cable
cars – the so-called "Metrocable" – are already used as
an innovative, efficient and environmentally-friendly
local transport system to connect together the dense,
informal urban districts that lack a suitable road network[8]. In Medellín alone more than 30,000 people use
the Metrocable every day. The positive social, cultural
and economic consequences of this investment in infrastructure are impressive and the quality and meaning of the public realm as a common property improves
enormously.

CREATING SOCIAL VALUES

"By focusing on how cities of the world are changing at
global and local levels, by investigating how new forms
of transport and urban design can promote social justice and equity, by exploring the links between city
form and sustainability and by understanding the cohesive potential of public spaces, this exhibition provides an international perspective on the social value
of architecture in the cities", wrote the London-based
architect Richard Burdett, director of the 10th International Architecture Biennale in Venice in 2006 entitled
"Cities, Architecture and Society"[9]. In the same vein –
and always with an eye for the global consequences of
its approaches –, landscape architecture will in future
be expected to collaborate with other disciplines and
communicate openly with local residents to unfold its
creative potential in the service of creating better social
values and liveable environments in the city.

10. Internationalen Architekturbiennale in Venedig „Cities, Architecture and Society" 2006.[9] Ganz in diesem Sinne wird von der Landschaftsarchitektur in Zukunft erwartet, dass sie – stets die globalen Konsequenzen ihrer Handlungsansätze im Blick – in interdisziplinärer Zusammenarbeit sowie in aufgeschlossener Kommunikation mit den Stadtbewohnern ihr kreatives Potenzial zur Schaffung hoher sozialer Werte und lebenswerter Umwelt in der Stadt unter Beweis stellt.

1   Wien 3420 Aspern Development AG, *aspern Die Seestadt Wiens. Das ganze Leben*. Der offizielle Imagefilm zum Stadtentwicklungsprojekt aspern. Wien 2008.

2   Vgl. Ebenezer Howard, *Tomorrow. A Peaceful Path to Social Reform*, London 1898.

3   http://www.focus.de/immobilien/kaufen/immobilienstudie-immer-mehr-deutsche-wollen-ins-eigenheim_aid_543879.html (Stand: 22.08.2010).

4   Vgl. Wolfgang Haber, *Die unbequemen Wahrheiten der Ökologie. Eine Nachhaltigkeitsperspektive für das 21. Jahrhundert*. München 2010.

5   The World Bank Group (Hg.), *Beyond Economic Growth*. Washington D.C. 2004, S.22.

6   Vgl. Norman Foster zit. nach Woodman, Ellis: „Norman Foster", in: Fondazione La Biennale (Hg.), *10th International Architecture Exhibition. Cities, Architecture and Society*. Venedig 2006, S.62.

7   Steven Spielberg zit. aus: *Deconstructing Minority Report*, Twentieth Century Fox 2002.

8   Vgl. „Creative Urban Projects" http://gondolaproject.com und Christian Werthmann, Neue Wege in der Stadtplanung, in: www.uptown-online.de (Stand: 20.02.2011).

9   Richard Burdett/Miguel Kanai, „City-building in an age of global urban transformation", in: Fondazione La Biennale (Hg.), *10th International Architecture Exhibition. Cities, Architecture and Society*. Venedig 2006. S.3. „Diese Ausstellung wirft einen internationalen Blick auf den sozialen Wert von Architektur in der Stadt. Sie stellt dar, wie sich die Städte der Welt auf globaler, als auch auf regionaler Ebene wandeln, sie untersucht, wie neue Wege des Transportes und des städtebaulichen Entwurfs soziale Gerechtigkeit und Gleichheit begünstigen, sie setzt sich mit der Verbindung zwischen Stadt und Nachhaltigkeit auseinander und sie betont das zusammenführende Potenzial des öffentlichen Raums." (Übersetzg. durch den Hg.)

1   Vienna 3420 Aspern Development AG, aspern "Die Seestadt Wiens. Das ganze Leben." Official image film of the aspern urban development project. Vienna 2008.

2   cf. Ebenezer Howard, *Tomorrow. A Peaceful Path to Social Reform*, London, 1898.

3   www.focus.de/immobilien/kaufen/immobilienstudie-immer-mehr-deutsche-wollen-ins-eigenheim_aid_543879.html (retrieved 22 August 2010).

4   cf. Wolfgang Haber, *Inconvenient ecological truths. A perspective on sustainability in the 21st Century*, Munich 2010.

5   The World Bank Group (Ed.), *Beyond Economic Growth*, Washington D.C. 2004, p.22.

6   cf. Norman Foster cited in Woodman, Ellis: "Norman Foster", in: Fondazione La Biennale (Ed.), *10th International Architecture Exhibition. Cities. Architecture and Society*, Venice 2006, p.62.

7   Steven Spielberg cited in: *Deconstructing Minority Report*. Twentieth Century Fox 2002.

8   cf. "Creative Urban Projects" and Christian Werthmann, Neue Wege in der Stadtplanung, in: http://gondolaproject.com (retrieved 20 February 2011).

9   Richard Burdett/Miguel Kanai, "City-building in an age of global urban transformation", in: Fondazione La Biennale (Ed.), *10th International Architecture Exhibition. Cities. Architecture and Society*, Venice 2006, p.3. „By focusing on how cities of the world are changing at global and local levels, by investigating how new forms of transport and urban design can promote social justice and equity, by exploring the links between city form and sustainability and by understanding the cohesive potential of public spaces, this exhibition provides an international perspective on the social value of architecture in the cities."

▲ Prof. Christiane Thalgott

Stadt ernten
Harvesting the city

bauchplan im Gespräch mit ·
bauchplan in conversation
with Christiane Thalgott

Frau Thalgott, Sie sind Architektin und Stadtplanerin, waren Stadtbaurätin in Kassel und München. Auch nach Ihrer aktiven Zeit als Stadtbaurätin leben Sie weiterhin mitten im Münchener Innenstadtbezirk Schwabing. Sind Sie ein Stadtmensch?

Ja, absolut. Ich brauche das Leben um mich herum. Ich laufe nicht gern weit, etwa zum Einkaufen, zum Theater oder zu einem Vortrag. Deshalb werde ich auch künftig in der Stadt bleiben. Ich möchte das alles gern bei mir um die Ecke haben und gut mit dem Fahrrad erreichen können.

Das Fahrrad ist ja zu Ihrem Markenzeichen geworden.

Ja, das ist mein übliches Verkehrsmittel. In der Stadt sind die Wege nicht weit. Eine Fahrtzeit von 30 Minuten benötigt man auch mit einem Auto oder öffentlichen Verkehrsmitteln. Zudem hat man während der Arbeit ständig Bewegungsmangel. Ich finde es einen Quatsch, sich tagsüber nur mit dem Auto fortzubewegen und dann abends turnen zu gehen.

Mit der Mobilität sind wir bereits mitten im Thema der nachhaltigen Stadtentwicklung. Wo liegen im Zuge des Klimawandels die größten Herausforderungen für die Stadtplanung? Ist die Mobilität eine Schlüsselaufgabe?

Städte können das Zusammenleben künftig besser organisieren als bisher. Man hat in der Stadt sehr viele Ebenen, auf denen man handeln kann. Angefangen bei der Energieversorgung über den Gebäudebestand bis hin zur Verkehrspolitik kann man sich in systematischen Schritten auf die Zukunft vorbereiten. Natürlich ist es so, dass der „ökologische Fußabdruck" der Städte heute größer ist als die Städte selbst, aber die Stadt bietet eben auch die Möglichkeit, Wohnen, Arbeit, Kultur und Bildung zusam-

Ms Thalgott, you are an architect and town planner, and have headed the municipal planning departments in Kassel and Munich. Even after your period in office, you continue to live in the inner-city district of Schwabing in Munich. Are you a city person?

Yes, very much so. I need the vitality of the city around me. I don't like having to walk far to go shopping, to go to the theatre or visit a lecture, which is why I will continue to live in the city. I like having access to all of that just around the corner within easy reach by bicycle.

The bicycle has become something of your trademark.

Yes, it is my preferred mode of transport. In the city, places are not far apart but even with a car or public transport the journey can still take 30 minutes. And during the working day, there is little opportunity for physical activity. It seems nonsensical to me to drive everywhere during the day and then to go to the gym in the evenings.

You mention mobility, which brings me to the question of sustainable urban development. In the context of ongoing climate change, where do you see the greatest challenges for urban planning? Is mobility a key issue?

Cities will in future be better equipped to organise how we live together. In cities we are able to take action at many different levels. Whether through energy supply, the building stock or transportation policy, we can take systematic steps towards preparing for the future. Although the "ecological footprint" of cities is now larger than the cities themselves, cities are able to provide housing, work, culture and education in close proxim-

men anzubieten und so energieaufwändige Mobilität einzusparen. Es bietet sich an, das Leben hier zu optimieren.

*Wie wird sich dieses Optimieren auf das Leben in der
Stadt auswirken?*
Derzeit gibt es eine breite Bereitschaft bei den Menschen,
klimaschonend und energieeffizient zu leben. Allerdings
sind die meisten der Meinung, mit dem Auswechseln der
Glühbirne oder einem effizienteren Auto wäre es dann
auch getan. Eine Veränderung des Verhaltens ist zunächst
einmal mit Mangel verbunden, und der ist einfach nicht
sexy. Über die Veränderung von Lebensstilen in der Stadt
muss man immer wieder sprechen.

Städte haben die Möglichkeit, in ihrem Handeln und
Planen die Notwendigkeit von Veränderungen zu kommuni-
zieren.

*„Landschaft kann man nicht entwerfen", zumindest nicht
im klassischen Sinne einer entwerferischen Gestaltge-
bung. Das Aussehen unserer Kulturlandschaft ist ein Pro-*

ity, reducing the need for energy-intensive mobility. As
such, it would seem sensible to optimise how we live in
cities.

*How will this process of optimisation affect our way of
life in cities?*
At present, there is broad acceptance of the need to conserve energy and live more ecologically. For most people, however, this means little more than changing light
bulbs and driving a more efficient car. Actual change in
the way we live will initially involve making sacrifices
and that is simply not sexy. For this reason, we need to
continually talk about changes in urban lifestyles.

Cities, in the way in which they plan and take action,
have the opportunity to communicate the need for
change.

*"Landscapes can't be designed", at least not in the tradi-
tional sense of giving them a designed form. For example,
the face of our cultural landscape is as much a product*

dukt agrarpolitischer Entscheidungen auf europäischer Ebene und unseres Konsumverhaltens. Sie sind Honorarprofessorin an der TU München für „Strategie und Umsetzung in der städtebaulichen Planung". Kann man strategische Veränderungen für den Klimawandel in einer Stadt planen?

Ja und nein. Man muss sich über die Rahmenbedingungen von Stadt und über die Verantwortlichen und die Handelnden klar werden, dann kann man sehen, wie sich diese beeinflussen lassen. Das ist weniger ein stadtplanerisches Thema als mehr ein gesellschaftspolitisches. Das Wissen um die richtigen Stellschrauben, wer überhaupt Einfluss ausüben kann und wer das auch tut oder wer Interessen artikuliert, das ist an Erfahrungen aus verschiedenen Städten geknüpft. Dieses Wissen lässt sich nicht aus Büchern erlernen, und es ist Teil meiner Vorlesungen, hier Strategien und Methoden weiterzugeben bzw. das Hinsehen zu lehren, um eine Stadtgesellschaft zu analysieren und dann zu sehen, wie Einflussnahme möglich ist.

Auch wenn dies primär keine planerische Handlungspraxis ist, so ist es doch für Planer sinnvoll, sich jede Aufgabe genau anzusehen und zu hinterfragen, ob sie mit dem planerischen Instrumentarium überhaupt sinnvoll lösbar ist. Manchmal liegen die eigentlichen Probleme ganz woanders.

Sie haben in München 15 Jahre lang die Stadtentwicklung geprägt. Mit der Messestadt Riem, der Theresienhöhe und dem Ackermannbogen wurden große Siedlungsprojekte auf den Weg gebracht. Welches waren hier die strategischen Aufgaben einer zukunftsfähigen Stadtentwicklung?

Der grundsätzliche Ansatz ist die funktionale Verflechtung von Wohnen, Arbeiten und Freizeitangeboten in jedem

of agricultural policy decisions made at a European level and of our own patterns of consumption. You are honorary professor for "Strategy and Implementation in Urban Planning" at the TU Munich. Is it possible to plan strategic changes for climate change in a city?

Yes and no. One needs to be aware of the boundary conditions of the city and of the responsible actors and active stakeholders in order to ascertain how these can be influenced. This has less to do with town planning than with socio-political issues. Exactly what aspects can be adjusted, who is able and also willing to influence developments and who articulates their interests is something one learns from one's experience of different cities. This is not something that can be learned from a book. In my lectures I make a point of communicating strategies and methods that teach students how to observe and analyse urban society in order to ascertain where it may be possible to exert influence.

Although not strictly an aspect of planning practice, it is useful for planners to examine each task carefully and to ask themselves whether it can actually be adequately resolved with the instruments available to planners. Sometimes the actual problem lies somewhere else entirely.

Over a period of 15 years you have influenced urban development in Munich, not least through the implementation of a series of large neighbourhood development projects including the Messestadt Riem, the Theresienhöhe and the Ackermannbogen. What kind of strategic tasks for sustainable urban development have these encompassed?

The fundamental approach in each development area is to combine the functions of living, working and re-

„Beim Eigenanbau von Obst und Gemüse wird das Angenehme mit dem Nützlichen verbunden"

"Growing one's own fruit and vegetables is both pleasurable and useful"

„Das Leben in der Stadt sollte so organisiert sein, dass es ohne große Fernmobilität möglich ist. Dazu trägt auch das Angebot von frischem Obst und Gemüse inmitten einer Stadt wie auf dem Viktualienmarkt in München bei"

"Urban living should be organised in such a way that it is not necessary to travel long distances. An essential part of this is the availability of fresh fruit and vegetables in the city, such as from the Viktualienmarkt in Munich"

Entwicklungsgebiet. Dafür bedarf es ausreichender Freiflächen. Dazu kommt die soziale Integration von Arm und Reich. Die Drittelmischung von Sozialwohnungen, gefördertem und frei finanziertem Wohnungsbau ist ja eine Münchener Spezialität. Das bedeutet aber, dass man für alle Gruppen ausreichend Freiraum schaffen muss, denn man benötigt Ruhezonen genauso wie Raum für Jugendliche zum Lärmen oder Skaten.

Für die Stadtplanung stellt sich künftig die Herausforderung, das Zusammenleben in der Stadt so zu organisieren, dass ein Leben auch ohne große Fernmobilität möglich ist. Hier kommt den Freiflächen eine große Bedeutung zu, weil man eben diese benötigt, wenn die Mobilitätskosten steigen und nicht mehr alle ständig ins Umland fahren können.

Die Freiräume haben also eine strategische Bedeutung?
Die Stadt München ist sehr dicht bebaut, und auch die Neubau-Quartiere weisen hohe Dichten auf. Diese hohe Dichte bedeutet aber, dass ausreichend Freiflächen im Gebiet vorhanden sein müssen, um den Bedürfnissen nach Bewegung gerecht zu werden. Ansonsten fahren alle zum Joggen oder Spazierengehen aus der Stadt heraus. Die Freiflächen sind Teil der Lebensqualität in der Stadt für diejenigen, die dort wohnen, aber auch für die dort Arbeitenden. Die Arbeitsbedingungen haben sich ja grundlegend geändert. Flexible und längere Arbeitszeiten verlangen nach angemessenen Freiräumen, damit die Menschen auch mal durchatmen können.

Wie lässt sich in einer Stadt wie München, die immer noch wächst und mit den hohen Bodenpreisen kämpft, der Freiraum als strategische Komponente der Stadtentwicklung gegenüber den ökonomischen Interessen durchsetzen?

creation. For this one needs enough open space. A further aspect is the social integration of rich and poor segments of society. The roughly equal-thirds mix of public social housing, subsidised and commercially financed housing is a speciality of Munich. That means, however, that one needs to provide sufficient public space for all groups, i.e. quiet zones as well as space for skaters and young people to make a noise.

The challenge facing urban planning in future is the need to organise coexistence in the city in such a way that it is possible to live in cities without the need for long-distance mobility. As cost of mobility increases and fewer people are able to commute regularly to and from the urban hinterland, public open space will play an increasingly important role.

So, public open space will be of strategic importance?
The city of Munich is very densely built-up and the new neighbourhoods also exhibit high building densities. Such high densities mean that sufficient open space must be available to cater for the need for outdoor activities. People will otherwise journey outside of the city to go jogging or go for walks. In addition, open spaces contribute to the quality of life not just of residents but also of those who work there. Working patterns have changed considerably and flexible and longer working days need appropriate outdoor spaces so that people can take a break during their working day.

How can a city such as Munich, which continues to expand and is subject to high land prices, assert the need for open space as a strategic component of urban development against the pressure of economic interests?

Als ich nach München kam, waren die Grünplanung durch die planende Verwaltung in den Flächennutzungsplänen und Grünordnungsplänen sowie die Eingriffs-Ausgleichsregelung weitgehend installiert und auch akzeptiert. Zudem gibt es hier ein Bewusstsein, dass Freiflächen zur Qualität der Stadt dazugehören.

Hier sehe ich einen Zusammenhang mit dem Umland. Das Verständnis, dass zur Schönheit der Heimat die grünen Wiesen, die Hügel und auch die Kuh auf der Weide gehören, ist sicher eine gute Voraussetzung, um Landschaft als Qualität zu begreifen. Die liebliche Landschaft des Voralpenlandes ist in den Köpfen der Menschen klar als Bild vorhanden. Bei Neubebauungen führt solch ein Qualitätsbewusstsein auch zu einer entsprechenden Nachfrage. Nicht überall in Deutschland ist Landschaft ein konstituierendes Element der Umgebung. Die Menschen haben unterschiedliche Wahrnehmungen von ihrer Umgebung, und darauf müssen Planer reagieren.

Bei der IBA Sachsen-Anhalt kann man das am Beispiel von Dessau sehr gut sehen. Diese Landschaft mit den großen Feldern bildet nun wirklich keine liebliche Landschaft. Hier wird versucht, bei dem Schrumpfungsprozess Inseln in der Landschaft zu bilden. Die Qualität der entstehenden Freiflächen muss eine starke Ästhetisierung gewährleisten. Nur wenn die Entwicklung als neue Qualität erkennbar ist, kann sie dieses landschaftliche Konzept tragen.

Sie sprechen das Qualitätsbewusstsein an. Die Deutschen geben ja im europäischen Vergleich viel Geld für Wohnen aus. Wohnen hat bei uns einen hohen Stellenwert. Da ist es doch erstaunlich, dass die Qualität im Wohnungsbau ein Problem darstellt.
Die wenigsten Menschen sind in der Lage, die Qualität einer Wohnung oder eines Gartens vom Plan her zu beurteilen. Für den Freiraum kommt hinzu, dass die Kenntnisse

When I came to Munich, the plans for urban green space planning had already been incorporated and agreed in the land use plan and green structures plan by the relevant planning authorities, as had the provisions for impact mitigation regulation. In addition, there is a general awareness that open space represents a quality of the city.

In this respect, I see a connection with the surrounding countryside. The general awareness that green meadows, rolling hills and grazing cows are an essential part of the beauty of the local surroundings certainly helps in the perception of the value of landscape in general as something positive. The pastoral landscape of the Alpine foothills is a clear image in the minds of the people. This appreciation manifests itself in a corresponding demand for appropriate open spaces when new building developments are undertaken. But not everywhere in Germany is landscape such a constituent element of the surroundings of cities. People have different perceptions of their surroundings and planners have to respond to this.

For example, this can be seen quite clearly in Dessau and the plans for the IBA International Building Exhibition in Saxony-Anhalt. This area with its large expanses of open fields is anything but the epitome of a pastoral landscape. Here the approach has been to attempt to steer shrinkage processes to form islands in the landscape. The resulting open spaces need to communicate a strong aesthetic quality. Only when development is perceived as lending the region a new quality, will it uphold this concept of the landscape.

You mention an awareness of quality. Compared with the rest of Europe, Germans are known to spend a large amount of money on their homes. Our living environ-

der Menschen über die Natur ausgesprochen lückenhaft sind. Die Kinder wissen ja noch nicht einmal, dass eine Mohrrübe nicht im Supermarkt wächst. Damit ist auch klar, dass sie keine anderen Pflanzen kennen und erst recht keine Planung mit Kringeln auf dem Papier lesen können.

Der diesjährige Landschaftsarchitektur-Preis hat einen Sonderpreis zum Thema Wohnumfeld. Welches sind für Sie die wesentlichen Kriterien einer gelungenen Freiraumplanung im Wohnungsbau?
Im Wohnungsbau müssen Freiflächen erstens schön und zweitens robust sein. Es gilt, dem demografischen Wandel Rechnung zu tragen, für ältere Menschen zu planen und gleichzeitig Angebote für junge Familien und Kinder zu machen. Wir sind keine sehr tolerante Gesellschaft. Es ist wichtig, das Zusammenleben gut zu organisieren.

Dasselbe gilt für öffentliche Grünflächen, die zum einen großflächige Angebote machen müssen, aber auch mit Blumen etwas für das Herz bieten sollten. Wenn man mit Ruderalvegetation oder Biotopflächen arbeitet, dann muss dies gestalterisch in ein Konzept eingebunden und so inszeniert bzw. ästhetisiert werden, dass auch eine eigenständige Qualität daraus entsteht und nicht nur eine Restfläche. Nur was qualitativ hochwertig ist, wird auch wertgeschätzt.

Wenn Sie diese Maßstäbe anlegen, wie zufrieden sind Sie dann mit der heutigen Praxis der Landschaftsarchitektur in Deutschland?
Die Qualität ist sehr unterschiedlich. Es gibt Büros, die sich ganz wunderbar mit Raum und Pflanzen auseinandersetzen, und es gibt leider auch genug, die sich scheinbar schwertun, von ihrem Blatt in die Realität zu denken. Das kann man in Neubau-Quartieren sehen, wo die Qualität

ment is important to us. In light of this it is surprising that the quality of housing should be such a problem.
Few people are able to judge the quality of an apartment or a garden based on its floor or ground plan. And where outdoor spaces are concerned, people's general knowledge of nature is even more fragmentary. Some children aren't even aware that carrots don't grow in supermarkets. In that case, they will not know any other plants and certainly won't be able to interpret the squiggles in plans on paper.

This year's Landscape Architecture Prize features a Special Prize for Housing. What do you see as the key criteria for the successful planning of outdoor spaces for housing?
Outdoor spaces for housing need firstly to be attractive and secondly to be robust. Reflecting the demographic shift, outdoor spaces should be planned for older people while simultaneously providing spaces for young families and children. We are not a particularly liberal society and it is important to carefully organise the way we live together.

The same applies to public green spaces, which on the one hand have to provide large, open spaces, and on the other should provide flowers for pleasure and enjoyment. When working with ruderal vegetation or natural habitats, these need to be incorporated into the design concept and presented or aesthetically treated in such a way that they acquire a quality of their own rather than simply being relegated to left-over areas. Only areas of a high quality will also be valued as such.

In light of the criteria you mention, how happy are you with the current practice of landscape architecture in Germany?

der Freiflächen häufig sehr unterschiedlich ist. Manche Planer pflanzen alles zu und andere gehen ganz gezielt mit Pflanzen um. Ich denke, da ist auf jeden Fall noch Spielraum zum Lernen. Wenn es gut gemacht ist, dann funktioniert ein Freiraum auch sehr gut, selbst auf engem Raum.

In puncto Qualität können auch die Wohnbauträger noch eine Menge lernen. Es ist ja ein Irrsinn, Millionen in Häuser zu investieren und bei den Freiflächen zum Schluss einige Zehntausend Euro einzusparen. Das versuche ich den angehenden Immobilienwirten immer wieder klarzumachen.

Die Wichtigkeit von Freiraumplanung wird von vielen Seiten immer wieder betont. In der täglichen Praxis und in den Entscheidungen der Bauherren liegen die ökonomischen Prioritäten oft anders. Was machen die Landschaftsarchitekten falsch, dass sie die allgemein zugesprochene Bedeutung nicht immer umsetzen können?
Ich denke, dass dies ein grundsätzliches Problem in der Kommunikation zwischen Bauherren und Planern ist. Das betrifft Architekten und Landschaftsarchitekten gleichermaßen. Sie müssen dem Bauherrn klarmachen, dass der Qualitätsanspruch durchgehalten werden muss, damit die Immobilie attraktiv ist. Da haben wir in München nun leider das Problem, dass die Nachfrage so groß ist, dass auch geringere Bauqualität einen Abnehmer findet. Auf der anderen Seite wissen Wohnungsbaugesellschaften, die im Bestand arbeiten, sehr wohl, dass Qualität wichtig ist.

Leider kann man immer wieder beobachten, dass die Bauherren schlecht beraten werden. Auch bei sehr teuren Anlagen wird manchmal alles zugepflanzt. Viele Landschaftsplaner haben einen „horror vacui" und kringeln dann in den Plänen alles voll.

Das ist sicher auch ein Thema der Ausbildung. Die Landschaftsarchitekten beschränken sich oft auf ihre Flächen,

The quality of landscape design is very varied. There are offices that work wonderfully with space and plants, but there are, unfortunately, plenty of others that find it hard to imagine their designs on paper in reality. You can see this in the design of outdoor spaces for new building developments where the quality of the spaces often varies considerably. Some planners fill everything with planting; others use planting in a considered and deliberate manner. In my view, there is still room for improvement. When well designed, an outdoor space can function extraordinarily well, even when very small.

In terms of quality, residential developers also have a great deal to learn. It seems madness to invest millions in building homes only to skimp on the design of outdoor spaces for the sake of a few tens of thousands of Euros. This is something I repeatedly try and impress on future developers.

The importance of planned outdoor spaces is highlighted time and again by many different stakeholders, but is not always reflected in the day-to-day practice and economic priorities of investors and developers. What are landscape architects doing wrong in not always being able to invest spaces with the importance with which they are generally regarded?
I think that a fundamental problem lies in the communication between client and planner. That concerns architects and landscape architects alike. They need to convince the client that for a property to be perceived as attractive, the same level of quality needs to be accorded to all aspects of a scheme. In Munich we have the additional problem that demand is so high that low quality buildings still find buyers or tenants. On the other hand, housing associations with a large stock of

denken zweidimensional und vergessen den Raum. Auch kommen die Auseinandersetzung mit Nutzungsqualitäten und der Umgang mit Bauherren in der Ausbildung zu kurz.

Für die Steigerung der Qualität wäre es sicher sinnvoll, wenn auch die Landschaftsarchitekten einmal die Entkopplung des Honorars von der Bausumme diskutieren würden. Was die Architekten mühsam über die letzten Jahrzehnte im Wohnungsbau erreicht haben, wäre auch für die Freiflächenplanung gut.

Es gibt ja in Deutschland kaum einen öffentlichen Diskurs zu Architektur oder Freiraumplanung. Welches sind die Zukunftsthemen, denen sich die Disziplin widmen sollte?

Im Zuge der Reaktion auf den Klimawandel kommt der Nahrungsmittelproduktion in der Stadt künftig eine strategische Bedeutung zu. Die derzeitige Form von Nahrungsproduktion und -transport trägt in Wahrheit zu gut einem Drittel zu unserem CO_2-Ausstoß bei. Es wird nicht ausreichen, wenn wir nur weniger mit dem Auto unterwegs sind und unsere Häuser einpacken. Erstaunlicherweise wird weder von Stadtplanern noch von Landschaftsplanern oder den Landwirten diese integrative Bedeutung des Nahrungsmittelsektors erkannt.

existing buildings are very much aware that quality is important.

Nevertheless, we still see many cases where clients and investors have been poorly advised. Even very expensive housing schemes are sometimes covered entirely with planting. Many landscape architects have a "horror vacui" and feel the need to fill their plans with vegetation.

That is certainly also a problem that derives from their education. Landscape architects often think in two dimensions, planning surfaces rather than thinking in terms of space. In addition, aspects such as quality of use and dealing with clients do not feature greatly in their education.

To improve the quality of outdoor spaces, it would certainly be sensible for landscape architects to discuss the decoupling of their fees from the building costs. What architects have gradually achieved in the field of housing over the last few decades would also be good for the planning of outdoor spaces.

In Germany there is very little public discourse on architecture and the planning of outdoor spaces. What are the issues that the discipline will need to address in future?

Sie bewirtschaften selbst seit Jahren Ihren Balkon, ernten und kochen ein. Sie haben in München die Krautgärten etabliert. Welche Rolle spielt Gärtnern in der Stadt?
Ich denke, dass Eigenanbau für die Zukunft, wenn die Menschen immer älter werden und sicherlich immer weniger Geld zur Verfügung haben werden, eine ganz große Rolle in der Stadt spielen wird. Wenn man im Alter von 67 noch 25 Jahre vor sich hat, braucht man doch eine Aufgabe. Beim Anbau von Obst und Gemüse kann man das Angenehme mit dem Nützlichen verbinden. Es bietet die Chance, sich sinnvoll zu beschäftigen, sich gesund zu ernähren und Geld zu sparen.

Ernährung als eine Aufgabe der Stadtentwicklung? Ist in der Stadt denn überhaupt genug Platz für den Anbau von Nahrungsmitteln?
Ja, ich denke gerade hier sollten die Leute gärtnern. Am besten ist alles, was vor der Haustür stattfindet und nicht mit weiten Wegen verbunden ist. Man muss Modelle entwickeln, durch die der Anbau direkt in der Stadt erfolgt. Das können Balkone, ein Stück Gartenland oder organisierte Formen wie bei den Münchener Krautgärten sein. Hier pflanzen Landwirte auf stadtnahen Feldern ein breites Spektrum an Gemüse an. Familien aus der Stadt können Parzellen pachten und sich um das Gießen, Unkrautjäten und Ernten kümmern.

Es geht darum, lange Wege zu vermeiden und das Gärtnern in den Alltag zu integrieren. In China hat dies jahrhundertelang auch in sehr dicht besiedelten Gebieten funktioniert. Nördlingen oder Rothenburg ob der Tauber sind historische Beispiele für Städte, in denen man die Versorgung nahe dem Haus studieren kann. Geschickt organisiert, braucht das Gärtnern wenig Platz. Wir müssen es nur wieder neu lernen.

In response to the implications of climate change, the production of food in the city will acquire strategic importance. The current form of food production and transport accounts for around a third of our CO_2 emissions. It will not be enough to travel less by car and insulate our houses better. Astonishingly, neither landscape planners nor farmers seem to grasp the integrative importance of this food production sector.

You have been cultivating your balcony for years and harvest and bottle your own produce. You have also established the "Krautgärten" (vegetable gardens) in Munich. What role can gardeners play in the city?
I think that in future home-grown produce will play a very important role in cities as people grow older and have less money to spend. When 67-year-olds have 25 years or so ahead of them, they need something to do. The growing of fruit and vegetables combines usefulness with pleasure. It is a meaningful activity, promotes healthy nutrition and saves money.

So, is food production a matter for urban development? Is there even enough space in the city for growing food?
Yes, I think this is precisely where people should be gardening. Things are best when they are available on your doorstep and don't require transporting across long distances. We need to develop models in which food can be cultivated directly in the city. These could be balconies, a piece of garden land or organised systems such as the "Krautgärten" in Munich. In this case, farmers plant a broad range of vegetables on fields close to the city. Families from the city can lease plots and look after the watering, weeding and harvesting of the produce.

Der Park Riem in München: „Freiflächen sind Teil der Lebensqualität in der Stadt für diejenigen, die dort wohnen, aber auch für die dort Arbeitenden"

Park Riem in Munich: "Open spaces contribute to the quality of life not just of residents but also of those who work there"

Die Stadt lernt also vom Land?

Der ländliche Raum an sich und die Idee, Stadt und Land stärker zusammenzubringen, hat mich schon immer fasziniert. Während meines Studiums hat es mich erschüttert, dass die Menschen auf dem Land ihre eigenen Produkte nicht gegessen haben. Das war damals ein grundsätzliches Bildungsproblem. In den 1960er und 1970er Jahren hat man über Eigenanbau und Ernährung wenig nachgedacht. Es war ja noch nicht so lange her, dass man in der Nachkriegszeit auf Trümmergrundstücken Kohl gezogen hatte, um zu überleben. Anbau in der Stadt war also eher mit Armut verknüpft.

Ist die Stadtplanung heute schlauer als damals und hat sie verstanden, dass die Verbindung zur Ressource Boden wichtig ist?

Ja, ich hoffe, wobei ich immer wieder feststelle, dass die Stadtplaner sich sehr schwertun, sich großflächig mit Landschaft und deren Nutzung auseinanderzusetzen und sie nicht als Restraum ohne Funktion zu verstehen. Die integrative Betrachtung von Stadt und Land ist immer noch ein Thema Einzelner und leider auch heute noch kein Allgemeingut.

Wie sehen Sie das Thema bei den Landschaftsarchitekten vertreten?

Da gibt es auch nur einige wenige, die sich dem Thema widmen. Es ist schon interessant, dass dies so wenig in den Köpfen derer verankert ist, die sich mit dem großmaßstäblichen Raum beschäftigen.

Wie gelingt es in einer Stadt, eine Idee wie die der urbanen Landwirtschaft zu platzieren?

Zunächst muss man nach Partnern und Verbündeten suchen. Wer ist interessiert, und wem gehören die Flächen?

The aim is to avoid long transport distances, and to make gardening a part of one's everyday activities. In China this has survived for centuries, also in very densely built-up areas. Nördlingen or Rothenburg ob der Tauber are historical examples of cities in which one can study the cultivation and provision of local produce. When cleverly organised, gardening does not require much space. We just need to re-learn how to do it.

The city can learn from the countryside?

Rural countryside and the idea of more strongly connecting the city and countryside have always fascinated me. During my studies, I was shocked to see that rural inhabitants did not eat their own produce. At the time that was a fundamental educational problem. In the 1960s and 1970s, little thought was given to home-grown produce. It is not so long ago that people grew cabbage on post-war rubble sites in order to survive. Growing your own food was therefore associated with poverty.

Is town planning wiser than before and has it understood the importance of the connection with the ground as a resource?

Yes, I hope so, although all too often town planners still have difficulties envisaging large-scale areas of landscape and their uses without regarding it as left-over function-less space. An integrative approach to the city and landscape is still the reserve of individual protagonists and has not as yet become common practice.

And how do you see this aspect treated by landscape architects?

Here too there are only a few who have taken up this aspect. It is intriguing that this aspect is still not an-

Dann muss man sich Strategien und Methoden überlegen,
wie man solche Ziele mit den Eigentümern und Landwirten
vor Ort einerseits und mit den späteren Nutzern andererseits umsetzen kann.

*Welche Rolle spielt die Verwaltung im Vergleich zu ande-
ren Akteuren wie Nutzern oder Planern bei der Umsetzung
neuer städtebaulicher Ansätze?*
Die Stadtverwaltung muss die Basis setzen, Prozesse organisieren und Verbündete suchen, innerhalb der Verwaltung selbst, in der Politik und nach außen zu den Bürgerin-
nen und Bürgern. Das kann im Grunde nur die Verwaltung
leisten.

*Sind es eher Großprojekte, mit denen grundsätzliche Im-
pulse in einer Stadt gesetzt werden können, oder viele
kleine Projekte?*
Beide sind wichtig. Es ist essenziell, den Menschen in ihrer
Alltagswelt Angebote zu machen. Das sind dann eher die
kleinen Projekte. Die wenigsten Menschen, auch nicht Po-
litikerinnen und Politiker, können Pläne lesen und sich
Veränderungen vorstellen. Deshalb ist es so wichtig, dass
auch kleine Zwischenschritte ästhetisch überzeugen und
anregend sind. Nur so können sie beispielhaft für größere
Veränderungen stehen.

*Sie haben viel Erfahrung in der Planungswelt gesammelt:
Wie wichtig scheint Ihnen die Suche nach neuen Wegen
und Ansätzen?*
Das Rad neu zu erfinden, ist sicherlich nie notwendig.
Dennoch gibt es immer wieder neue und sich verändernde
Aufgaben, über die man neu nachdenken muss. Das The-

chored in the minds of those who are used to dealing
with large-scale spatial planning.

*How can a city put into place an idea such as urban
agriculture?*
First one needs to find partners and allies. Which
groups are interested and whom does the land belong
to? Then one needs to devise strategies and methods
which one can use to realise such aims with the owners
and local farmers on the one hand and the later users
on the other.

*What role does administration play, compared with oth-
er stakeholders such as users or planners, in the realisation of new approaches to urban development?*
The local municipal administration must provide the
basis, organise processes and seek allies: allies within
administration itself, in politics as well as among the
citizens. This is something that only the administration can really do.

*Are new fundamental impulses more likely to be achieved
in a city through large-scale projects or many smaller
projects?*
Both are important. It is essential to make provisions
that support people in their everyday life. These are
usually smaller projects. Very few people, and for that
matter very few politicians, can read plans and imagine
the changes they may bring. This is why it is so important that even small steps are aesthetically appealing
and attractive. Only then can they serve as examples
for larger-scale changes.

ma der Nahrungsmittelproduktion in der Stadt ist beispielsweise nicht neu, muss aber heute neu interpretiert und in einer Stadtgesellschaft organisiert werden – auch wie man Freizeit in einer Gesellschaft mit mehr älteren Menschen und weniger Kindern anders organisieren kann. Es ist wichtig, sich klarzumachen, dass die Aufgaben nicht identisch bleiben.

Die Erfahrungen, die man gesammelt hat, und das Wissen um unterschiedliche Lösungswege sind natürlich ein Schatz. Man muss Fehler ja nicht zweimal machen. Es gibt immer noch genug neue Fehler, die man machen kann.

Umwege sind wichtig. Es gibt ja keine richtigen und falschen Lösungen. Ungewöhnliche Wege, die einem zunächst merkwürdig erscheinen, können zum Ziel führen. Mit den Jahren habe ich eine gewisse Geduld erlernt. Der Faktor Zeit ist ganz wesentlich bei städtebaulichen Entwicklungen.

Schließlich ist es neben dem genauen Zuhören aber einfach die Qualität des Entwurfs, die bestimmend ist. Funktionen gut zu organisieren und mit einer eigenen Schönheit zu versehen, das zeichnet eine gute Planung aus.

You have gained much experience in the planning environment: how important do you think it is to seek new ways and approaches?

Certainly it is not necessary to reinvent the wheel. Nevertheless new and changing tasks are constantly arising which we need to consider anew. The issue of food production in the city, for example, is not new, but needs to be interpreted anew in today's context and organised within an urban society – likewise how we can organise recreation in a society that has more older people and fewer children. It is important to be aware that the task itself does not remain the same.

The experience we have gathered and the knowledge of different ways of addressing problems is clearly very valuable. We don't need to repeat previous mistakes. And there are still enough new mistakes we can make.

Detours can be important. There are no right or wrong answers. Unusual approaches that at first sight seem strange, can lead to the desired goal. Over the years I have learned to be more patient. Time is an essential factor in urban development.

Last but not least, alongside the ability to listen carefully, it is quite simply the quality of the design that is decisive. The ability to organise functions well while investing them with a beauty of their own is what characterises a good design.

Wie grün werden wir wohnen?

How green will we live?

Plädoyer für einen nachhaltigen Blick
auf das städtische Wohnen

A plea for a sustainable view of
urban living

Voraussagen bewegen sich zwischen vorsichtigem Vorausdenken entlang des Bestehenden und vorauseilenden, manchmal kühnen Zukunftsentwürfen. Ausgangspunkt des hier skizzierten Szenarios „Städtisches Wohnen morgen" sind dagegen Zwänge und Handlungsnotwendigkeiten. Diese ergeben sich aus der prognostizierten Ölpreisentwicklung aufgrund der Endlichkeit fossiler Rohstoffe und aus dem Klimawandel. Nicht die Fortschreibung vorhandener, modifizierter Trends, sondern die Annahme eines Bruchs in der Entwicklung bildet den Einstieg. Das bedarf der Erläuterung.

Die moderne Industriegesellschaft hat eine zukunftsoptimistische Denkweise verfestigt: Wenn wir nur wollen, können wir mit dem gut organisierten Einsatz intelligenter Technologien alles erreichen! Unsere Wohnungen, Häuser und Städte sind eine Bestätigung und zugleich Abbild dieser fortschrittsgläubigen Art zu leben und zu arbeiten. In geschichtlich kurzer Frist haben die Industrieländer den autogerechten Umbau der Städte und die „Maschinisierung des Wohnens" mittels Zentralheizung, Wasserspülung und Elektrifizierung bewältigt. Die globale elektronische Vernetzung wurde noch schneller zur urbanistischen Realität. Der Klimawandel erinnert uns jedoch daran, dass wir auch als intelligente Spezies Naturwesen bleiben. Der geplünderte Planet zeigt uns über wiederkehrende Katastrophen die Grenzen und die Folgen unserer Lebens- und Wirtschaftsweise. Hinzu kommen die ungewollten Ergebnisse mangelhaft koordinierten Wirtschaftens, die uns – beinahe wie Naturkatastrophen – ebenfalls zyklisch überfallen. Die globale Wirtschafts- und Finanzkrise[1] ist nur eins der jüngsten Beispiele. Wir sind gar nicht diejenigen „Masters of the Universe", als die wir uns aufspielen.

Prognosen, die das Müssen gegenüber dem Wollen betonen, laufen Gefahr, als Kassandrarufe abgelegt und ver-

von · by Armin Hentschel Predictions for the future range from cautious projections of current patterns to progressive, sometimes radical, visions for the future. The starting point for the scenario of "urban living tomorrow" outlined here is informed instead by constraints and the need for action which will result from the predicted rise in oil prices as the finite reserves of fossil fuels become more scarce and from climate change. Rather than projecting existing or modified trends, this scenario assumes that there will be a break in developments. This we should first explain.

In our modern industrial society we have grown used to an optimistic, forward-looking way of thinking in which we can achieve anything we want to through the well-organised use of intelligent technologies! Our houses and cities are a testament to and reflection of this progressive way of living and working. Within a historically short period of time, industrial nations have reconfigured their cities to meet the needs of cars and mechanised living environments with central heating, flushing water and electrification. The global electronic network became urban reality even more quickly. But climate change reminds us that even as an intelligent species we are still creatures of nature. Our despoiled planet shows us the limits and consequences of our lifestyle and economy through recurring catastrophes. In addition, we are hit by the unintended results of badly coordinated economic activity which – like natural catastrophes – recur cyclically. The global economic and financial crisis was just the most recent example of this[1]. We are not the "Masters of the Universe" that we take ourselves for.

drängt zu werden. Wir haben für politische, kulturelle und soziale Autonomie gekämpft und lassen uns diese Idee, unsere Autonomieillusion, ungern nehmen! Für Leser, die sich beruflich mit Landschaftsgestaltung und insoweit mit Naturzusammenhängen befassen, dürfte das Umschalten auf die hier geforderte Sicht weniger fremd sein als für andere Berufsgruppen. Über die handlungsleitende Wirkung einer solchen Art von Aufklärung darf man sich dennoch keine Illusionen machen. Der Autor des Szenarios, das wir uns als gedanklichen Anstoß ausleihen, schreibt in seiner Einführung: „Wenn ich etwas gelernt habe […], dann ist es der Umstand, dass es nahezu unmöglich ist, jemanden von etwas zu überzeugen, was er partout nicht wahrhaben will." [2] Das gilt ganz sicher auch für den Versuch, die Grundüberzeugung zu erschüttern, dass wir mit unserer Technologie alles im Griff haben oder in den Griff bekommen werden. Bis zur mehrheitlichen Infragestellung dieser Annahme bedarf es wahrscheinlich noch vieler weiterer Ereignisse und Katastrophen.

EIN SZENARIO MIT DREISTELLIGEN ÖLPREISEN

„Anstatt in smogverseuchten, von ausufernden Randbezirken umgebenen und von Schnellstraßen zerstückelten Städten zu leben, haben wir die einmalige Chance, uns in kleineren, bequem zu Fuß zu bewältigenden Stadtvierteln und kleinen Städten wiederzufinden, die gebaut (oder umgebaut) wurden, um besser in die neue kleine Welt zu passen." [3] Wer glaubt, hier einen ökovisionären Spinner vor sich zu haben, irrt. Der Autor des Buches „Warum die Welt immer kleiner wird" ist als Chefökonom bei der Canadian Imperial Banking Corporation zuständig für den Weltmarkt und war vorher Berater im kanadischen Finanzministerium. Jeff Rubin kommt in seiner Analyse ohne die sonst üblichen Appelle an umweltethisches Verhalten aus.

Forecasts that emphasise musts over wants run the risk of being branded as prophesies of doom and consequently ignored. We fought for political, cultural and social autonomy and are correspondingly reluctant to relinquish this idea, our illusion of autonomy! For readers who work with landscapes professionally and are used to dealing with the interconnectedness of nature, the argumentation presented here will be less difficult to follow than for other occupations. Nevertheless, one should not have any illusions about the instrumental effect of such kinds of enlightenment. The author of the scenario which we shall borrow as a springboard for our own train of thought, writes in his introduction: "One thing I've learned […] is that it is pretty much impossible to convince anyone of something they just don't want to believe." [2] This applies without doubt for any attempt to shake the prevailing conviction that with the help of technology we have, or will have, everything under control. Many further events and catastrophes will have to occur before a majority begin to question this assumption.

A SCENARIO WITH THREE-FIGURE OIL PRICES

"Instead of smog-choked cities ringed with suburbs and crisscrossed with highways, we have an excellent shot at finding ourselves inhabiting smaller-scaled, walkable neighborhoods and small towns built (or rebuilt) to suit the small new world." [3] Those who believe this is the speak of an eco-visionary eccentric are mistaken. The author of the book *Why Your World Is About to Get a Whole Lot Smaller* is the former chief economist at Canadian Imperial Banking Corporation World Markets and was previously an advisor at the Canadian Ministry of Finance. In his analysis, Jeff Rubin refrains from the

Das von ihm skizzierte Szenario geht allein von der Annahme aus, dass sich Erdöl unabwendbar und dauerhaft verteuern wird, da die Nachfrage weltweit steigt, während die Förderung weiter rückläufig sein wird und der Förderaufwand sich verteuert.

Die Argumentation hinter Rubins Szenario ist einfach. Dauerhaft dreistellige Ölpreise je Barrel Rohöl, die wir mit knapp 150 Dollar im Jahre 2008 bereits einmal kurzfristig erreicht hatten, stellen nicht nur die autogebundene Mobilität der Industrieländer in Frage. Jedes Stück Frühstückslachs, jeder Kaffee und nahezu jeder alltägliche Gebrauchsgegenstand, den wir über den Weltmarkt beziehen, ist für uns heute nur deshalb erschwinglich, weil billiges Rohöl den preiswerten Transport über enorme Entfernungen ermöglicht. Dauerhaft hohe Ölpreise wirken in einer globalisierten Wirtschaft wie Importzölle und machen den Preisvorteil durch niedrige Herstellungskosten in irgendeinem Billiglohnland am anderen Ende der Welt zunichte. Regionale Produkte werden wieder konkurrenzfähig, zu-

usual calls for greater environmental ethics. Instead, the scenario he portrays is based solely on the premise that the price of oil will inevitably increase for the long-term as global demand increases while output continues to decrease and the cost of supply becomes more expensive.

The argumentation underlying Rubin's scenario is simple: when the price of a barrel of oil consistently reaches three figures, which has already happened in 2008 when oil cost nearly 150 dollars per barrel, it will affect more than just the car-dependent mobility of industrialised nations. Every slice of salmon we eat for breakfast, every cup of coffee and almost all everyday consumer goods that we import from the world markets are only affordable because cheap oil makes it possible to transport goods across vast distances. In a global economy, consistently high oil prices act like import duties and eradicate the cost savings of producing goods in another low-wage country at the other end of

gleich wird das System einer globalisierten Wirtschaft erschüttert. Die Folgen für die Siedlungs- und Stadtstrukturen sind offenkundig. Autofahren würde ebenso wie die Fernflugreise für breite Schichten der Bevölkerung unerschwinglich. Es bedürfte gewaltiger kollektiver Anstrengungen, um den öffentlichen Personenverkehr leistungsfähiger zu machen. Das Wohnen ohne ÖPNV-Anbindung draußen vor der Stadt würde teuer und einsam werden.

Die Leser dieser Zeilen werden sich ohne kritische Lektüre der Rubin'schen Analyse nicht zu einer schnellen Zustimmung durchringen. Sie müssen es auch nicht. Selbstverständlich findet man bei Rubin angreifbare Argumente. Gegen einige der von ihm verwendeten Daten wird es fachlichen Einspruch geben.[4] Viele Leser werden nicht Rubins Ansicht teilen, dass die Substitution fossiler Energieträger durch regenerierbare Energiequellen so limitiert ist, wie er es sieht.[5] Auch das von ihm konstatierte Ende der Globalisierung muss man nicht eins zu eins übernehmen. Es geht „nur" um den sehr plausiblen Kern seiner Argumentation. Ein nüchterner Blick in die verfügbaren Zahlen über das Verhältnis zwischen den jährlich neu erschlossenen Förderkapazitäten und dem jährlich ansteigenden Verbrauch an Erdöl zeigt, dass der Argumentationskern nicht aus der Luft gegriffen ist. Auch gibt es nur noch sehr wenige Fachleute, die die These einer globalen

the world. Regional products would then become competitive again, and the system of globalised economy would be shaken at its roots. The consequences for settlement patterns and the structure of cities are obvious. Travelling by car as well as long-distance flights will become unaffordable for large sections of society. Significant concerted effort will be needed to make public transport systems more effective. And it will become expensive, and lonely, to live in locations beyond the city without a public transport connection.

Those without prior critical knowledge of Rubin's analysis may find the above argument hard to agree with. But they don't need to. There are, of course, aspects of Rubin's argument that can be contested. Some experts have questioned some of the data he has used.[4] Many readers will not share his view that replacing fossil fuels with renewable energy sources is as limited as he sees it.[5] Similarly, his prediction of the end of globalisation need not be taken as given. We are interested here "only" in his very plausible core argumentation. An objective look at the available figures on the ratio of new annual oil production capacity to increasing annual consumption of crude oil shows that the core argumentation is not totally unfounded. In addition, there are very few experts who substantially contest

Erwärmung und einer drohenden Klimakatastrophe substantiiert bestreiten. Die klimatischen Folgen des CO_2-Ausstoßes durch die Verbrennung fossiler Energieträger sind also bereits für sich genommen hinreichend, um über einen Bruch in der Energieproduktion und -verwendung nachzudenken.

PROGNOSTISCHE ANMERKUNGEN ZUM BEREICH WOHNEN

Welche Folgen hätte die oben beschriebene Entwicklung für Städte und das Wohnen in diesen Städten? Die folgenden Antworten sind kein Versuch, ein prognostisches Gesamtbild zu entwerfen. Dafür wäre eine andere Art von Arbeit notwendig. Es sind Schlaglichter auf bestimmte Aspekte eines Wandels, der durch dauerhaft teures Rohöl ausgelöst werden könnte. Der Konjunktiv ist wichtig, denn bei den Antworten auf die aufgezeigten Zwänge handelt es sich um Optionen. Es sind auch andere, weitaus aggressivere Szenarien und Antworten denkbar.[6] Der Sinn solcher Zukunftsentwürfe liegt ja nicht nur darin, den Blick für Handlungsnotwendigkeiten zu schärfen, sondern eine Debatte über angemessene Antworten und Lösungen anzustoßen. Dass dies dringend notwendig ist, steht für uns außer Frage.

ZUKUNFTSGESTALTUNG STATT TRENDBEDIENUNG

Die erste Schlussfolgerung betrifft das vorherrschende methodische Set und den standardisierten Werkzeugkasten üblicher Marktprognosen. Der Instrumentenkasten der klassischen Prognoseverfahren ist darauf ausgerichtet, die Markttrends in einem weitgehend gleichbleibenden Ordnungssystem zu erkennen und sie entlang der heute erkennbaren Veränderungen zu modifizieren. Wenn die Zukunft aber durch Marktversagen und Brüche – man

the likelihood of global warming and the threat of a climate catastrophe. The climatic consequences of CO_2 emissions resulting from the combustion of fossil fuels are therefore in themselves reason enough to consider a change in the way we produce and use energy.

NOTES ON THE FUTURE OF LIVING IN CITIES

What consequences will the developments described above have for cities and living in cities? The following elaborations are not an attempt to describe an overall picture. That would require a different approach. Rather they are spotlights on particular aspects of change that could follow as a result of the high price of crude oil. The use of the subjunctive is important, as the responses to the constraints outlined below are meant as options. Other much more aggressive scenarios and answers are also conceivable.[6] The point of such visions for the future lies not solely in sharpening one's awareness of the need for action but in prompting public debate about appropriate responses and solutions. There is no question that this is urgently needed.

SHAPING THE FUTURE INSTEAD OF FOLLOWING TRENDS

The first conclusion concerns the prevailing methodological framework and standardised kit of tools used for typical market predictions. The box of tools used for classic prognoses is tailored towards recognising market trends in a largely stable world order and to modify these according to changes as they become apparent. But if the future will be defined by a collapse in the market and fractures – one could also say: paradigm shifts –, this approach is of little use. Alongside the probable explosion of energy costs one could also men-

▶ Bei der Gestaltung des Gartenhofs „Althoffblock" in Dortmund wurden die Bewohner in den Planungsprozess eingebunden. Entstanden ist ein grüner Erlebnisraum, der die Wohn- und Lebensqualität erhöht. Entwurf: Paul Flender, Garten- und Landschaftsarchitekt, Hamm, 2005 bis 2006

The residents of the "Althoffblock" in Dortmund were involved in the design and planning of the courtyard garden. The result is a green oasis of discovery that improves the residential environment and the quality of living. Design: Paul Flender, Garten- und Landschaftsarchitekt, Hamm, 2005–2006

kann auch sagen: Paradigmenwechsel – bestimmt wird, ist diese Methode weitgehend unbrauchbar. Neben den vermutlich explodierenden Energiekosten sind die Stichworte hierzu: demografischer Wandel, Klimakatastrophe, steigende Armutsrisiken und soziale Spaltung infolge eines postindustriellen Arbeitsmarktes.

Auch die zweite Konsequenz betrifft die Annahmen, die bei Prognosen eine Rolle spielen. Anders als derzeit wird die normative Kraft des Ökonomischen und Ökologischen eine weit größere Rolle spielen als die wohn-, standort- und lebensstilbedingten Wünsche, auf die sich viele Wohnwunsch- und Bedarfsuntersuchungen heute fokussieren. Die Vorstellung, dass subjektive Vorlieben, Wohnwünsche, kulturelle Orientierungen und Lebensstile die Nachfrage und den Wohnstandort bestimmen, hat schon früher nur für einen bestimmten Ausschnitt der Nachfrager gestimmt. Unter den Rahmenbedingungen teuren Öls wird der Umbau von Städten und Wohnungen stärker ökonomischen Zwängen und Einsparungsnotwendigkeiten folgen. Das gilt besonders für diejenigen Wohnmodelle, mit denen man bisher versucht hat, stadt- und landschaftsbezogene Wünsche zusammenzubringen. Die Villa

tion demographic change, climate catastrophe, the increasing risk of poverty, and social division resulting from the post-industrial labour market.

The second consequence also concerns the assumptions that inform prognoses. Unlike the current situation, the normative force of economy and ecology will play a far greater role in future than the living, location and lifestyle wishes that many "housing needs and wants"-studies currently focus on. The notion that subjective preferences, housing ideals, cultural orientation and lifestyles define demand and the location we live in has always been valid only for a certain section of consumers. As oil becomes more expensive, the conversion of cities and dwellings will be subject to greater economic constraints and the need to make savings. That applies especially for those residential models that attempt to reconcile the city with the countryside. The villa suburbana for the rich is a product of this set of needs, its pocket-sized counterpart, the single-family home, likewise. When it becomes prohibitively expensive for a large section of society to commute between the beauty of the countryside and the vitality of

Suburbana für die Reichen verdankt sich eben diesem Bedürfnismuster, das Eigenheim als Westentaschenkopie für den kleineren Geldbeutel ebenfalls. Wenn es für breite Schichten nicht mehr möglich ist, schnell zwischen landschaftlicher Schönheit und städtischer Lebendigkeit zu pendeln, wenn Auto und Flugzeug nur für eine Minderheit zur Verfügung stehen, dann muss und wird es neue Formen zur Befriedigung dieses vitalen Bedürfnisses geben. Gemeinschaftlich finanzierte Lösungen und kollektive Nutzung werden dabei vermutlich wieder eine größere Rolle spielen.

STEIGENDE ENERGIEKOSTEN UND DIE RENAISSANCE DER STÄDTE

Das Leben in Städten mit gut ausgebauter öffentlicher Verkehrsinfrastruktur und kürzeren Entfernungen zwischen Wohnen, Arbeiten, Einkauf, Schule und Unterhaltung wird gegenüber dem Leben auf dem Lande und in Pendlersiedlungen an Bedeutung gewinnen. In Europa klingt diese Nachricht weniger revolutionär als in den USA oder in Kanada. Für eine Mehrheit der hiesigen Planer ist die Renaissance der Städte längst ausgemacht. Hohe Rohölpreise würden demnach nur vorhandene Tendenzen verstärken.

Wenn überhaupt stimmt dies jedoch nur für Teile des weltweiten Städtesystems. Es steht außer Frage, dass die vorhandene Organisation der europäischen Städte der nachhaltigen Neustrukturierung wesentlich mehr entgegenkommt als die Siedlungsstrukturen, die in Nordamerika vorherrschen. Der Zeitpunkt der Entstehung europäischer Städte vor dem fossilen Industriezeitalter wird sich als ein komparativer Vorteil erweisen. Dies sieht übrigens auch der oben zitierte Jeff Rubin. Das heißt nicht, dass der Umbau und die Neuorganisation – insbesondere der Verkehrssysteme – in Europa überflüssig sein werden. Aber

the city, and cars and aeroplanes are affordable for a comparative minority only, then new forms of satisfying such vital needs will need to be found and will arise. Communally financed solutions and collective use patterns will probably start to play a larger role.

RISING ENERGY COSTS AND THE RENAISSANCE OF THE CITIES

Life in cities with good public transport infrastructure and short distances between living, working, shopping, schools and entertainment will gain increasing importance over living in the countryside or commuter villages. In Europe this sounds much less revolutionary than it does in America or Canada. For the majority of European planners, the renaissance of the city is taken largely as given. The increase in the cost of oil will only strengthen existing tendencies.

But, if at all, this will apply only for some of the systems of cities around the world. Without doubt the existing organisation of European cities is more conducive to sustainable reconfiguration than the predominant patterns of settlement in North America. The fact that many European cities were founded before the age of fossil-fuel-driven industrialisation turns out to be a comparative advantage, an opinion that Jeff Rubin, who we quoted earlier, also shares. That doesn't mean that conversion and reorganisation – in particular of the transportation system – will be unnecessary in Europe, just that it will be simpler to put into effect here because the partially pre-existing infrastructure and cultural tradition will make it easier to envisage and therefore to accept. Anyone who has experienced the astonishment of American parents of exchange students on seeing the vast number of bicycles parked

sie werden hier einfacher sein, weil sie aufgrund einer teilweise vorhandenen Infrastruktur und gewachsenen Tradition vorstellbarer und akzeptabler sind. Wer miterlebt hat, wie ungläubig US-amerikanische Eltern von Austauschschülern über die große Zahl abgestellter Fahrräder gestaunt haben, die sich morgens vor dem Schulgebäude einer Potsdamer Schule ansammeln, weiß, wovon die Rede ist.

Dennoch erweckt die derzeitige Diskussion über die bereits vorhandene Renaissance der europäischen Städte den falschen Eindruck, die Weichen pro Stadt seien bei uns längst gestellt. Unsere eigenen Studien[7] zeichnen ein

every morning outside a school in Potsdam knows what we are talking about.

That said, the current discourse surrounding the emerging renaissance of European cities creates a false impression that the trend towards cities is already clear. Our own studies[7] portray a somewhat different picture and sound a note of caution. A few short remarks by way of example: in cities as different as Nuremberg or Berlin we found that the decline in suburbanisation as well as the positive migration figures experienced in the inner cities are significantly influenced by cohort effects. The migration of the baby-

etwas anderes Bild und mahnen zur Vorsicht. Dazu hier nur wenige knappe Anmerkungen. Bei so unterschiedlichen Städten wie Nürnberg oder Berlin fanden wir hinter der abebbenden Suburbanisierung ebenso wie hinter den positiven Wanderungssalden, die die Innenstädte derzeit verbuchen, vor allem Kohorteneffekte. Die geburtenstarken Jahrgänge der 1950er und 1960er Jahre haben ihre Randwanderung ins Umland hinter sich. Vor allem deshalb ist die Wohnsuburbanisierung rückläufig. Die Innenstädte speisen ihr Wachstum nahezu ausschließlich aus jungen Erwachsenen zwischen 18 und 30 Jahren. Ein Teil davon stammt aus den geburtenstarken Jahrgängen der 1980er Jahre in der DDR, ein anderer aus dem größer werdenden Strom von Bildungszuwanderung aus Europa und Deutschland in die Großstädte als Zentren der Bildung. Dies bestätigt das Bild der wachsenden Bedeutung einer Wissensökonomie. Aber die Urbaniten von heute waren bisher immer die Suburbaniten von morgen.

Die jungen Erwachsenen sind die einzige Altersgruppe, die einen positiven Wanderungssaldo als Bilanz aus Zu- und Wegzügen aufweist. Und vom innerstädtischen Umzugsgeschehen (Binnenwanderung), das von der bereits

boomer generation of the 1950s and 1960s to the outskirts of the city has already taken place – a primary reason why residentially-motivated suburbanisation is in decline. The growth of the inner cities is almost exclusively driven by young adults between 18 and 30 years old. A portion of these were born in the GDR in the high birth rate years of the 1980s, while another section consists of a growing stream of young people and students from Europe and Germany moving to cities as centres of education. This reinforces the impression of the growing importance of a knowledge economy. But we also know that the urbanites of today have always been the suburbanites of tomorrow.

Young adults are the only age group to exhibit positive migration figures as a balance of those moving into and out of the city. In terms of migration within the city, i.e. internal migration by those already settled in the city, the inner cities lose out to the outlying districts in all but the aforementioned young age group. At present there is no evidence of a "return of the elderly and middle-aged" to the inner city in any of the cities we studied.

◀ Die Studentenwohnanlage „Am Stiftsbogen" in München besteht aus einer Schallschutzbebauung im Norden und villenartigen Häusern im Süden. Die großzügigen Staudenpflanzungen sind pflegeextensiv konzipiert und in ihrer Farbgebung auf das Farbkonzept der Gebäude abgestimmt. Entwurf: Keller & Damm Landschaftsarchitekten Stadtplaner, München, 2004 bis 2008

These student residences "Am Stiftsbogen" in Munich consist of a noise barrier to the north and villa-like houses to the south. The herbaceous planting chosen for the scheme requires little upkeep and complements the colour concept of the building. Design: Keller & Damm Landschaftsarchitekten Stadtplaner, Munich, 2004 – 2008

▶ Eine mit Gräsern bepflanzte Versickerungsfläche bildet den Übergang zu einem öffentlichen Grünzug

A soakaway area planted with long grasses forms the transition to the public green areas

sesshaften Bevölkerung getragen wird, profitieren bis auf die eben erwähnte Altersgruppe nicht die Innenstädte, sondern die Randbezirke. Von einer „Rückkehr der Alten und Mittelalten" in die Innenstadt kann bei den von uns untersuchten Städten derzeit noch keine Rede sein.

Die Annahme, dass eine Rohölteuerung den längst vorhandenen Trend in Richtung Innenstadt quasi im Selbstlauf verstärkt, ist auch deshalb gefährlich, weil sie zu einer merkwürdig unkritischen Haltung gegenüber Nachverdichtungen und Flächenversiegelungen beiträgt. Damit werden die Chancen, die der demografisch bedingte Bevölkerungsrückgang für eine verbesserte städtische Freiflächensituation heute bietet, vertan. Mehr noch: Die Nachteile des städtischen Wohnens gegenüber dem vorstädtischen Eigenheim werden nicht abgebaut, sondern verstärkt. Diese Defizite haben jahrzehnte-, wenn nicht jahrhundertelang dazu geführt, dass die Menschen – zunächst die wohlhabenden Familien, später auch die mittleren Einkommensschichten – aus der Kernstadt an den Rand gezogen sind. Machen wir uns nichts vor: Das Wohnen in einer baulich hochverdichteten Innenstadt ist nicht nur wegen der schlechteren Luft und des Verkehrs-

The assumption that the rising price of oil will quasi-automatically reinforce a pre-existing trend towards the inner-city is dangerous in that it contributes to a somewhat uncritical attitude towards redensification and the sealing of ground surfaces. Without due care, we risk missing the opportunity presented by the decline in population to improve the quality of outdoor urban spaces. Worse, the disadvantages of urban living compared with the single-family home outside the city will become more acute. For decades if not centuries, these deficits have caused people – initially the affluent families, and later the middle classes – to move away from the inner-cities to the edges. Let's not delude ourselves: living in a densely built-up inner-city is not only unattractive due to the traffic noise and air pollution. Living in poorly illuminated apartments with small or non-existent balconies, in hectic neighbourhoods with few easy-to-reach green areas is only tolerable because we can flee the city by car to the greenery of the countryside or to a holiday resort. Many planners and politicians who sing the praises of urban living in conferences, emphasising that they too live in the city, have

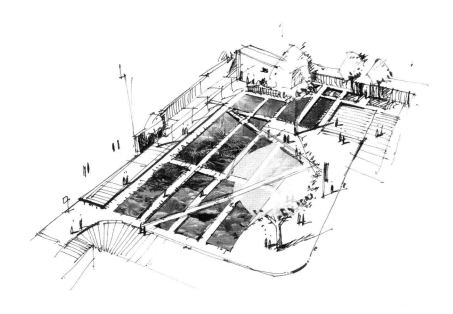

lärms benachteiligt. Das Wohnen in schlecht besonnten
Wohnungen mit kleinen oder gar keinen Balkonen, in hek-
tischer Umgebung und mit nur wenigen fußläufig erreich-
baren Grünflächen ist für uns nur deshalb erträglich, weil
wir mit dem Auto jederzeit ins grüne Umland oder an
irgendeinen Urlaubsort fliehen können. Viele Planer wie
Politiker, die bei Tagungen gern das Hohelied des urbanen
Wohnens vortragen und betonen, dass sie selbst auch
städtisch wohnen, besitzen ein Zweitdomizil in Italien
oder an der Ostsee und unternehmen in mehr oder weniger kurzen Abständen Flugreisen in unberührte Landschaften. Was aber passiert, wenn diese kleinen Fluchten
durch hohe Kerosinpreise für breite Schichten verstellt
werden?

Wenn Fernreisen teurer und für viele Menschen unerschwinglich sind, werden die Naherholung und die Um-
gebungsqualität des unmittelbaren Umfeldes in der Stadt
und in der Region eine völlig andere Rolle spielen als
heute. Das spricht sehr deutlich dagegen, die skizzierten
Szenarien als Argumente für eine weitere ungehemmte
bauliche Verdichtung der Kernstädte zu verwenden. Aber

a second domicile in Italy or the Baltic Coast where
they can retreat to the unspoilt countryside at more or
less short intervals. But what happens when high kero-
sene prices make it increasingly difficult for broad sections of society to undertake such excursions?

When long-distance travel becomes expensive and
unaffordable for many people, local recreation and the
quality of the environment in the immediate vicinity –
in the city and in the region – will play an entirely different role to that which it does today. That clearly
contradicts the position whereby the oil price scenario
serves as an argument for the unbridled redensification of cities. At the same time it emphasises the
need to maintain, care for and improve the natural
amenities of the region. In short: the qualitative benefit
of living in low density, green settlements set apart
from the city will be diminished by the high cost of
transport and travel. While the suburban dream will
not disappear, for the greater majority it looks likely to
be replaced by increasing demands on urban green
space.

es spricht auch dafür, die Naturschönheiten der Region zu erhalten, zu pflegen und aufzuwerten. Zusammengefasst: Der qualitative Vorteil des Wohnens in gering verdichteten, grünen und stadtfernen Siedlungen wird durch die hohen Transportkosten relativiert. Der suburbane Wohnwunsch verschwindet nicht, aber er wird sich für die Masse vermutlich in ungleich höheren Ansprüchen an das städtische Grün Luft verschaffen.

ENERGETISCHE SANIERUNG DES WOHNUNGS-BESTANDES

Die energetische Sanierung des Wohnungsbestandes wird einen sehr hohen Stellenwert einnehmen, der sich bisher allenfalls andeutet. Wenn die Kosten für Heizen und warmes Wasser als fester Bestandteil der Wohnkosten mit dem jetzigen Anteil der Nettomieten gleichziehen oder ihn sogar übersteigen, wird die Reduktion der Energiekosten zur Kernfrage der wirtschaftlichen Haushaltsführung. Sie wird darüber auch zu einem sozialen Problem. Denn die einkommensschwächeren Haushalte konzentrieren sich in den energetisch unsanierten Gebäuden. Bei einer Explosion der Energiekosten würden die ärmsten Haushalte die höchsten Wohnkosten tragen. Will man dies verhindern, ist die gemeinschaftliche Mitfinanzierung dieser umfänglichen Aufgabe unumgänglich. Denn die Folgekosten einer durchgreifenden Modernisierung lassen sich im unteren Einkommensspektrum nicht vollständig auf die Bewohner abwälzen.

ELEMENTE EINES PLANUNGSSZENARIOS „GRÜNE STADT"

Auch wenn sich durch Rohölpreise und ökologische Katastrophen Handlungszwänge in den Vordergrund schieben, wird die Zukunft durch das, was wir wollen, mitgestaltet.

ENERGY-EFFICIENT MODERNISATION OF THE HOUSING STOCK

The energy-efficient modernisation of the housing stock will in future acquire much greater importance, a tendency that is only gradually starting to show. But when the cost of heating and warm water heating, as a fixed part of the cost of living, begins to approach or even exceed that of the current net rental cost, the need to reduce energy costs will become a central issue for households. In addition, it will become a social problem as the low-income households tend to be concentrated in buildings that have not been modernised. If energy costs skyrocket, the poorest households end up paying the highest living costs. If this is to be avoided the need for communal co-financing of this considerable task will be unavoidable, because the cost of extensive modernisation measures cannot be passed on in full to residents in lower income brackets.

ELEMENTS OF A PLANNING SCENARIO FOR "GREEN CITIES"

Even when spiralling crude oil prices and ecological catastrophes may force us to take action, the future will always also be shaped by what we want. That is apparent when politics has to take account of the needs and wishes of majorities who are resistant to the need for change. Compromises between musts and wants – which are not always sustainable – can delay necessary changes or render them impossible. At present, for example, industry, politicians and planners are working intensely on e-mobility alternatives for the future – electric and hydrogen-powered vehicles – to placate the interests of a car-obsessed majority. Likewise, in the spheres of housing and urban development, warn-

Das macht sich unter anderem dann bemerkbar, wenn die Politik auf Wünsche und Bedürfnisse von aufklärungsresistenten Mehrheiten Rücksicht nehmen muss. Kompromisse zwischen Müssen und Wollen – nicht immer sind sie nachhaltig – können notwendige Veränderungen verzögern oder unmöglich machen. Zurzeit erleben wir, wie Wirtschaft, Politiker und Planer mit Hochdruck für eine autovernarrte Mehrheit an der E-mobilen Zukunft mit dem Elektro- und Wasserstoffauto arbeiten. Auch beim Wohnen und in der Stadtentwicklung reichen Hinweise auf die postfossile Zukunft nicht aus, um vitale Bedürfnismuster zu ersticken. Nach der Diagnose des Entwicklungsbruchs ist deshalb eine Hinwendung zum Wünschen und Wollen notwendig.

Selbst ohne klimapolitischen Anstoß haben uns eigene Studien zum Thema städtisches Grün und wohnungsnahe private Freiflächen geführt.[8] Am Anfang stand die Frage nach den Wohnbedürfnissen und -wünschen, die wir beantworten wollten, ohne das unzulängliche Instrument der Zufriedenheitsstudien einzusetzen und ohne dabei Sozialhilfeempfänger zu fragen, ob sie lieber in der Villa wohnen möchten. Es ging darum, wie die am Markt vorhandenen städtischen Wohnungstypen und architektonischen Lösungen von den Bewohnern bewertet werden und welche Qualitätsmerkmale besonders wichtig sind. Dabei sind 1.600 städtische Haushalte – überwiegend Mieter und wenige selbstnutzende Eigentümer – befragt worden. Zu den Typen, die bewertet wurden, gehörten vorhandene marktgängige und eher ungewöhnliche städtische verdichtungsfähige (bezahlbare) Wohnungen mittlerer Größe, deren Unterscheidungsmerkmale und Eigenschaften in eine für Laien verständliche Bild- und Schriftsprache übersetzt wurden. Im Ergebnis dieser Befragungen gehörten die Qualität des Freiraums und die intelligente

ings concerning a post-fossil-fuel future won't be sufficient to dampen vital needs and wants. As such, even given the scenario of development downturn, it will be necessary to direct attention to wishes and wants.

Even without the additional prompting of climate policy, our own studies have highlighted the topic of urban green and local private outdoor space.[8] To begin with we wanted to identify housing needs and wants, but without using inadequate instruments such as satisfaction studies and without having to ask social welfare recipients whether they would rather live in a villa. The intention was to find out how residents viewed the housing alternatives and architectural solutions currently on the market and which characteristics they saw as being particularly important. A total of 1,600 urban households were interviewed – mostly tenants as well as a few homeowners. The types of housing assessed included both existing typical as well as somewhat unusual forms of urban living – affordable, medium-sized apartments conducive to urban densities – whose key qualities and distinguishing characteristics were translated into easy-to-understand verbal and illustrated descriptions for the layman. The result of the study revealed that the quality of outdoor space and an intelligent connection between the private dwelling and outdoor space were regarded as some of the most important aspects of a dwelling. The study considered two types of outdoor space: private space in the form of a balcony, loggia or terrace that belongs to the dwelling and outdoor areas in the public spaces between buildings. According to our study, the quality of the treatment and interleaving of the two are the key to desirable residential architecture and the development of attractive urban neighbourhoods.

Verbindung von privater Wohnung und Freiraum zu den wichtigsten Qualitätsmerkmalen einer Wohnung. Dabei ging es um zwei Typen des Freiraums: den privaten Freiraum, der als Balkon, Loggia, Terrasse etc. direkt zur Wohnung gehört, und den Freiraum, der zwischen den Gebäuden im öffentlichen Raum liegt. Die qualitätvolle Behandlung und Verzahnung beider waren nach unseren Ergebnissen der Schlüssel für nachfragegerechte Wohnarchitektur und eine attraktive Gebietsentwicklung.

Die Erkenntnis ist nicht neu. Das private Grün ist der große Wettbewerbsvorteil des Eigenheims im Umland gegenüber den verdichteten städtischen Gebäude- und Wohnformen. Aber beim städtischen Wohnen neigen die Planer zu der Haltung: Das urbane Umfeld und die städtische Infrastruktur gleichen den Mangel an Freifläche und Grün schon aus. Das Gegensatzpaar von Stadt und Land, Kultur gegen Natur, Bebauung gegen Landschaft, wird wie ein Naturgesetz planerisch mitgeschleppt. Tatsächlich kann man den Gegensatz mildern, ohne den Unterschied zu nivellieren. Man muss ihn sogar abschwächen, wenn man über Szenarien ohne Auto nachdenkt. Die Akzeptanz von Pendlersiedlungen wird schwieriger werden. Wenn die schnelle Autofahrt ins Grüne und der Wochenendflug ans Meer für viele Menschen zu teuer werden, muss mehr

This finding is not new. Private green space is the single greatest competitive advantage of the single-family home built in the green fringes compared to more dense urban buildings and forms of housing. Planners of urban housing, however, tend to be of the opinion that the urban surroundings and infrastructure will compensate for the lack of outdoor areas and green space. The opposition of city and countryside, culture and nature, building and landscape is, it seems, carried over in their plans as if an unwritten rule. In actual fact it is possible to lessen the imbalance without smoothing over the differences – something that will have to take place when one starts considering living scenarios without vehicles. The consumer acceptance of commuter villages on the fringes will become more problematic. When countryside excursions and weekend trips to the seaside become too expensive for many people, the cities will need to provide more and better urban green space. Likewise, the threading together of well-placed, football field-sized urban parks will play an ever greater role in improving the microclimate of cities in the face of global warming. A demographic decline in housing demand and the reduction in traffic could also free up space for use as gardens.

◄ Auffälligstes Merkmal der Freiluftbibliothek in Magdeburg-Salbke ist die „Fassade" aus Aluminiumformteilen, die mit ihrer modernistischen Ornamentik an eine Kaufhausfassade aus den 1960er Jahren erinnert. Entwurf: KARO* architekten, Leipzig, 2008 bis 2009

The most conspicuous element of the open-air library in Magdeburg-Salbke is a façade made of pressed aluminium sections with an ornamental patterning reminiscent of 1960s shopping centres. Design: KARO* architekten, Leipzig, 2008–2009

▲ Der Bestand der Bibliothek ist seit 2009 in Teilen auch in der Freiluftbibliothek zugänglich. Die Regale sind nicht verschlossen, Bücher können jederzeit entnommen werden. In die Bücherwand eingelassene Sitzplätze laden zum Verweilen ein

Since opening in 2009, parts of the library's collection can be found in the open-air library. The library shelves are not locked and books can be taken out at any time. Seating niches in the book wall invite visitors to while away time reading

und besseres Grün in die Stadt. Die für das Mikroklima von Städten günstige Reihung fußballfeldgroßer Stadtparks wird bei globaler Erwärmung ebenfalls eine immer wichtigere Rolle spielen. Der demografisch bedingte Rückgang der Wohnungsnachfrage und der Rückgang des Autoverkehrs würden den Boden für die gärtnerische Rückgewinnung bereiten.

URBANE LANDWIRTSCHAFT

Die Forderung nach einer veränderten Beziehung zwischen Stadt und Land bekommt vor dem Hintergrund der oben dargestellten Argumente eine weitere Dimension. Wenn die Ausweitung des Anteils landwirtschaftlicher Produkte aus der Region und dem Nahraum ökonomisch erzwungen wird, erhält eine andere Vision im übertragenen wie im buchstäblichen Sinne Nahrung. Zu den

URBAN FARMING

In light of the above argumentation, the call for a shift in the relationship between the city and the countryside assumes a further dimension. If the proportion of agricultural products from the region and local surroundings is to increase as a result of economic forces, this feeds another vision in both a literal and metaphorical sense. Regarding the changing urban demands that will result from an increase in the price of oil, Rubin postulates the following: "One thing these neighbourhoods will have in common is a viable relationship to the farms that feed them. Small cities and commuter villages will be nodes of local agricultural production. Larger cities will no doubt boast a lot more fruit trees and vegetable gardens. [...] If we can build multi-story parking lots to leave our cars in while we are at work, it

städtebaulichen Anforderungen, die sich aus der Rohöl-verteuerung ergeben, hier noch einmal Rubin: „Eine Ge-meinsamkeit dieser Lebensräume wird sein, dass sie eine lebendige Beziehung zu den landwirtschaftlichen Betrie-ben haben, die sie ernähren. Kleine Städte und Pendler-siedlungen werden die Knotenpunkte der regionalen land-wirtschaftlichen Produktion sein. In den größeren Städten wird es zweifellos mehr Obstbäume und Gemüsegärten geben [...]. Wenn wir vielstöckige Parkhäuser bauen kön-nen, um unsere Autos abzustellen, während wir arbeiten, ist die Vorstellung von vielstöckigen Gewächshäusern, in denen wir Römersalat anbauen, nicht gerade Science-Fiction. Erst recht nicht, wenn wir nicht mehr Auto fah-ren."[9] Solche Szenarien klingen selbst im nachhaltiger denkenden Europa heute noch wie grüne Fieberträume. Wenn man diesem durchaus ernsthaften Gedankenspiel jedoch folgt, ist sogar eine Reagrarisierung stadtnaher und innerstädtischer Freiflächen wahrscheinlich. Und vielleicht ist ein Teil der Nahversorgung über die Rückver-lagerung agrarischer Produktion in die Städte möglich. Bislang war das kleinere Haus mit (Nutz- und Zier-)Garten für die Vororte reserviert. Aber nicht nur ästhetische Ar-gumente sprechen dafür, Eigenheimqualitäten intelligent auf den Geschossbau zu übertragen.

Es mag unter heutigen Bedingungen merkwürdig klin-gen, dass Leberecht Migges Beiträge zur Gartenstadt-entwicklung unverhofft wieder aktuell werden könnten. „Schafft Stadtland! Die Städte sollen ihr eigenes Land um-armen. Hunderttausende Hektar liegen brach: Bauland,

is not exactly science fiction to think we can put up multi-story buildings to grow romaine lettuce. Especially if we are no longer driving our cars."[9] Even in sustainability-conscious Europe, such scenarios sound like a delirious dream of a green future. But if one gives serious consideration to this train of thought, then the re-cultivation of open land in and around the city is even quite probable. And perhaps a part of the local supply could be covered by agricultural production re-located to the city. Up to now, the small house with allotment garden was only to be found in the suburbs. But not only aesthetic arguments support the notion of translating the qualities of the single-family home to multi-storey living.

In the current context, it may sound strange that Leberecht Migge's contribution to garden city develop-ment could unexpectedly acquire new relevance: "Create urban farmland! The cities should embrace their own land. Hundreds of thousands of hectares are uncultivated today: building lots, land for barracks and roads, and untended land. It is time something is done about it. Public gardens should be planted for the enslaved youth of the city. Small gardens should be planted for the enslaved residents of the city's houses. Housing estates should be planted for the slave labour of the city. And model farms planted for the needy" (1919).[10]

Given the probability of a demographic decline in the population, the garden city ideal will not function

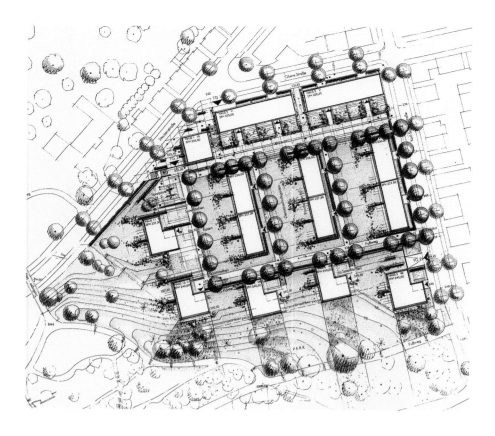

◁ Eine Arbeitsgemeinschaft aus Hochbau- und Landschaftsarchitekten entwickelte in Stuttgart auf einer 1,5 Hektar großen Fläche das Wohnquartier „Park-Quartier Berg". Entwurf: LUZ Landschaftsarchitektur, Stuttgart, 2006 bis 2008

The "Park Quartier Berg" urban neighbourhood was developed by a group of architects and landscape architects and on a 1.5 hectare large site in Stuttgart. Design: LUZ Landschaftsarchitektur, Stuttgart, 2006 – 2008

▷ Der Entwurf leitet sich von der (Stadt-)Landschaft und Topografie ab. Es entstanden neben klar zugewiesenen gemeinschaftlich nutzbaren Räumen auch wohnungsbezogene private Freiflächen

The design is informed by the (urban) landscape and the topography. Clearly defined communally-used areas are provided alongside private outdoor space connected to the flats

Kasernenland, Straßenland, Ödland. Man lege die Hand darauf. Man pflanze: öffentliche Gärten – für die stadtgebundene Jugend. Man pflanze: Pachtgärten – für die stadtgebundenen Häusler. Man pflanze: Siedlungen – für die stadtgebundene Arbeit. Und pflanze Mustergüter – für die Unversorgten" (1919).[10]

Unter Bedingungen des demografisch bedingten Bevölkerungsrückgangs wird der Gartenstadtgedanke allerdings nicht als Leitlinie des Siedlungsneubaus eine Renaissance erfahren, sondern als Leitbild für den Umbau des Wohnungsbestandes und der vorhandenen Städte. Die Gartenstadtbewegung war nicht nur eine Reaktion auf städtebauliche Fehlentwicklungen des 19. Jahrhunderts, in ihr gab es auch Vertreter, die eine Neubestimmung des Verhältnisses von Stadt und Land, von agrarischer und industrieller Wirtschaftsweise gefordert haben. Das von Jeff Rubin skizzierte Szenario knüpft hier an. Es ist ein Appell, die energietechnischen Grundlagen unserer Industriekultur zu überdenken und dabei eine stärkere Regionalisierung der Agrar- und Güterproduktion in Augenschein zu nehmen. Die städtebaulichen und wirtschaftlichen Implikationen eines solchen Szenarios sind zweifellos radikal, aber es lohnt sich, darüber nachzudenken.

as a guideline for the building of new settlements but for the conversion of the existing housing stock and the existing cities. The garden city movement was not only a reaction to the mistakes of 19th century urban development. Among its members were those who called for a new relationship between the city and countryside and between agrarian and industrial economies. The scenario that Jeff Rubin describes picks up where this argument left off. It is a plea to reconsider the energy-dependent basis of our industrial culture and to consider more closely the regionalisation of agricultural and goods production. The urban and economic implications of such a scenario are without doubt radical, but are certainly worth serious consideration.

1 Der Stellenwert, den die Verteuerung von Rohöl bei der Entstehung der jüngsten und früheren Wirtschaftskrisen hatte, wird hier nicht thematisiert. Bei der im Folgenden zitierten Analyse von Jeff Rubin hat sie allerdings eine Schlüsselstellung.

2 Jeff Rubin, *Warum die Welt immer kleiner wird. Öl und das Ende der Globalisierung*, München 2010, S. 12.

3 Ebd., S. 244.

4 Der Streit richtet sich vor allem auf den Zeitpunkt des Ölfördermaximums (Peak Oil), der nach Rubins Meinung bereits überschritten wurde. Unstrittig ist, dass die maximal mögliche Förderrate erreicht ist, wenn die Quelle etwa zur Hälfte ausgebeutet ist. Danach sinkt die Förderrate physikalisch bedingt ab. Deshalb macht sich die Endlichkeit der Rohölreserven schon lange vor dem Ablauf ihrer Reichweite bemerkbar. In den größten Ölfeldern wurde dieser Zeitpunkt nach Meinung vieler Experten bereits überschritten. Weitgehend unstrittig ist auch, dass seit Beginn der 1980er Jahre die jährliche Förderung über der Kapazität der neu entdeckten Reserven liegt. Die Reserven nehmen also bei steigendem Verbrauch ab.

5 Vgl. Ernst Ulrich von Weizsäcker, Karlson Hargroves, Michael Smith, *Faktor Fünf. Die Formel für nachhaltiges Wachstum*, München 2010.

6 Zu den politischen Implikationen der These: vgl. Claus Leggewie, Harald Welzer, *Das Ende der Welt, wie wir sie kannten. Klima, Zukunft und die Chancen der Demokratie*, Frankfurt am Main 2009.
In Bezug auf die Folgen der Klimakatastrophe für die globale Spaltung in arme und reiche Länder und das Plädoyer für eine neue Weltwirtschaftsordnung: vgl. Franz Josef Radermacher, *Welt mit Zukunft*, Hamburg 2007.

7 Armin Hentschel, *Zurück in die Innenstadt? Datenkritische Untersuchung eines Trends*, Berlin 2008.

8 Armin Hentschel, *Nutzeransichten. Wohnarchitektur aus Sicht ihrer Nutzer*, Berlin 2009.

9 Jeff Rubin, 2010, S. 245.

10 Leberecht Migge, *Der soziale Garten. Das grüne Manifest*, Berlin 1999, S. 9.

1 The contribution played by the increase in the price of crude oil on the formation of the most recent and earlier economic crises is not the subject of this article. It does, however, play a key role in the analysis cited here by Jeff Rubin.

2 Jeff Rubin, *Why Your World Is About to Get a Whole Lot Smaller: Oil and the End of Globalization*, New York 2009.

3 ibid.

4 The argument concerns the point at which peak oil supply is reached, which according to Rubin has already passed. There is general agreement that maximum possible supply is reached when the oil sources have been depleted by half. After such time, the rate of supply sinks, a product of the laws of physics. For this reason, we will experience the finiteness of oil reserves long before they are exhausted. According to many experts this point has already been reached in many of the largest oilfields. There is likewise agreement that since the beginning of the 1980s, the annual oil supply exceeds the capacity of newly discovered oil sources. The reserves are therefore declining as consumption increases.

5 cf. Ernst Ulrich von Weizsäcker, Karlson Hargroves, Michael Smith, *Faktor Fünf. Die Formel für nachhaltiges Wachstum*, Munich 2010.

6 Regarding the political implications of this proposition, see also Claus Leggewie, Harald Welzer, *Das Ende der Welt, wie wir sie kannten. Klima, Zukunft und die Chancen der Demokratie*, Frankfurt am Main 2009. Concerning the consequences of the climate catastrophe as a cause of global division into rich and poor countries and the call for a new global economic order, see also Franz Josef Radermacher, *Welt mit Zukunft*, Hamburg 2007.

7 Armin Hentschel, *Zurück in die Innenstadt? Datenkritische Untersuchung eines Trends*, Berlin 2008.

8 Armin Hentschel, *Nutzeransichten – Wohnarchitektur aus Sicht ihrer Nutzer*, Berlin 2009.

9 Jeff Rubin, 2009.

10 Leberecht Migge, *Der soziale Garten. Das grüne Manifest*, cited in: „Inventing the Garden", Matteo Vercelloni, Virgilio Vercelloni, Los Angeles 2011, p. 224.

PREISE

WÜRDIGUNGEN

PRIZES

"The landscape architects have successfully been able to develop the Park am Nordbahnhof into a highly attractive urban park, making exemplary use of the instruments of contemporary town planning for the successive en-hancement of public space."

"In the design of both courtyards and the moat around the castle, the landscape architect Birgit Hammer has demonstrated a keen awareness of the idiosyncrasies of the heavy stone architecture, for the content of the new museum as well as the dimensions of each of the courtyards."

COMMENDATIONS

"The uniform choice of materials and the minimal design means heightens the experience of the large space by not distracting the visitor from the aura of the place, in turn raising many questions about its future."

"Through the skilfully orchestrated succession of spaces, the designers have been able to restore much of the location's lost sense of identity."

"Field studies were undertaken over a period of two years that projected different patterns of planting and themes onto the fields, creating large-scale interventions that have changed how the region is perceived."

"By concentrating on the most essential elements and carefully detailing every aspect of their articulation as well as the rigorous colour concept, the designers have succeeded in turning a utilitarian, functionally-oriented and already densely-packed complex into a new piece of landscape."

"A successful contribution to the urban improvement of the parts of the town adjoining the water and their integration with the landscape that excels equally in its detailed execution of the gardens and walkways."

"The design skilfully combines a large spatial gesture with great precision in detail and manages to create a most individual interpretation of a special place of tranquility and contemplation."

"The way in which the classical elements of park design have been brought together displays a great precision and design aplomb and at the same time appears entirely effortless."

"The work demonstrates impressively how shrinking processes can be used positively to improve the quality of life in cities."

▶ Mit dem neuen Park am Nordbahnhof entstand in
Berlin ein Park neuen Typus': ein urban-naturnaher Park

The new Park am Nordbahnhof represents a new type
of park in Berlin: an urban but also natural park

Park am Nordbahnhof, Berlin

Park am Nordbahnhof, Berlin

Seit dem Bau der Berliner Mauer lag das Gelände des Nordbahnhofes – schon zuvor kaum noch für Bahnzwecke genutzt – im Niemandsland der Systeme. Der Ort geriet vom Zentrum an die Peripherie. So konnte sich auch hier eine der typischen Berliner Brachen entwickeln, auf denen sich zwischen den Resten früherer Betriebsamkeit eine ruderal-romantische Stadtnatur entfaltete. Durch das Areal führte der Mauerstreifen; Postenweg und Hinterlandmauer sind in Abschnitten noch heute erhalten.

Nach dem Ende der deutschen Teilung wurde der Bahnverkehr nicht wieder aufgenommen. Das Gelände stand für neue Nutzungen zur Verfügung. Während die Deutsche Bahn auf einem Teil der Flächen einen neuen Verwaltungskomplex errichtete, sollte der überwiegende Teil zu einem öffentlichen Freiraum werden.

Das Büro Fugmann Janotta gewann bereits 1995 gemeinsam mit dem Architekturbüro Loegler (Krakau) einen landschaftsarchitektonischen Wettbewerb für den Nordbahnhof, damals noch unter der Prämisse eines eher traditionell konzipierten Stadtparks. Mit der Umstellung der Finanzierung auf die Realisierung von Ausgleichs- und Ersatzmaßnahmen änderte sich das Konzept, vor allem aber die Umsetzungsstrategie. Die naturschutzrechtliche Kompensation für insgesamt 15 Bauvorhaben wurde hier zusammengeführt, 95 Prozent des Budgets der Anlage sind daraus finanziert. Der so begründete schrittweise Entwicklungsprozess erwies sich schnell als eine Gratwanderung zwischen ökologischen Zielstellungen und den Ansprüchen einer intensiven Freiraumnutzung – von den Landschaftsarchitekten selbst als „kreatives Kompensieren" bezeichnet. Bald stellte sich diese Strategie als die richtige Entscheidung für den Umgang mit diesem Ort heraus.

Sofort nach der Maueröffnung war das raue Paradies von den Anwohnern erkundet und auf informelle Art in

von · by Till Rehwaldt

Since the building of the Berlin wall, the site of the Nordbahnhof – at the time already largely unused by the railway – has lain in the no man's land between the two systems. Once a central location, it became relegated to the periphery. As a result a typical piece of Berlin wasteland has developed in which ruderal vegetation has taken root creating a romantic natural environment between the remains of the hubbub of bygone times. The Berlin wall ran through part of the site and sections of the inner wall and the border guards' patrol route still remain.

After the end of the division of Germany, railway services were not resurrected and the site became available for new uses. While the Deutsche Bahn, the German railway service, built a new administrative complex on part of the site, the majority of the site was designated to become a public park.

The landscape architecture office Fugmann Janotta, together with the architectural office Atelier Loegler (Cracow), won an initial landscape architecture competition in 1995, which at the time was based on the premise of a traditional park in the city. But when the financing model was changed to funding through replacement and compensation measures, the concept and realisation strategy had to change with it. The site pools the nature compensation measures for a total of 15 projects which together make up 95 percent of the project budget. The resulting step-by-step development process quickly proved to be a balancing act between ecological objectives and the demands of intensive recreational use – a strategy the landscape architects term "creative compensation". It soon became apparent that this strategy was the right approach to dealing with this site.

ORT	LOCATION	Berlin
ENTWURF	DESIGN	Fugmann Janotta Landschaftsarchitektur und Landschaftsentwicklung bdla, Berlin, Harald Fugmann, Martin Janotta
BAUHERR	CLIENT	Land Berlin, Senatsverwaltung für Stadtentwicklung, vertreten durch die Grün Berlin GmbH, Bezirksamt Mitte von Berlin · State of Berlin, Senate Department for Urban Development, represented by Grün Berlin GmbH, Council of the Berlin borough of Mitte
PLANUNG/BAU	PROJECT PLANNING	2001 – 2010

Besitz genommen worden. Man durchstreifte auf schmalen Pfaden den grünen Dschungel, lagerte im lauschigen Birkenhain und ließ sich vom historischen Schauder der Grenzanlagen berühren. Unter diesem Eindruck verzichteten Fugmann Janotta auf eine komplette Umformung des Areals und nutzten bereits bestehende Raumstrukturen aus. Und so geschah der Wandel fast unmerklich. Mit großem Respekt vor dem Bestand wurden die ursprünglich spontan entstandenen Freiraumqualitäten sowohl formal als auch atmosphärisch „institutionalisiert".

Die räumliche Grundfigur ist aus hauptsächlich zwei Elementen komponiert: Während sich der am Ostrand bereits vorhandene Birkenaufwuchs zu einer charakteristischen Raumkante ausformt, erstreckt sich im zentralen Bereich der ehemaligen Gleisanlagen eine weitläufige, extensiv genutzte Wiesenfläche. Hier öffnen sich beeindruckende Blickbeziehungen zum Stadtzentrum. Die Wiesen sind mit einem einfachen, eher symbolisch wirkenden Geländer abgegrenzt, welches einerseits das Betreten der Flächen erschwert, andererseits durch seinen breiten Handlauf aber auch zu einem beliebten Balancierobjekt wird.

Inmitten des Gräsermeeres befinden sich intensiv nutzbare Parkinseln, teilweise mit artifiziell geformten Spiellandschaften besetzt. Auch diese sind deutlich markiert, zeigen ihren Benutzern durch eine robuste Sitzmauer die Grenzen zum umliegenden Wiesenraum auf. Fast schwebende Zugänge aus Gitterrosten führen durch die wogenden Gräser zu diesen Inseln und vermeiden die Zerschneidung eines sich großflächig ausdehnenden Lebensraumes. Das Wegesystem geht in einer selbstverständlichen Weise mit den Fragmenten früherer Epochen um: Sowohl der ehemalige Postenweg als auch die teilweise noch vorhandenen Gleiskörper sind in die Trassierung einbezogen, wobei Zeitgeschichte stets lesbar bleibt. Originale Ober-

As soon as the wall came down, local residents immediately started exploring the paradisiacal wilderness, taking informal possession of it. One traversed the green jungle along narrow paths, relaxed in the secluded birch groves and took in the historical horrors of the border strip. Given this situation, Fugmann Janotta decided against remodelling the entire site and built instead on the existing patterns of use of the space. As a result, the transformation took place almost imperceptibly. Showing great respect for the existing situation, the originally spontaneous responses to the qualities of the site were "institutionalised" both formally and atmospherically.

The basic spatial configuration is composed of two elements: while the pre-existing birch growth on the eastern perimeter already presents a characteristic boundary, the central area of the former railway lines consists of an expanse of infrequently-tended meadowland. From here one has impressive views of the city centre. The meadows are bounded by simple railings that are more symbolic than anything. While these hinder direct access to the grassland, they have also become much loved as a balancing apparatus due to their wide handrails.

In the midst of the sea of grasses are more intensively used park-like islands, in parts occupied by landscapes of artificially formed play objects. These too are clearly demarcated, a robust seating wall marking the boundary to the surrounding grassland. Pathways made of metal grating lead to these islands and appear to almost float over the undulating grasses so that the extensive natural habitat is not interrupted.

The system of pathways takes a pragmatic approach to the fragments of earlier epochs: both the former

▲ Eine Schneise im 20 bis 30 Meter breiten Gehölzbestand markiert den ehemaligen Verlauf der Berliner Mauer

An approximately 20 to 30 metre wide strip runs through the vegetation marking the former path of the Berlin Wall and the border guards' patrol route

▼ Historische Schichten wie die Gleise des ehemaligen Stettiner Bahnhofs werden respektiert, aber nicht vordergründig inszeniert

Historical traces such as the platforms of the former Stettiner Railway Station have been retained but remain understated

flächen werden erhalten, neue Beläge davon unterschieden, fast beiläufig ergeben sich Transitverbindungen sowie Rundkurse verschiedener Länge.

Die vielfältigen historischen Spuren und das Nebeneinander ökologischer und freizeitorientierter Nutzungen erzeugen eine komplexe Fragestellung, die von Fugmann Janotta mit einem sensibel austarierten Konzept beantwortet wird. Aus den gegensätzlichen ästhetischen Perspektiven wild-romantischer Stadtnatur einerseits und funktional-artifizieller Gebrauchsmöblierung andererseits entsteht ein balancierter Kontrast; aus dieser Spannung gewinnt der Park seinen freigeistigen Charakter. Obgleich die verwendeten Grundmuster und das formale Vokabular für sich genommen nicht neu sind, zeigt der Park jedoch eine in dieser Form exemplarische Verschränkung ästhetischer Ideologien. Dies ist den Landschaftsarchitekten umso positiver anzurechnen, als das vor allem bei der Umsetzung von Ausgleichs- und Ersatzmaßnahmen andernorts oft eine erschreckende Naivität festzustellen ist. Die immer noch weit verbreitete Auffassung, dass ökologische Qualität nur mit einem Rückgriff auf einen „natürlichen", also organischen Formenkanon zu realisieren ist, führt gerade im urbanen Kontext häufig zu grotesken Ergebnissen. Nichts von diesen Konflikten ist im Konzept für den Park am Nordbahnhof zu spüren. Souverän werden hier die Möglichkeiten genutzt, mit den Instrumenten des Naturschutzrechtes eine sowohl funktional wie auch ästhetisch beispielhafte Qualität zu erreichen.

ALLTAGSGEBRAUCH

So vielfältig die Idee der „verschiedenen Schönheiten", so unterschiedlich sind auch Alltagsgebrauch und Rezeption der Anlage. Während sonntags auf den Parkinseln der Bär tobt, ein Kindergeburtstag dem anderen folgt, werden die

patrol route as well as what still remains of the former railway lines are incorporated into the routing without eradicating the traces of history. Old surfaces have been kept, new surfacing clearly differentiated and intersecting routes and circuits of different lengths result almost incidentally.

The various traces of history and the coexistence of ecological and recreational uses create a series of complex demands which Fugmann Janotta have responded to with a sensitively balanced concept. The opposing aesthetic perspectives of romantic urban natural wilderness on the one hand and functional-artificial street furniture on the other produces a balanced contrast and tension that lends the park its nonconformist character. Although the basic pattern and formal vocabulary are in themselves not new, the park in its current form represents an exemplary intertwinement of aesthetic ideologies. The landscape architects are to be commended for their approach, especially given the often astonishingly naïve approaches adopted by many other replacement and compensation measures. The still widespread view that ecological qualities can only be realised by resorting to a "natural", organic formal canon, leads to sometimes grotesque results, particularly in urban contexts. No traces of such conflicts are to be found in the Park am Nordbahnhof. Instead, the designers have skilfully used the instruments of nature conservation legislation to achieve a result that is exemplary both in its functional as well as aesthetic qualities.

EVERYDAY USE

As wide-ranging the idea of "different aesthetic qualities" may be, the everyday uses and responses to the

▲ Eher beiläufig sind für den aufmerksamen Besucher historische Spuren wie die ehemalige Viehrampe des Stettiner Bahnhofs zu entdecken

Almost by accident, visitors stumble across historical traces, such as the old cattle ramp of the Stettiner railway station

▷ Das Gräserband an der ehemaligen Viehrampe greift das Pflanzkonzept der Wiesenflächen auf

The band of grasses on the former cattle ramp echoes the planting concept of the meadow areas

umliegenden Wiesenflächen erstaunlich respektvoll behandelt – hier achten Eltern auf ihre Kinder! Nicht bei jedem Besucher ist jedoch Verständnis für die scheinbar immer noch ungewohnte Ästhetik der struppigen Steppenlandschaft vorhanden: „Hamse ma wieda keen Jeld jehabt und so sieht det nu aus!", sagt der Bürger und steht ratlos vor der grünen Moderne.

Tatsächlich wird abzuwarten bleiben, ob der wieder ins Zentrum gerückte Park seinen Charakter als luftige Birkengräserwelt dauerhaft erhalten kann oder mit der fort-

complex are equally diverse. While on Sundays, the islands in the park are overrun with one children's birthday party after the other, the surrounding grasslands are treated with surprising respect – parents do keep an eye on their children! But not all visitors are as appreciative of the still rather unfamiliar aesthetic of the untended grassy landscape: "I guess they ran out of money again and now it looks like this!" remarked one local resident in a thick Berliner accent, standing nonplussed in front of the expanse of green modernity.

schreitenden Reurbanisierung seines Umfeldes der wachsende Nutzungsdruck das sensible Konstrukt in Gefahr bringt. Doch dies ist eine Frage, die sich nicht nur am Berliner Nordbahnhof stellt.

Jetzt wird jedenfalls erst einmal gepflegt. Um die Funktionen als Ausgleichs- und Ersatzflächen langfristig zu erhalten, haben Fugmann Janotta ein Konzept erarbeitet, welches Sukzessionsflächen, Calamagrostis-Wiesen und Hochstaudenfluren als differenzierte Lebensräume sichert.

Und eigentlich ist der Park immer noch nicht fertig. Über eine am nördlichen Rand noch bestehende ehemalige Eisenbahnbrücke könnte ein Anschluss in Richtung Humboldthain hergestellt werden, womit eine übergeordnete Freiraumvernetzung entstehen würde. Doch dies ist scheinbar nicht so einfach; seit Jahren diskutieren das Land Berlin und die Deutsche Bahn um die Nachnutzung der Brücke. Bis auf Weiteres bleibt der Weg versperrt oder kann eben nur „informell" genutzt werden, wie das so üblich ist auf den Berliner Brachen.

Ultimately, it will remain to be seen whether the park, now no longer relegated to the periphery, will be able to retain its character as an airy expanse of birch greenery and grasses or whether the ongoing reurbanisation of the surroundings will place increasing demands on the park and upset the sensitive balance of interests. But this is a larger issue faced by not only by the Park am Nordbahnhof.

For the moment, at any rate, the park is being maintained. To retain the functions of replacement and compensation in the long term, Fugmann Janotta have developed a concept that ensures the survival of the succession areas, the calamagrostis meadows and scrublands as different habitats.

And, if truth be told, the park is still not finished. A still intact former railway bridge on the northern perimeter of the park could be used to create a connection in the direction of Humboldthain, which would then link together disparate green areas in the city. However, negotiations between the State of Berlin and the Deutsche Bahn on new uses for the bridge have been ongoing for years and the route remains closed, or rather can only be used "unofficially" as is the custom in many wasteland areas of Berlin.

◀ Die Gestaltung des Parks am Nordbahnhof fordert den Besucher auf, Geschichte und Natur zu entdecken sowie den besonderen Wert des Ortes zu erkennen und zu respektieren

The design of the park invites the visitor to discover history and nature as well as to sense and respect the special spirit of the place

▶ Der ca. fünf Hektar große Park am Nordbahnhof ist ein Baustein des zukünftigen Freiraumverbunds, der die Parkanlagen Humboldthain, Mauerpark sowie die erweiterte Mauergedenkstätte umfasst

Totalling almost 5 hectares, the Park am Nordbahnhof is conceived as one part of a future series of linked public spaces that will run from the Humboldthain via the Mauerpark and the extended wall memorial

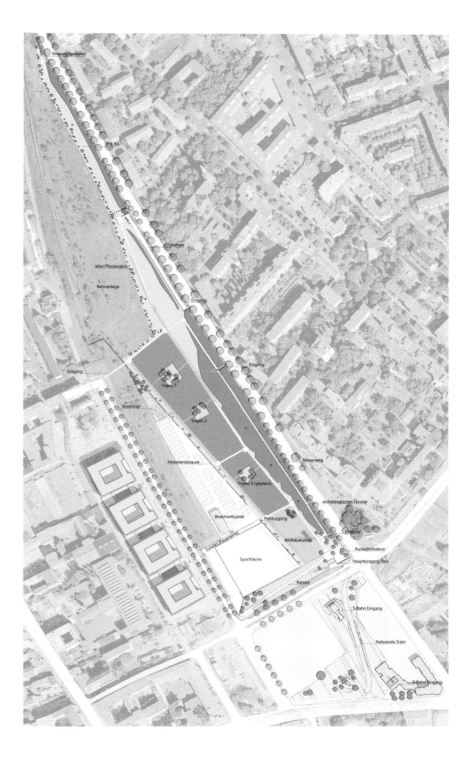

Schloss Freudenstein, Freiberg, Sachsen
Freudenstein Castle, Freiberg, Saxony

SANIERUNG UND UMNUTZUNG ZUM SÄCHSISCHEN BERGARCHIV UND MINERALOGISCHE SAMMLUNG „TERRA MINERALIA"

In der alten Bergbaustadt Freiberg in Sachsen ist das im Mittelalter errichtete, in den folgenden Jahrhunderten mehrfach umgebaute Schloss Freudenstein – es hat zwischenzeitlich als Hospital, Gefängnis und Getreidespeicher gedient – saniert und zum „Kulturspeicher" ausgebaut worden. Sowohl das Sächsische Bergarchiv als auch das seit langem angepeilte Museum für die größte Mineraliensammlung der Welt sollten in dem Altbau eine neue Heimat finden.

Bei der Gestaltung der beiden Höfe und des Grabens vor dem Schloss hat die Landschaftsarchitektin Birgit Hammer ein sicheres Gespür für die baulichen Eigenwilligkeiten und die steinerne Materialität des Ensembles, für die unterschiedlichen Funktionen und Dimensionen der beiden Höfe wie für den Inhalt des neuen Museums bewiesen.

Im Alten Schlosshof, der jetzt als Wirtschaftshof und Anlieferzone dient, wurden die alten Umfassungsmauern, die zum Wehrturm führen, und die in die Bauten führenden historischen Treppenanlagen mit den vorhandenen Materialien stilgerecht restauriert. Der Boden wurde mit gebrauchtem Sandsteinpflaster, die Ränder entlang der restaurierten Mauer aber mit wiederverwendetem altem Wildpflaster belegt, so dass sich eine schöne Synthese aus Alt und Neu ergibt. Die neuen, an die Mauer gerückten Lichtmasten und die wie Bügel im Boden steckenden Fahrradständer ergehen sich in schlichtesten geometrischen Formen und setzen in die steinerne Horizontalität des Hofes vertikale Akzente in schwarzem Stahl, also in einem kontrastierenden Material.

Bei der Neugestaltung des nahezu rechteckigen, auf allen vier Seiten umbauten Neuen Schlosshofs, über den die

von · by Gottfried Knapp

RENOVATION AND CONVERSION TO THE SAXON MINING ARCHIVES AND MINERALOGICAL COLLECTION "TERRA MINERALIA"

In the old mining town of Freiberg in Saxony, the medieval Freudenstein Castle, which has undergone many changes over the years – it has been a hospital, a prison and a granary – has been renovated and converted into a "cultural warehouse". The old building now serves as a new home for the Saxon Mining Archives as well as a long-planned museum for the largest mineralogical collection in the world.

In the design of both courtyards and the moat around the castle, the landscape architect Birgit Hammer has demonstrated a keen understanding of the idiosyncrasies of the buildings and the stony materiality of the ensemble as well as of the different functions and dimensions of the courtyards and not least the contents of the new museum.

In the former castle courtyard, now used as a yard and delivery area, the old perimeter walls that lead to the fortified tower and the historical stairs that lead into the buildings have been authentically restored using existing materials. The floor is paved with used sandstone paving, the edges along the restored walls with recycled, loosely arranged cobblestones, creating a pleasing synthesis of new and old. The new lighting masts that line the walls and the bicycle stands that project like stirrups out of the ground are exercises in restrained geometric form, creating vertical accents in the horizontality of the courtyard, their black steel providing a material contrast.

In the redesign of the new castle courtyard, an almost rectangular space enclosed on all four sides

Das Schloss Freudenstein in Freiberg war einst Trutzburg für das im Erzgebirge geförderte Silber. Heute beherbergt es die größte mineralogische Privatsammlung der Welt

Freudenstein Castle in Freiberg was originally built as a fortress to hold silver mined from the Erz Mountains. Today it contains the largest mineralogical collection in the world

ORT	LOCATION	Freiberg
ENTWURF	DESIGN	Birgit Hammer Landschafts.Architektur, Berlin, Birgit Hammer
BAUHERR	CLIENT	Stadt Freiberg, Dezernat Stadtentwicklung, Hochbauamt · Freiberg Town Planning and Buildings Departments
PLANUNG/BAU	PROJECT PLANNING	2007 – 2009

Besucher das in den Flügeln eingebaute neue Museum und das Archiv erreichen, hat sich die Landschaftsarchitektin von der Idee leiten lassen, den Boden im Hof als „fünfte Fassade" zu definieren und entsprechend zu gestalten: Sie hat also die Hoffläche in Material und Farbe den vier umgebenden alten Gebäudefassaden und dem als Beton-Glas-Kubus asymmetrisch aus dem Altbau herausstoßenden neuen Eingangsbauwerk angepasst.

Die Formen des Bodenmusters kann man als Hommage an die im Museum verwahrten Kristalle, Mineralien und Halbedelsteine deuten. Aus hellen Granitplatten hat Birgit Hammer vier bis fünf Quadratmeter große, vieleckige Ein-

through which the visitor passes to reach the new museum and archive, the landscape architect has pursued the idea of the floor of the courtyard as a "fifth façade", designing it accordingly: the base of the courtyard picks up the materials and colours of the four surrounding façades of the old buildings and the concrete and glass entrance structure that projects asymmetrically out of the castle walls.

The forms of the patterning on the floor can be interpreted as a homage to the crystals, minerals and semi-precious stones contained in the museum. Birgit Hammer has created four to five square metre large,

zelflächen zusammensetzen lassen, die in ihrer asymmetrischen Geometrie an die kristallinen Grundformen bekannter Mineralien erinnern. Um diese kompakten hellen Vielecke herum ist rötlicher Gussasphalt eingewalzt worden; er fasst alle Binnenformen zu einer Einheit zusammen. Das Flächenmuster am Boden sieht also aus wie der Querschnitt durch eine einheitlich monochrome Steinschicht, in die dicht an dicht andersfarbige Rundformen eingeschlossen sind. Auch die Assoziation eines ins Große übersetzten Terrazzobodens ist nicht von der Hand zu weisen.

Dem Hof wurde also ein höchst prägnantes Muster einbeschrieben, das farblich und strukturell wunderbar mit

polygonal surfaces assembled out of light-coloured granite slabs whose asymmetrical geometry recalls the crystalline forms of well-known minerals. Around these compact, light-coloured polygons, reddish-coloured poured asphalt has been rolled into the surface, binding the individual pieces into a whole. The surface patterning resembles a cross-section through a uniformly monochrome layer of stone that encloses a densely packed aggregate of rounded forms. The patterning likewise recalls a magnified version of terrazzo flooring.

The courtyard has therefore been inscribed with a most striking pattern whose colour and structure

◀ Bei der Sanierung lag besonderes Augenmerk auf der Erhaltung der Originalsubstanz der Schlossanlage aus dem 16. Jahrhundert

Special care was taken during renovation works to maintain the original fabric of the castle from the 16th century

▶ Der Schlosskomplex besteht aus einer so genannten Vierflügel-Anlage, die in den Außenbereichen neben dem Neuen und dem Alten Schlosshof auch einen Schlossgraben umfasst

The castle was constructed as a so-called four-winged complex and features a moat around its perimeter that encloses the new and the old castle courtyards

den Fassaden der rahmenden Bauten kommuniziert und darum das Versprechen, als „horizontale" Fassade wirksam zu werden und die Besucher auf die Objekte im Museum einzustimmen, bestens einlöst. Und auch die vorgesehenen weiteren Nutzungen des Hofes, die geplanten Theater-, Konzert- und Festveranstaltungen, dürften von dem lebendigen Bodenmuster im großen Schlosshof profitieren.

Natürlich wurden auch im Schloss Freudenstein, wie überall auf historischem Terrain, bei den unumgänglichen archäologischen Grabungen zahlreiche Bodenfunde gemacht. Alle festen Teile wurden im Boden so gesichert, dass sie jederzeit ohne großen Aufwand wieder freigelegt

communicate wonderfully with that of the enclosing façades, and as such eloquently fulfils the function of a "horizontal" façade while preparing the visitor for the objects within the museum. The additional functions planned for the courtyard – theatre performances, concerts and official functions – will likewise benefit from the lively patterning of the floor of the large courtyard.

As is to be expected in such historic surroundings, the obligatory archaeological excavations in Freudenstein Castle revealed a number of archaeological finds. All immovable items have been secured under the ground in such a way that they can be exposed again without excessive effort. The outlines of prominent

werden können. Die Grundrisse der prominenten Vorgängerbauten aber – etwa des abgerissenen Bergfrieds – wurden durch punktierte Linien aus Messingplättchen, die in den Boden eingelassen sind, sichtbar gemacht, also der „liegenden Fassade" einbeschrieben.

Um die so zelebrierte kristalline Klarheit im Hof nicht zu stören, hat Birgit Hammer auf Kompromisse mit Pflanzungen ganz verzichtet. Lediglich ein einzelner stattlicher Baum in jener Hofecke, die den hohen Schlosstrakten gegenüberliegt, darf hier einen Akzent setzen.

Außerhalb der beiden Höfe, im Bereich der Wehranlagen, die das Schloss von der Innenstadt trennen, hat sich

earlier buildings on the site – for example the demolished keep – have been made visible as dotted lines using brass plates set into the ground, i.e. inscribed into the horizontal façade.

To avoid compromising the celebrated crystalline clarity of the courtyard, Birgit Hammer chose to dispense with planting entirely. Only a single magnificent tree stands in the courtyard, accentuating the far corner of the courtyard furthest away from the high wing of the castle.

Outside the two courtyards, along the fortifications that separate the castle from the town centre, the land-

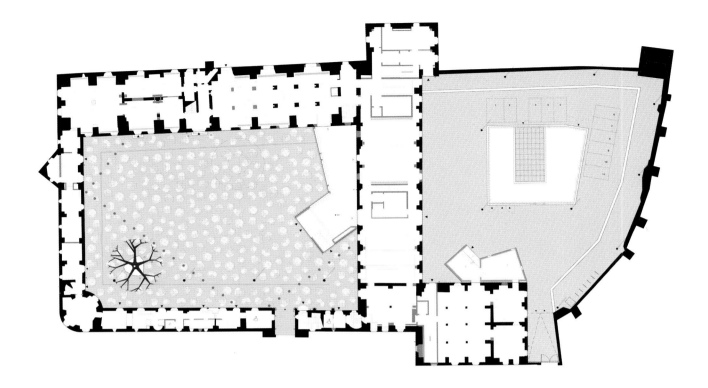

◀ Für die Unterbringung des Archivs wurde der Kirchen-
flügel des Schlosses frei geräumt und ein Baukörper im
„Haus im Haus"-Prinzip eingefügt

The church wing of the castle was vacated to house the
archives, which have been inserted as a building within a
building

◤ Die der Öffentlichkeit zugänglichen Bereiche des
Schlosses werden über den Neuen Schlosshof erschlossen,
der auch als Entree für die Sammlungen und das Archiv
dient

The areas of the castle open to the public are accessed
via the new castle courtyard which also serves as an
entrance to the collection and archives

die Landschaftsarchitektin auf die Restaurierung der Mauern und auf eine schlichte Begrünung des Schlossgrabens
beschränkt, was dem Baudenkmal einen wirkungsvollen
Auftritt im Stadtbild verschafft. Insgesamt kann man also
die Sanierung des Schlosses Freudenstein und die Instal-
lierung des berühmten Mineralienmuseums als einen
großen Gewinn für die Stadt Freiberg, ja für ganz Sachsen
feiern.

scape architect has restricted herself to restoring the
walls and greening the moat, underlining the historic
appearance of the monument in the townscape. The
renovation of Freudenstein Castle and the creation of a
permanent home for the famous mineralogical museum is a significant gain for the town of Freiberg, and for
the state of Saxony as a whole.

Übergangsnutzung Schlossareal, Berlin

Interim use of the site of the Stadtschloss, Berlin

Seit 1990 bestimmt die Debatte um den Abriss des Palastes der Republik und den Neubau des Stadtschlosses der preußischen Könige diesen Ort im Mittelpunkt Berlins. Es bleibt derzeit der Übergangsgestaltung des Areals des zukünftigen Humboldtforums vorbehalten, Stadt und Staat zu machen.

Die Landschaftsarchitekten des Berliner Büros relais schafften, was der Debatte lange nicht gelang: dem Ort eine eigenständige Gegenwart zu geben. Denn relais Landschaftsarchitekten setzen sich mit der Übergangssituation sowohl thematisch als auch formal und materiell auseinander.

Das Konzept des Entwurfs zielt auf die Schaffung eines offenen Systems, in das verschiedene Zwischennutzungen integriert werden können. Formal wird dies durch Holzstege umgesetzt, die auch als Teile eines Bau- und Raumgerüstes lesbar sind.

Die Schotterrasenflächen, die den westlichen Teil des Schlossareals prägen, vermitteln den Charakter eines Bauplatzes. In diesem Bereich, in dem die Oberfläche leicht abgesenkt wurde, sind durch die Holzstege hindurch die freigelegten Grundmauern des Stadtschlosses sichtbar. In Richtung Spree erweitern sich die Stege zu großzügigen Sonnendecks und bilden so eine äußerst beliebte Promenade am Wasser.

Die schlichte Struktur führt den Ort auf sich selbst zurück, markiert die Weite inmitten der Stadt. Der Verzicht auf bauliche Gesten in dritter Dimension ermöglicht Blickbezüge inmitten Berlins, wobei die umliegende Bebauung unterschiedlichster Epochen zueinander in Beziehung tritt. Dieser Entwurf einer Übergangslösung trifft in sensibler Weise das eigentliche Thema des Ortes: die Leerstellen als Ausdruck der inkonsistenten Identität der Hauptstadt Berlin.

Since 1990 this key site in the heart of Berlin has been surrounded by debate concerning the demolition of the GDR Palast der Republik and the rebuilding of the Stadtschloss, the former residence of the Kings of Prussia. In the meantime, therefore, an interim solution for the site of the former Hohenzollern Palace is flying the flag for the city and state.

The Berlin-based landscape architects relais have managed to achieve what the debate has not been able to: to give the site a presence of its own. In their design, they have explored the transitional situation both conceptually as well as in terms of form and materials.

The design concept aims to create an open system capable of accommodating different intermediary uses. This is achieved formally by wooden walkways which form a scaffold that serves both as a traversable construction and as a spatial framework.

The gravel-based grassed surfaces that extend across the western part of the site likewise communicate the impression of a building site. In this section, where the ground level is somewhat lower, one has a view between the walkways of the excavated foundations of the Stadtschloss. Towards the River Spree, the walkways widen to become spacious sun decks which have become an exceptionally popular waterside promenade.

The simple structure highlights the very nature of the site. By choosing not to build three-dimensional structures, the architects allow the surrounding buildings, which date from different epochs, to enter into relationships with one another, setting up views between them. As such, the design for the interim use of the site sensitively manages to capture the spirit of the place: an empty space that expresses the inconsistent identity of Germany's capital city.

◁ Die 2,50 Meter breiten Stege aus unbehandeltem Holz der Europäischen Lärche gewährleisten neben der Erschließung auch den räumlichen Zusammenhalt der Fläche

The 2.50 metre wide walkways made of untreated European larch wood serve both as a means of circulation and a framework that unites the whole site

▷ Der von Skizzenhaftigkeit geprägte konzeptionelle Ansatz des Entwurfs erweist sich als flexibel und gestalterisch unempfindlich gegenüber verschiedenen Nutzungsanforderungen

The schematic approach of the design concept proves to be flexible and yet robust enough to accommodate different requirements

▽ Der Sockel des ehemaligen Kaiser-Wilhelm-National-denkmals wird als bauliches Dokument durch eine hölzerne Sitzstufenanlage inszeniert

The plinth of the former Kaiser Wilhelm National Monument is documented in the form of wooden terraced seating

ORT	LOCATION	Berlin
ENTWURF	DESIGN	relais Landschaftsarchitekten, Berlin, Gero Heck, Marianne Mommsen, Martina Kaiser, Elisabeth Biederbick, Kirsten Polifka, Marcus Cordes
BAUHERR	CLIENT	Land Berlin, vertreten durch die · State of Berlin represented by the DSK Deutsche Stadt- und Grundstücksentwicklungsgesellschaft mbH
PLANUNG/BAU	PROJECT PLANNING	2006 – 2009

Markt und Tuchmarkt, Zeulenroda

Market square and cloth market, Zeulenroda

Der Marktplatz der Stadt Zeulenroda im Thüringer Vogtland ist geprägt durch das klassizistische Rathaus aus dem 19. Jahrhundert. In den 1960er Jahren wurde der Marktplatz nach funktionalen Bedürfnissen als Verkehrs- und Parkplatzfläche umgebaut. Dadurch verlor auch der nahe liegende Tuchmarkt an Bedeutung. Zur Stärkung des Stadtzentrums lobte die Stadt Zeulenroda 2007 einen landschaftsarchitektonischen Wettbewerb aus. Ziel war es, den Marktplatz so umzugestalten, dass er den Bürgern wieder als zentraler Ort zur Verfügung steht und die Identität der Stadt repräsentiert.

Das mit dem 1. Preis ausgezeichnete Konzept der Landschaftsarchitekten club L94 aus Köln stellt die fehlende Raumkante zwischen dem Marktplatz und dem Tuchmarkt wieder her, indem ein Baumblock aus Platanen in der Flucht des Rathauses gepflanzt wird. Dadurch werden die einstigen Proportionen wieder sichtbar. Durch eine Reduzierung des Verkehrsaufkommens gelang es, auf dem Marktplatz heute wieder die Aufenthaltsqualität in den Vordergrund zu stellen.

Der neu gestaltete Marktplatz wird durch einen dunklen Basaltteppich als Bühne für die tägliche Begegnung markiert. Lichtstelen heben den Ort im Stadtbild hervor. Die Randbereiche des Marktplatzes erhielten wie auch der Tuchmarkt einen Belag aus Kalksteinmittelpflaster. Dieses harmoniert durch seine Erdfarben mit den angrenzenden Fassaden. Eine Herausforderung für die Neugestaltung war das starke Gefälle des Marktplatzes, das die Landschaftsarchitekten nun durch einen Stufenwinkel auffangen. Die insgesamt zurückhaltende Gestik und Materialität des neu interpretierten Marktplatzes wird durch Sitzbänke und Blumenkübel bereichert, die zum Verweilen vor historischen Fassaden einladen.

The market square in the town of Zeulenroda in the Thuringian part of the Vogtland region is dominated by the classicist town hall built in the 19th century. In the 1960s the market square was converted into a roadway and car park for functional reasons, which in turn led to the decline of the cloth market nearby. In 2007 the town of Zeulenroda announced a landscape architecture competition to strengthen the identity of the town centre. The aim was to restore the market square as a central place for local residents and a representative location for the identity of the town.

The winning concept by the landscape architects club L94 from Cologne reinstates the missing spatial separation of the market square and cloth market by planting a block of plane trees between them that aligns with the front face of the town hall, restoring the original proportions of the square. By reducing the amount of traffic, the square once again becomes a place primarily for people.

The redesigned market square is demarcated by a dark carpet of basalt paving that serves as a stage for everyday encounters. Tall light masts heighten the presence of the square within the town. The perimeter sections of the market square, as well as the cloth market have been paved with medium-format limestone cobbles that have an earthy colour that harmonises well with the façades. A particular challenge was to accommodate the steep incline of the square, which the landscape architects resolve with an angled set of steps at one corner. The restrained palette of materials and design gestures used in the reinterpreted market square is augmented by benches and flower boxes that invite one to sit awhile in front of the historical façades.

▲ Der weitgehend von Einrichtungen freigehaltene Marktplatz bietet dem imposanten Rathaus einen in seinen Proportionen wohltuenden Raum und repräsentativen Vorplatz

The largely open space of the Market Square provides a sufficiently large, well-proportioned and fittingly representative open space in front of the imposing façade of the town hall

▼ Ein Wasserspiel mit Karpfenfiguren, gestaltet von Karl Heinz Appelt aus Kahla, ist für Kinder ein beliebter Spielbereich

The fountain area with carp sculptures, designed by Heinz Appelt of Kahla, is a popular playing area for children

▼ Der ehemals als Parkplatz genutzte Marktplatz steht den Anwohnern heute wieder als Aufenthaltsfläche zur Verfügung

The Market Square, formerly used as parking spaces, once again serves as a public space for the town and its residents

ORT	LOCATION	Zeulenroda
ENTWURF	DESIGN	club L94 Landschaftsarchitekten GmbH, Köln · Cologne, Frank Flor, Jörg Homann, Götz Klose, Burkhard Wegener
BAUHERR	CLIENT	Stadtverwaltung Zeulenroda-Triebes · Zeulenroda-Triebes Town Council
PLANUNG/BAU	PROJECT PLANNING	2006–2009

▶ Landwirtschaftliche Maschinen bestimmen die Linienzeichnung von Bodenbearbeitung, Saat und Kornreihen in den Feldern

Agricultural machinery determines the pattern of lines, furrows, seed-sowing and ribbons of corn in the fields

Venustas et Utilitas – Zur neuen Ästhetik urbaner Landwirtschaft, Landschaftspark Mechtenberg

Venustas et Utilitas – a new aesthetic of urban agriculture, Mechtenberg landscape park

Im Städtedreieck Essen, Gelsenkirchen, Bochum erhebt sich der Mechtenberg sanft über die urbane Landschaft. Im Rahmen des Kulturhauptstadtprojektes RUHR.2010 wurde vom Regionalverband Ruhr, beraten von Udo Weilacher, das Projekt „Zwei Berge – eine Kulturlandschaft" initiiert, um das ästhetische Potenzial urbaner Landwirtschaft zu erkunden. Den Schweizer Landschaftsarchitekten Paolo L. Bürgi betraute man mit der Verwirklichung einer ersten Feldstudie, um in Zusammenarbeit mit dem Landwirt vor Ort experimentell aufzuspüren, welche Symbiosen des Schönen mit dem Nützlichen in Metropolregionen denkbar sind. Das landschaftliche Forschungsprojekt erstreckt sich über zwei Jahre: ein Crescendo, das mit dem landwirtschaftlichen Kalender spielt.

Unterstützt von Landwirt Hubertus Budde gestaltet Paolo L. Bürgi mit Hilfe modernster Agrartechnik sensibel die Ackerflächen und gliedert die Feldflur mit blütenreichen Einsaaten. Dabei orientiert er sich an der „ornamented farm", einer Ausprägung des Landschaftsgartens, der landwirtschaftliche Nutzflächen wie Äcker und Weiden als Kulturland integriert. Saat- und Erntemaschinen diktieren jeweils unterschiedliche Fahrgassenbreiten und Wenderadien; sie bestimmen so die Zeichnung in den Feldern.

Ziel des Projektes ist es, eine neue Sensibilität für die Landschaft zu entfalten und zu erkennen, in welcher Weise die Ästhetik moderner Produktionslandschaften zu mehr Achtung gegenüber der Umwelt führen kann. Die Studie sucht auf experimentelle Weise nach Wegen neuer Kulturlandschaftsgestaltung.

Situated between the cities of Essen, Gelsenkirchen and Bochum, the Mechtenberg hill rises gently above the urban landscape. As part of the European City of Culture project RUHR.2010, the Ruhr Regional Association initiated the project "Two Hills – One Landscape", curated by Udo Weilacher, to investigate the aesthetic potential of urban agriculture. The Swiss landscape architect Paolo L. Bürgi was entrusted with undertaking a first field study to explore, together with a local farmer, possible symbioses of aesthetics and production in the metropolitan region. The landscape research project spanned a period of two years, a crescendo that hangs together with the agricultural calendar.

With the help of Hubertus Budde, a local farmer, Paolo L. Bürgi used state-of-the-art agricultural technology to design the arable landscape, structuring the fields by sowing flower seeds. The idea derives from the concept of the "ornamented farm", a variant of the landscaped garden that incorporates agricultural land, such as fields and meadows, as cultural land. Sowing and harvesting machines dictate different lane widths and turning circles, influencing the drawings in the fields.

The project aims to engender a new sensibility for the landscape and to understand ways in which the aesthetics of modern agricultural production can improve our awareness of the environment. The study takes an experimental approach to examining ways of designing the cultural landscape.

▼ In ein abgeerntetes Feld wurde das Muster eines Grubenhandtuchs gezeichnet, das die Bergleute im Ruhrgebiet verwendet haben

The distinctive pattern of a miner's towel, as used by miners in the Ruhr conurbation, has been worked into the surface of a harvested field

▲ Die Ackerflächen an den Hängen des 84 Meter hohen Mechtenbergs spielen für Erholungssuchende eine bedeutende Rolle

The arable fields on the slopes of the 84 metre high Mechtenberg are much loved by locals seeking relaxation

▼ Feine Farblinien durchziehen die Kornfelder

Fine coloured lines run through the cornfields

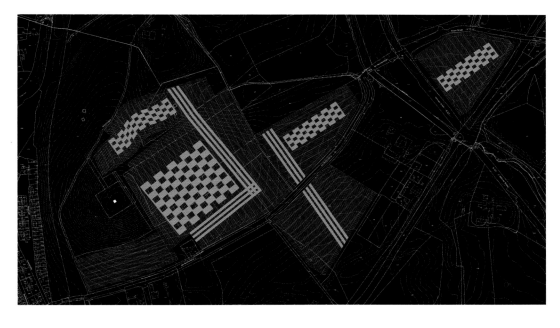

ORT	LOCATION	Städtedreieck · Between Essen, Gelsenkirchen, Bochum
ENTWURF	DESIGN	Studio Bürgi, Camorino/Schweiz · Camorino/Switzerland Prof. Paolo L. Bürgi nach der Idee und Konzeption des Kurators · after an idea and concept by the curator Udo Weilacher, München · Munich
BAUHERR	CLIENT	Regionalverbund Ruhr, Essen
PLANUNG/BAU	PROJECT PLANNING	2008 – 2010

▶ Mit einer konsequenten grünen Farbgebung werden sämtliche Bauteile in einen sichtbaren Zusammenhang gestellt und das räumliche Erlebnis der Anlage zusätzlich thematisiert

The striking green colouring used for all the built elements of the complex creates visual unity and additionally reinforces how one experiences the complex spatially

Sportanlage Heerenschürli, Zürich/Schweiz

Heerenschürli sports facility, Zurich/Switzerland

Die Sportanlage Heerenschürli, eine der größten Sportanlagen Zürichs, liegt zwischen Naturschutzgebiet und Autobahnkreuz sowie zwischen Wohnbebauung und Industriebauten. Die Anlage wurde umfassend neu gestaltet, um veränderten Anforderungen an ein zeitgemäßes Sportangebot zu entsprechen.

Sport wird hier als Raumfunktion eindeutig inszeniert, nicht integriert in Raum. Der Entwurf des Landschaftsarchitekturbüros TOPOTEK 1 aus Berlin stärkt die verbindende Funktion der orthogonalen Wegeachsen mit Baumreihen, Alleen, akzentuierenden Baumhainen und einem zentralen Platz, der räumlicher und funktionaler Mittelpunkt der Anlage ist. Auffällig sind die sich überlagernden Transparenzen der Zaunanlagen, die eine eigene Dynamik des Zuschauens bewirken. Die jeweils in zwei Lagen mit Maschendrahtgewebe in verschiedenen Grüntönen bespannten Ballfangzäune erzeugen Moiré-Effekte. Diese Überlagerung der Raumschichten wird zum Ausdruck des Verhältnisses zwischen Sportlern und Zuschauern.

Durch die farbigen Ballfangzäune, die jedes Spielfeld umgeben, erhält die Sportanlage neben einer großmaßstäblichen Architektur eine städtebauliche Prägnanz. Einprägsame Details wie die Abrundungen der Zaunecken überzeugen, teils auch erst auf den zweiten Blick.

Große Sorgfalt wurde bei der Neugestaltung der Sportanlage auf die Integration in das Quartier gelegt. Durch die Gestaltung eines zentralen Platzes mit Baumgruppe wird die Sportanlage zum Naherholungsraum und schafft eine spezifische Identität für den Stadtteil Schwamendingen. Selten gelingt es derart überzeugend, einen Funktionsort so stark in Erinnerung zu halten.

The Heerenschürli sports facility, one of the largest in Zurich, is located between a nature reserve, a motorway junction, residential housing and large-scale industrial buildings. The facilities were completely restructured to cater for the changing demands of contemporary sports and leisure activities.

Rather than integrating sport into a spatial arrangement, sport is celebrated as a function in space. The design by the Berlin-based landscape architects TOPO-TEK 1 strengthens the connecting function of the orthogonal axes of pathways using rows of trees, avenues and groves that set accents and a central square at the spatial and functional heart of the facility. The distinctive overlapping transparency of the fences lends the act of spectating a specific dynamism. The twin layers of wire-mesh fences in various green tones produce a moiré effect. The overlapping of these spatial layers is an expression of the relationship between athletes and spectators.

The coloured fencing around each playing field lends the sports facility a larger architectural scale and a distinctive urban presence. Characteristic details abound, such as the rounding of the corners of the fences, sometimes only revealing themselves on closer inspection.

In the redesign of the facility, special care was given to integrating it into the local neighbourhood. Through the creation of a central square with a group of trees, the sports facility becomes a local recreational centre, contributing to the specific local identity of the district of Schwamendingen. It is rare to find a predominantly functional facility so convincingly transformed into a memorable place.

▼ Die Sportanlage Heerenschürli gehört mit einer Fläche von 15 Hektar zu den größten Rasensportanlagen der Stadt Zürich

The Heerenschürli sports facility extends over an area of 15 hectares and is one of the largest lawn sports grounds in Zurich

▼ Eine Freestyle-Anlage erweitert das Angebot für jugendliche Skater

A freestyle skating park provides a new venue for young skaters

ORT	LOCATION	Zürich/Schweiz · Zurich/Switzerland
ENTWURF	DESIGN	TOPOTEK 1, Gesellschaft von Landschaftsarchitekten mbH, Berlin, Martin Rein-Cano, Lorenz Dexler
BAUHERR	CLIENT	Grün Stadt Zürich
PLANUNG/BAU	PROJECT PLANNING	2005–2010

Mangfallpark, Rosenheim
Mangfallpark, Rosenheim

Der im Rahmen der Landesgartenschau Rosenheim 2010 neu gestaltete Mangfallpark erstreckt sich entlang der Flussläufe Inn, Mangfall und Hammerbach. Der Park ist zentrales Projekt der städtebaulichen Entwicklung Rosenheims. Nach Beendigung der Landesgartenschau entsteht im Mühlbachbogen auf den temporären Ausstellungsflächen der Gartenschau eine hochwertige Wohnanlage.

Der Entwurf des Landschaftsarchitekturbüros A24 Landschaft, Berlin, entwickelt den vormals durch Gewerbe und Industrie geprägten Stadtraum zwischen Inn und Altstadt zu einer Parklandschaft am Flussufer. Beispielhaft wurden komplexe Anforderungen an Architektur, Ingenieurbauwerke und Hochwasserschutz in die Gesamtanlage integriert. Landschaftsstege verzahnen dabei die Stadt mit der Flusslandschaft von Inn und Mangfall. Als hybride architektonische Landschaften sind die Stege zugleich Rampe, Brücke, Promenade, Aussichtspunkt sowie Sitz- und Liegefläche. Sechs Brückenbauwerke mit einer Spannweite von bis zu 78 Metern sind in die Steganlage integriert.

Entlang des Hammerbachs entstanden so genannte Bachgärten mit Staudenpflanzungen sowie Aufenthaltsbereichen. Der Hammerbach selbst wurde als Kajakstrecke für Kinder ausgebaut. Den Mühlbachbogen interpretieren die Landschaftsarchitekten als innerstädtischen Stadtbach. Von Mauern eingefasst, fügt er sich harmonisch in das Stadtbild ein.

Die enge Verzahnung von Landschaft und Architektur, von funktionalen Ingenieurbauwerken und poetischen Orten am Wasser erzeugt einen unverwechselbaren Ort an den Ufern von Inn und Mangfall.

Designed as part of the State Garden Show in Rosenheim in 2010, the Mangfallpark extends along the courses of the rivers Inn, Mangfall and Hammerbach. The park is a fundamental part of the urban development of Rosenheim. When the State Garden Show finishes, high-class residential housing will be built on the site of the Garden Show's temporary exhibition area in the bends of the Mühlbachbogen.

The design by the Berlin-based landscape architects A24 Landschaft redeveloped the former industrial and commercial areas between the River Inn and the old town to create a park landscape along the banks of the river. The design succeeds in integrating complex issues such as architecture, engineering structures and flood control into the design of the park in an exemplary manner. Walkways through the landscape connect the city with the riverside environment of the Inn and Mangfall. As hybrid architectonic structures, the walkways serve simultaneously as ramps, bridges, promenades, vantage points and seating or sunbathing areas. Six bridge structures with spans of up to 78 metres are integrated into the walkway structures.

Small, so-called "rivulet gardens" with herbaceous planting were created along the banks of the Hammerbach, along with seating areas. The Hammerbach itself has been transformed into a kayaking course for children. The Mühlbachbogen by contrast was conceived as an inner-city waterway. Channelled by walls, it harmonises with its urban surroundings.

The close interleaving of landscape and architecture, of engineering structures and poetic waterside locations has resulted in a unique environment along the banks of the Rivers Inn and Mangfall.

▼ Der schmal auslaufende Innspitz ist der entlegenste Ort des Parks. Eine steinerne Spitze mit Sitzblöcken inszeniert den Zusammenfluss von Inn und Mangfall

The narrow tapering end of the Innspitz is the most remote part of the park: a stony tip with seating blocks that marks the confluence of the Inn and Mangfall rivers

▼ Die Schönheit der alten Baumbestände wurde durch Gestaltungsideen der Landschaftsarchitekten verstärkt

New additions by the landscape architects augment the beauty of the existing mature trees

▼ Der „Innbalkon" lädt zum Verweilen oberhalb des Flusses ein

The "Inn balcony" invites one to stop and enjoy the view over the river

ORT	LOCATION	Rosenheim
ENTWURF	DESIGN	A24 Landschaft, Robel Swillus und Partner GbR, Berlin, Steffan Robel, Joachim Swillus
BAUHERR	CLIENT	Landesgartenschau Rosenheim 2010 GmbH
PLANUNG/BAU	PROJECT PLANNING	2006 – 2010

Gemeinschaftsgrab Friedhof Rosenberg, Winterthur/Schweiz

Communal grave Rosenberg cemetery, Winterthur/Switzerland

Die Bestattungskultur erfährt derzeit erhebliche Veränderungen, angemessene neue Ideen für die Gestaltung von Friedhöfen finden daher immer mehr Aufmerksamkeit. Das neue Gemeinschaftsgrab des Friedhofs Rosenberg in Winterthur/Schweiz ist ein solches vorbildliches Beispiel. Es ordnet sich respektvoll ein in die historisch geprägten Strukturen des Zentralfriedhofs mit seinen übergeordneten Wegeachsen, Baumsetzungen und Brunnenanlagen.

Den Entwurf für die Neugestaltung des Gemeinschaftsgrabs fertigten die in Winterthur ansässigen Landschaftsarchitekten des Büros Rotzler Krebs Partner in Zusammenarbeit mit dem Bildhauer Kurt Sigrist. Sie betonen die Eigenständigkeit des Gemeinschaftsgrabs in der Gesamtanlage, indem sie es von den übrigen Grabfeldern bewusst durch eine offene Gestaltung und die räumliche Einbeziehung der begleitenden Wege absetzen.

Das offene Grabfeld spannt sich als lichter Birkenhain zwischen dem oberen Platz mit dem „Namensband" und dem unteren Platz mit „Wassertisch" auf. Zum Hauptweg wird das Gemeinschaftsgrab durch eine breite Eibenhecke sowie eine neu angepflanzte Magnolienallee begrenzt. Die Bestattung der Urnen in der offenen Rasenfläche lässt eine „Gemeinschaft der Verstorbenen" entstehen. Die Belegung ist radial auf die Geometrie des Grabfeldes ausgerichtet.

Die Brunnenanlage aus Trinkbrunnen und Brunnentisch schafft einen ideellen Zusammenhang über das gesamte Gemeinschaftsgrab. Der Überlauf des Trinkbrunnens auf dem oberen Platz wird zum unteren Platz geleitet, wo der Brunnentisch gespeist wird. Von diesem ergießt sich ein feiner Wasserfilm in den bodenbündigen Ablauf.

Mit dieser sensiblen Gestaltung gelang es den Landschaftsarchitekten, einen würdigen letzten Ort der Ruhe zu schaffen und einen bestehenden Friedhof zeitgemäß weiterzuentwickeln.

Burial cultures are currently changing dramatically and new ideas for the design of cemeteries are attracting ever more attention. The new communal grave at the Rosenberg cemetery in Winterthur/Switzerland is one such model example. It sits respectfully in the historical structure of the main cemetery with its system of paths and axes, tree planting arrangements and fountains.

The design for the new communal grave was undertaken by Winterthur-based landscape architects Rotzler Krebs Partner in cooperation with sculptor Kurt Sigrist. The architects chose to emphasise the independence of the communal grave by differentiating it from the surrounding burial areas through an open design approach that incorporates the system of pathways.

The burial area is an open birch grove that spans between the upper assembly area with the "ribbon of names" and the lower square with the "water table". A thick yew hedge and a newly planted magnolia avenue separate the communal grave from the main path. The urns are buried in the open lawn in a radial pattern following the geometry of the burial area so that with time a "community of the deceased" results.

The system of fountains, consisting of a drinking fountain and a water table, lends the entire communal grave a spiritual connection. The overflow from the drinking fountain in the upper assembly area flows to the lower square and feeds the water table. From here, the water flows from the water table in a fine film of water into a gulley, mounted flush with the ground.

With their sensitive design for the communal grave, the landscape architects have succeeded in creating a dignified last place of rest while simultaneously formulating a contemporary response to developing an existing cemetery.

◀ Ein schwebender „Wassertisch" aus dickwandigem Stahl prägt den unteren Platz der Anlage

A floating "water table" made of thick sheet steel is the main feature of the open area at the bottom

▲ Der Topografie folgend wird der obere Platz vom „Namensband" dominiert

The upper gathering area follows the topography and is dominated by the "ribbon of names"

▼ In Zusammenarbeit mit dem Bildhauer Kurt Sigrist entstand eine Brunnenanlage, die symbolisch den Kreislauf des Lebens schließt

Together with the sculptor Kurt Sigrist, the architects designed a set of connected water features that symbolises the course of life

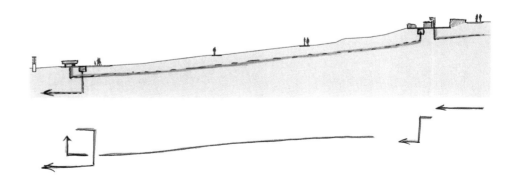

ORT	LOCATION	Winterthur/Schweiz · Winterthur/Switzerland
ENTWURF	DESIGN	Rotzler Krebs Partner GmbH Landschaftsarchitekten BSLA, Winterthur/Schweiz · Winterthur/Switzerland
BAUHERR	CLIENT	Stadt Winterthur/Schweiz, vertreten durch die Stadtgärtnerei Winterthur · City of Winterthur/Switzerland represented by Winterthur Parks and Gardens Department
PLANUNG/BAU	PROJECT PLANNING	2006 – 2010

Brühlgutpark, Winterthur/Schweiz
Brühlgutpark, Winterthur/Switzerland

Der Entwurfsansatz für den Brühlgutpark war eine Neuinterpretation des 1870 von Conrad Loewe geschaffenen malerischen Landschaftsgartens.

Mit nur wenigen Gestaltungs- und Schmuckelementen geben die Landschaftsarchitekten des Büros Rotzler Krebs Partner, Winterthur/Schweiz, dem Park eine grundlegend überarbeitete Identität sowie einen hohen Gebrauchswert für alle Alters- und Bevölkerungsgruppen. Ein neuer Treppenaufgang verbessert ebenso wie ausgelichtete Blickbezüge die Verbindung zwischen dem Park und einem angrenzenden Altenzentrum.

Zentrales Element des Parks ist eine weite Rasenfläche, die von einem organisch geformten Betonband umfasst wird. Dieses Betonband, das sich in das Gelände einfügt, dient als Sitzkante. Die ungewöhnlichen gerundeten Kanten betonen zusätzlich den skulpturalen Ausdruck dieses Schmuckelements. Eine geschwungene Wegefigur umspielt als gekiester „Pleasureway" die Rasenfläche und formt kleinräumige Sitznischen aus.

Neu gepflanzte Gehölze, in thematischen Gruppen angeordnet, korrespondieren mit bereits bestehenden Gehölzen. Die Randpartien des Parks werden durch üppige Staudenpflanzungen betont.

Durch die Umgestaltung ist der Brühlgutpark ein Anziehungspunkt der Stadt Winterthur geworden, der seiner Funktion als Imageträger der Stadt wie als Nachbarschaftsort gerecht wird.

The redesign of the Brühlgutpark aimed to reinterpret a picturesque landscape garden originally created in 1870 by Conrad Loewe.

With just a few design interventions and decorative elements, the Winterthur-based landscape architects Rotzler Krebs Partner have given the park a fundamentally revised identity and improved its usability for different age groups and sections of society. A new flight of steps along with cleared sight lines improve the connection between the park and the neighbouring retirement home.

The central element of the park is a large expanse of lawn bounded by an organically shaped perimeter band made of concrete. This concrete band, which rises up out of the terrain, can be used as a bench for sitting on. The unusual curvature of the edging emphasises the sculptural expression of this decorative element. A playfully undulating gravelled pathway – a "pleasureway" – surrounds the central lawn, forming small localised seating niches.

Newly planted trees and shrubs, arranged thematically in groups, correspond with the pre-existing planting. The outlying perimeter of the park is strengthened with luxuriant herbaceous planting.

Through the new design, the Brühlgutpark has become a new centre of attraction in the city of Winterthur, serving both a representative function for the city as well as a social function for the local neighbourhood.

▼ Eine Baumkulisse, deren Rhythmus durch die Bäume aus der Gründerzeit des Parks geprägt wird, rahmt die offene Parkmitte

A backdrop of trees, their rhythm dominated by the trees planted when the park was founded, frames the open area of the centre of the park

▼ Die zentrale Rasenfläche „Pleasureground" schafft einen weiten Raum und verleiht dem Park eine Mitte

The central lawn of the "Pleasureground" creates a large expanse that marks the centre of the park

▶ Der Zaun aus gebogenen und rotierend angeordneten Stahlprofilen bildet eine spielerisch interpretierte „Parkfassade"

The fence made of curved metal profiles, each mounted slightly rotated with respect to the next, forms a playful frontage to the park

ORT	LOCATION	Winterthur/Schweiz · Winterthur/Switzerland
ENTWURF	DESIGN	Rotzler Krebs Partner GmbH Landschaftsarchitekten BSLA, Winterthur/Schweiz · Winterthur/Switzerland
BAUHERR	CLIENT	Stadt Winterthur/Schweiz, vertreten durch die Stadtgärtnerei Winterthur · City of Winterthur/Switzerland represented by Winterthur Parks and Gardens Department
PLANUNG/BAU	PROJECT PLANNING	2006 – 2010

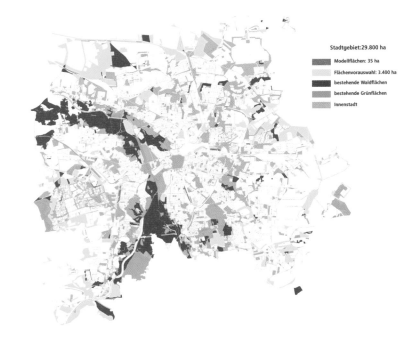

Urbane Wälder, Leipzig

Urban forests, Leipzig

Urbane Wälder? Ebenso wie die urbane Landwirtschaft ein neues Thema der Landschaftsarchitektur und Stadtplanung. Doch ist es mehr als ein Modethema? Im Rahmen eines durch das Bundesamt für Naturschutz geförderten Forschungs- und Entwicklungsvorhabens analysierte das Büro Irene Burkhardt Landschaftsarchitekten am Beispiel der Stadt Leipzig die Möglichkeiten für die Anlage urbaner Wälder und die Potenziale dieser Freiraumtypologie. Die Umsetzung des Konzepts wurde anschließend an einer Modellfläche erprobt.

Ziel der Anlage von Wäldern im städtischen Umfeld ist eine neue Form der innerstädtischen Nach- und Zwischennutzung von Brachflächen. Die urbanen Wälder entstammen also vor allem dem thematischen Kontext der schrumpfenden Städte. Mit einem geringen finanziellen und personellen Aufwand sollen brachgefallene Räume so besetzt werden, dass eine Aufwertung und keine Abwertung des verbleibenden Baubestandes erreicht wird.

In Leipzig konnten zehn Modellflächen identifiziert werden, die sich hinsichtlich ihrer ökologischen Standortvoraussetzungen, Größe, Eigentümerstruktur und ihres städtebaulichen Umfelds zur Aufforstung eignen. Als erste Modellfläche wurde das Gelände einer ehemaligen Stadtgärtnerei gewählt, deren vorhandener Gehölzbestand mit teilweise exotischen Baumarten und Obstgehölzen in die Gestaltung integriert wurde. Durch gezielte Gestaltungsmaßnahmen konnten die gewünschten Raumbilder erzeugt werden. So erfolgte eine Herausstellung charakteristischer Bäume durch Auslichtungen. Zudem durchbrechen Wege das Baumraster. Auf dem Gelände der ehemaligen Stadtgärtnerei entstanden neben lichten und dichten hohen Wäldern auch parkartige Hainwälder, niedrige Bestände aus Kleinbäumen und Großsträuchern sowie naturnahe, mehrschichtige Wälder. Großbäume

Urban forests? Like urban agriculture, it is a comparatively new aspect of landscape architecture and town planning. But is it more than a passing fad? As part of a research and development project funded by the Federal Agency for Nature Conservation, Irene Burkhardt landscape architects analysed the City of Leipzig with regard to the viability of creating urban forests and the potential offered by this new outdoor typology. The concept was then explored on a model site.

The creation of forests in urban environments is intended as a new approach to permanently or temporarily developing inner urban wastelands. The concept of urban forests is therefore closely related to the phenomenon of shrinking cities. The objective is to redevelop wasteland areas with as little financial and labour costs as possible with a view to upgrading the still existent built context rather than allowing it to degenerate.

Ten different model sites were identified in Leipzig as being suitable for afforestation measures in terms of their ecological location conditions, size, ownership structure and urban surroundings. The first of these model sites was the site of the former city nurseries, whose existing stock of trees included some exotic specimens and fruit trees which could be incorporated. Through a series of measured and precise design interventions it was possible to create the desired spatial situations. In some cases, characteristic trees were given space by thinning out the vegetation. In addition paths cross through the grid of trees. On the site of the former city nurseries, park-like tree groves were also created alongside the more and less dense sections of woodland, using small trees and large bushes as well as more natural, multi-layered woodland. Large trees such as the existing ash trees, newly planted oak trees,

◄ Auf unterschiedlichen Brachflächen erfolgt in Leipzig die Planung und Ausführung urbaner Wälder

Urban forests have been planned and cultivated on various unused sites in Leipzig

▲ Die Artenzusammensetzung der Waldquartiere unterscheidet sich zum Teil bewusst von der naturnaher, standorttypischer Waldgesellschaften

In parts of the woodland areas, the species planted have been deliberately chosen to differ from the types of woodland found in the local surroundings

▼ Auf der Modellfläche wurden unterschiedliche Waldquartiere angelegt

Different types of woodland have been planted in different sections of the model site

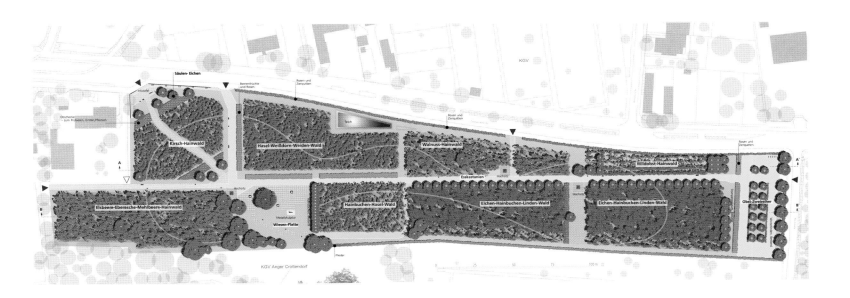

wie vorhandene Eschen, neu gepflanzte Säuleneichen, Linden, Esskastanien und Vogelkirschen setzen besondere Akzente und gliedern die unterschiedlichen Waldbereiche räumlich.

Der urbane Wald „Stadtgärtnerei Holz" besitzt als neuartige städtische Grünstruktur eine hohe Bedeutung für den Naturschutz, die Erholung und das Stadtbild Leipzigs.

lime trees, horse chestnut and rowanberry act as accents and structure the various sections of different forestland.

The urban forest on the site of the former "Stadtgärtnerei Holz" represents a novel kind of urban green structure of particular importance for nature conservation, recreation and the urban townscape of Leipzig.

ORT	LOCATION	Leipzig
ENTWURF	DESIGN	Irene Burkhardt Landschaftsarchitekten, München, Leipzig · Munich, Leipzig
BAUHERR	CLIENT	Stadt Leipzig · City of Leipzig
PLANUNG/BAU	PROJECT PLANNING	2007 – 2014

SONDERPREIS WOHNUMFELD

WÜRDIGUNGEN SONDERPREIS WOHNUMFELD

SPECIAL PRIZE FOR
RESIDENTIAL ENVIRONMENTS

| 88 **Schorfheideviertel remodelling, Berlin**
gruppe F Landschaftsarchitekten Pütz, Kleyhauer
Bauermeister
*"The modulated park landscape with pine trees and grasses as
the smallest common denominator becomes a strong, emblematic
image that is open for diverse uses and approachable in a direct
and unassuming way."*

COMMENDATIONS SPECIAL PRIZE
FOR RESIDENTIAL ENVIRONMENTS

| 92 **Residential area improvements Lenz estate, Hamburg**
Outside! Landschaftsarchitekten
*"The project represents a successful synthesis of social urban
design and high-quality open-space planning."*

| 93 **Residential area improvements Munich Au, Paulanerplatz,**
Munich
Teutsch-Ritz-Rebmann Landschaftsarchitekten
*"The designers have taken the previously dreary or overgrown
spaces between the predominantly parallel rows of housing and
transformed them with the help of well-chosen herbaceous
planting, grasses and shrubs into places that can be enjoyed the
whole year round."*

| 94 **Outdoor areas Elefantensiedlung, Neu-Ulm**
ver.de landschaftsarchitektur
*"With simple means, the designers have created new sheltered
areas and strengthened the identity of existing spaces so that the
entire space is now an identifiable place to go."*

| 96 **Interior courtyard of block 14, Loretto quarter, Tübingen**
frei raum concept Sinz-Beerstecher + Böpple Landschafts-
architekten bdla
*"On a tightly constrained site, a carefully structured space has
been created that clearly arranges all the necessary functions."*

| 98 **Housing cooperative in Messestadt Riem, Munich**
ARGE zaharias landschaftsarchitekten and
Ulrike Widmer-Thiel Landschaftsplanung
*"The communal courtyard with its variety of different qualities
of outdoor space enables a high degree of communication
without feeling contrived."*

| 100 **Housing complex Urbanstraße 11, Munich**
el:ch landschaftsarchitekten
*"A finely measured balance between communally used
spaces and private spaces that merge into one another without
hard boundaries lends the overall atmosphere a sense of
light-hearted ease."*

▷ Eine sich an die benachbarte Schorfheide (ein naturnahes Waldgebiet in Brandenburg) anlehnende Gestaltung mit Hügeln, Kiefern und Gräsern verleiht dem Quartier einen eigenständigen Charakter

The design borrows motifs from the neighbouring Schorfheide region (a woodland in the Land of Brandenburg), using hills, pines and grasses to lend the quarter a distinctive character of its own

Umgestaltung des Schorfheideviertels, Berlin

Schorfheideviertel remodelling, Berlin

In Berlin-Marzahn, genauer am Rand der Großsiedlung Marzahn Nordwest unmittelbar an der Stadtgrenze zu Brandenburg, entstanden durch den Rückbau von teilweise leer stehenden Wohnbauten Brachflächen, die im Rahmen einer „Charrette", einer umfassenden und intensiven Beteiligung von Anwohnern, interessierten Bürgern, Interessenvertretern, Planern, weiteren Fachleuten, Eigentümern und der Verwaltung, eine neue Funktion erhielten. Entstanden ist ein großzügiges Wohnumfeld, das mit den Typologien der prägnanten Landschaft der nahe gelegenen Schorfheide im Norden Berlins spielt, die dem Viertel in den 1980er Jahren seinen Namen gab und damals das bevorzugte Jagdrevier des DDR-Politbüros war.

Das Schorfheideviertel stand also durchaus als Qualitätszeichen für eine Großwohnsiedlung in sehr gut erschlossener Stadtrandlage. Nun galt es, diese Qualitäten wieder in Erinnerung zu rufen und mit den Inbegriffen dieser Identität zu arbeiten, bis hin zur Ironie. In einem öffentlichen, mehrstufigen Beteiligungsverfahren suchten die Landschaftsarchitekten gruppe F aus Berlin mit mehr als 200 Interessierten nach den Stärken des Quartiers. Die Stadtrandlage wurde dabei zum Leitbild der Planung. So kam es zu einer völlig neuen Akzentuierung des Raumes: Bis zu drei Meter hohe Hügel wurden angeschüttet, Kiefern und Gräser gepflanzt. Mit wenigen Mitteln wurde eine assoziationsreiche Landschaft geschaffen, die zugleich pflegeextensiv und attraktiv ist.

Eine weitere Verbindung zur Schorfheide schaffen die gemeinsam von Schülern und Anwohnern und dem Künstler Jörg Schlinke entworfenen Hirschskulpturen, die in Lebensgröße realisiert wurden. Hingegen erinnern die neu gebauten Multifunktionsboxen, die über die Freifläche verteilt wurden, an eine Herde Muffelschafe. Diese Multifunktionsboxen, eigentlich Fertiggaragen, bieten neue

In Berlin-Marzahn, at the very limits of northwest Marzahn where the city adjoins the state of Brandenburg, a participative "charrette" was held with interested residents, local stakeholders, planners and other planning professionals, owners and local administration to examine new uses for wasteland left over from the partial demolition of prefabricated housing and infrastructure. The result is an expansive natural residential environment that plays with characteristic typological elements of the landscape of the Schorfheide in the north of Berlin, the local region that lent the quarter its name in the 1980s and at the time was used by the GDR politburo as hunting grounds.

The Schorfheide quarter was therefore once a model example of a well-connected mass housing estate on the outskirts of the city. The task was to restore its reputation and to work with its quintessential qualities, even to the point of irony. In a series of public participatory meetings, the landscape architects gruppe F from Berlin worked together with more than 200 participants to identify the strengths of the quarter. The location of the quarter on the edge of the city was taken as a model for its future design. This has resulted in an entirely new approach to accentuating space: hills of up to 3 metres high were created and pine trees and grasses planted. Making use of simple means, an associative landscape has been created that is both attractive and requires minimal ongoing maintenance.

A further connection to the Schorfheide, created jointly by schoolchildren, residents and the artist Jörg Schlinke, are the life-size deer sculptures. By contrast, the multi-purpose boxes that have been deposited throughout the landscape are more reminiscent of a herd of mouflon sheep. These multi-purpose containers

ORT	LOCATION	Berlin
ENTWURF	DESIGN	gruppe F Landschaftsarchitekten Pütz, Kleyhauer, Bauermeister, Berlin
BAUHERR	CLIENT	degewo AG, Berlin
PLANUNG/BAU	PROJECT PLANNING	2007 – 2010

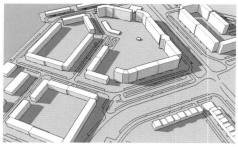

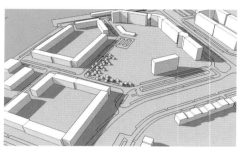

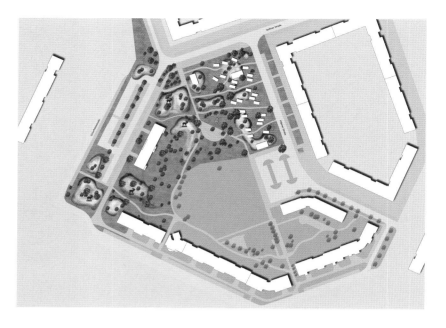

▲ Durch den Rückbau von mehr als 260 Wohnungen entstanden Freiflächen, die es neu zu gestalten galt

The demolition of more than 260 dwellings freed up space that could then be redesigned for new uses

▼ Auf Wunsch der Anwohner wurden auf der neu entstandenen Freifläche Multifunktionsboxen aufgestellt, die die Anwohner mieten können

In response to the residents' wishes, multi-purpose boxes have been placed in the outdoor areas and can be hired by the residents for their own use

▲ Die aus Beton gefertigten Hirschskulpturen wurden in der Schorfheide hergestellt

The deer sculptures made of concrete were made locally in the Schorfheide region

▼ Mit der Neugestaltung des Schorfheidevierterls entstand ein identitätsstiftender Raum, der das Quartier in Marzahn unverwechselbar macht

The remodelling of the outdoor areas of the Schorfheideviertel has resulted in a space that establishes and strengthens local identity and lends the quarter in Marzahn a distinctive presence

Aneignungsräume und sorgen so für ein Interesse der Anwohner an ihrem Freiraum. Garagen zählten zu den am meisten geäußerten Wünschen der Anwohner. Also galt es, dieses konkrete Interesse zu einem raumaktivierenden Interesse weiterzuentwickeln.

Mit der Umgestaltung des Schorfheideviertels schufen die Landschaftsarchitekten eine Raumidentität in einer von Brüchen gekennzeichneten Großsiedlung.

are actually repurposed pre-fabricated garages that can be appropriated for a multiplicity of uses, and represent an opportunity for the residents to take interest in their environment. The need for garages was one of the most voiced requests among the residents. The architects have taken this one step further, developing this concrete wish into a means of actively enlivening the environment.

With the remodelling of the Schorfheide quarter, the landscape architects have managed to create a sense of spatial identity in a mass housing estate otherwise characterised by fractures.

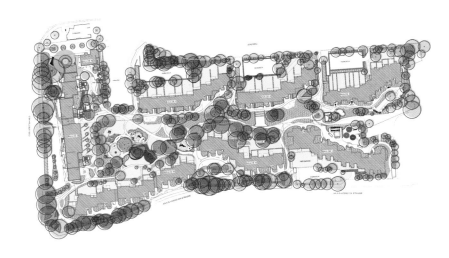

Wohnumfeldverbesserung
Lenzsiedlung, Hamburg

Residential area improvements
Lenz estate, Hamburg

▲ Mit der Neugestaltung der Lenzsiedlung in Hamburg entstand unter Einbindung der Anwohner in den Planungsprozess ein öffentlicher Quartierspark, der vielfältige Nutzungsmöglichkeiten bietet

The redesign of the Lenz estate in Hamburg invited the residents to take part in the planning process for the public green areas resulting in outdoor areas that can be used in a variety of different ways

◀ Verschiedenartige Spielangebote lassen für Kinder und Jugendliche den Identifikationswert der Anlage erhöhen

Different kinds of play areas help children and young people identify more strongly with their surroundings

Die Lenzsiedlung entstand in den 1970er und 1980er Jahren im Hamburger Bezirk Eimsbüttel. Ziel der 1999 initiierten Wohnumfeldverbesserung war die Schaffung einer Grünanlage, die von allen Einwohnern gleichermaßen genutzt werden kann.

Das Büro Outside! Landschaftsarchitekten, Hamburg, entwarf einen offenen Quartierspark, der differenzierte Nutzungen ermöglicht. Durch die Verwendung markanter Materialien wie z.B. Sandstein wurden Kontraste zur Bebauung gesetzt. Aufgrund des begrenzten Instandhaltungsbudgets legten die Planer Wert auf eine pflegeextensive Gestaltung. Durch die Einbeziehung der Bewohner in den Planungsprozess konnte frühzeitig deren Identifikation mit der Siedlung verbessert werden.

The Lenz estate was built in the 1970s and 1980s in the Eimsbüttel district of Hamburg. The objective of the landscaping measures embarked on in 1999 was to create an outdoor living environment that can be used equally by all residents.

Outside! Landschaftsarchitekten in Hamburg designed an open neighbourhood park that can accommodate a variety of different uses. The design employs distinctive materials, such as sandstone, that contrast with the buildings. Due to the limited budget for upkeep, the architects gave special consideration to designing low-maintenance solutions. Similarly, by involving the residents in the planning process, it was possible to improve the residents' identification with their environment from an early stage.

ORT	LOCATION	Hamburg
ENTWURF	DESIGN	Outside! Landschaftsarchitekten, Gerd Grunau und Gottfried Neder GbR, Hamburg
BAUHERR	CLIENT	SAGA Siedlungs-Aktiengesellschaft, Hamburg, Dr. Joachim Bringezu, Hamburg
PLANUNG/BAU	PROJECT PLANNING	2001–2008

Wohnumfeldgestaltung München-Au, Paulanerplatz, München

Residential area improvements Munich Au, Paulanerplatz, Munich

▲ Prägend für das innerstädtisch gelegene Wohngebiet sind die dicht bewachsene Isar-Hangkante mit dem Auer Mühlbach sowie kleinräumig geprägte Straßenräume

The inner-city residential district is characterised by lush vegetation on the slopes of the Isar and the Auer Mühlbach as well as small-scale street situations

◄ Durch die Neugestaltung des Wohnumfelds am Paulanerplatz in München konnte die Aufenthaltsqualität der wohnungsnahen Grün- und Freiflächen verbessert werden

The redesign of the outdoor areas around the Paulanerplatz in Munich has improved the quality and usability of the local outdoor amenities and green spaces

Die Au in München liegt innenstadtnah auf der östlichen Isarhochterrasse. Das Quartier ist geprägt von Wohngebäuden aus den 1950er Jahren. Im Rahmen einer Modernisierung der Wohnbauten wurden auch die Freiflächen umfassend erneuert.

Die Landschaftsarchitekten Teutsch-Ritz-Rebmann aus München heben mit ihrem Entwurf die städtebauliche Qualität des Quartiers als grüne Siedlung im innerstädtischen Bereich hervor. Die standortgerechte, pflegeextensive Pflanzenverwendung zeichnet heute die Siedlung aus, berücksichtigt sind dabei verschiedene Blüten-, Farb- und Strukturaspekte über das Jahr. Es entstanden funktional gegliederte Bereiche sowohl mit Spiel- und Freizeitangeboten als auch mit Ruhezonen und Rückzugsmöglichkeiten.

The Au lies close to Munich city centre on the eastern terraced plateau of the banks of the River Isar. The quarter is dominated by housing built in the 1950s. As part of a building modernisation programme, the outdoor areas were also extensively renewed.

The design by landscape architects Teutsch-Ritz-Rebmann in Munich emphasises the urban qualities of the quarter as a green estate in an inner city area. The district is characterised today by the use of site specific, low-maintenance planting, with different blossoms, colours and structures appearing throughout the year. Functionally differentiated zones have been created with play and recreation areas as well as quiet zones for peaceful seclusion.

ORT	LOCATION	München · Munich
ENTWURF	DESIGN	Teutsch-Ritz-Rebmann Landschaftsarchitekten, München · Munich
BAUHERR	CLIENT	GWG Städtische Wohnungsgesellschaft München mbH
PLANUNG/BAU	PROJECT PLANNING	2005 – 2006

Freianlagen Elefantensiedlung, Neu-Ulm

Outdoor areas Elefantensiedlung, Neu-Ulm

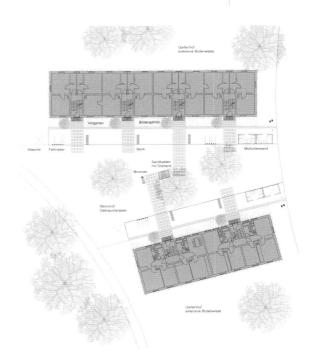

▲ Die Innenhöfe wurden gestalterisch differenziert in intensiv nutzbare Wohnhöfe an den Zugangsseiten sowie ruhige Gartenhöfe an den Rückseiten

The interior courtyards were designed for different uses: an intensively used residential courtyard near the entrance with more peaceful gardens at the rear

◀ Im Rahmen der Wohnumfeldverbesserung wurden die Eingangsbereiche und Vorgartenzonen neu gestaltet

The entrance areas and the front garden zones were redesigned as part of the upgrading measures

Die Elefantensiedlung in Neu-Ulm, die von 1952 bis 1955 erbaut wurde, entwickelte sich im Schatten der nachfragestarken Nachbarschaften zu einem eigenständigen Quartier. Nun erfuhr die Elefantensiedlung eine behutsame Sanierung unter wirtschaftlichen, energetischen und gestalterischen Aspekten.

In diesem Zuge erfolgte durch das Büro ver.de landschaftsarchitektur aus Freising eine Neugestaltung der Freiflächen. Durch die neu entstandenen Aufenthalts- und Spielbereiche konnte das soziale Gefüge der Siedlung gestärkt und das Angebot an nutzbaren Freiflächen erweitert werden. Unter Einbeziehung der Einwohner sowohl in die Gesamtplanung wie in die konkrete Gestaltung des Freiraumes entstand eine Adresse, die szenografisch mit dem Namen der Siedlung spielt und zugleich eine robuste Nutzbarkeit gewährleistet.

The Elefantensiedlung in Neu-Ulm, built between 1952 and 1955, developed away from the limelight of the in-demand neighbourhoods into an independent quarter. The quarter has now undergone sensitive renovation with a view to improving operating costs, energy-efficiency and design aspects.

As part of these measures, ver.de landscape architects from Freising redesigned the outdoor areas. The newly created play and recreation areas contribute to strengthening the social cohesion of the estate, and the kinds of available outdoor spaces have been extended. By involving the residents, both in the master plan as well as in the concrete design of the outdoor areas, a place has been created that plays with the scenography of the name of the estate while simultaneously providing a robust usable environment.

▶ Ziel der Umgestaltung war es, die Freiraumqualitäten zu optimieren und so die Attraktivität des Quartiers zu erhöhen

The redesign aims to optimise the qualities of the outdoor amenities to make the quarter more attractive

▶ Durch den Abbruch von Garagen und eine Verlagerung des ruhenden Verkehrs auf Stellplätze wurde der zentrale Bereich der Sieldung, die Elefantenwiese, vergrößert und aufgewertet

By demolishing garages and relocating their function to parking spaces, it was possible to enlarge and improve the central area of the Elefantensiedlung

ORT	LOCATION	Neu-Ulm
ENTWURF	DESIGN	ver.de landschaftsarchitektur, Freising
BAUHERR	CLIENT	NUWOG Wohnungsgesellschaft der Stadt Neu-Ulm
PLANUNG/BAU	PROJECT PLANNING	2005 – 2007

Innenhof der Baugemeinschaft Block 14, Loretto-Areal, Tübingen

Interior courtyard of block 14, Loretto quarter, Tübingen

◁ Pflanzenbänder schaffen den Übergang von privaten zu gemeinschaftlichen Grünflächen. Das Spielband unter Bäumen besteht aus Sandkästen mit Wassermatschbereich und Holzdecks

Bands of planting create a threshold between private and communal green areas. The play area beneath the trees contains sand pits with a wet play area and wooden decking

Die Stadt Tübingen entwickelte auf einem ehemaligen Kasernengelände nach Abzug des Militärs ein neues, verdichtet genutztes Stadtgebiet. Der Innenhof des Wohnblocks 14 ist eine gemeinschaftliche Anlage von elf Baugemeinschaften mit jeweils fünf bis zehn Eigentümern. Die Wünsche und Ansprüche der Anwohner an die Freianlage wurden in einem intensiven Planungsprozess zusammengeführt.

Das Landschaftsarchitekturbüro frei raum concept Sinz-Beerstecher + Böpple aus Rottenburg am Neckar entwickelte mit einer ruhigen Formensprache und einer klaren Gliederung von Funktionsbereichen einen familien- und generationenübergreifenden Freiraum mit eigenständigem Charakter, der vielfältige Nutzungen ermöglicht.

On the site of former barracks vacated by the military, the city of Tübingen developed a new densely built-up urban district. The interior courtyard of housing block 14 is communally used by eleven cooperatives, each with between five and ten owners. The needs and expectations of the residents for the outdoor space were identified in an intensive planning process.

The landscape architects frei raum concept Sinz-Beerstecher + Böpple from Rottenburg am Neckar developed a design that employs a calm formal language and a clear separation of functions to create a family-oriented and inter-generational outdoor area with a distinct character that is able to accommodate a variety of different uses.

ORT	LOCATION	Tübingen
ENTWURF	DESIGN	frei raum concept Sinz-Beerstecher + Böpple Landschaftsarchitekten bdla, Rottenburg am Neckar, Annette Sinz-Beerstecher, Christian Böpple
BAUHERR	CLIENT	Bauherrengemeinschaft Loretto Block 14, vertreten durch · Loretto block 14 Owners' Association represented by Claudia Patzwahl, Tübingen
PLANUNG/BAU	PROJECT PLANNING	2005–2006

▲ Ein Holzsteg führt über die Rasenfläche zu den sich anschließenden Gemeinschaftsterrassen

The wooden walkway leads across the lawn to the adjoining communal terrace

▶ Durch die gezielte Förderung von aktiver Mitgestaltung entstand ein attraktives Stadtgebiet mit einer hohen sozialen Mischung und einem breiten Nutzungsspektrum

By encouraging active participation in the design process, an attractive urban area has been created that accommodates diverse uses for a broad social mix of residents

Genossenschaftliches Wohnen in der Messestadt Riem, München

Housing cooperative in Messestadt Riem, Munich

▲ Zentrum der Wohnanlage ist ein allseitig umschlossener gemeinschaftlicher Wohnhof. An die Erdgeschosswohnungen schließen sich Privatgärten an

The centre of the housing complex is an enclosed communal courtyard for the residents. The ground-floor flats also have private gardens

◀ Der Innenhof erhielt einen durchlässigen Rieselbelag, der genutzt oder der Sukzession überlassen werden kann

The interior courtyard has a layer of water-permeable gravel that is hard-wearing in use but also allows plants to take root in a process of succession

Auf dem Gelände des ehemaligen Flughafens München-Riem entstanden seit 1998 zahlreiche neue Wohnungen, so auch eine Wohnanlage der ersten Münchener Genossenschaft von und für Frauen.

Die Anwohnerinnen wurden intensiv in den Planungsprozess der ARGE zaharias landschaftsarchitekten, München, und Ulrike Widmer-Thiel, München, einbezogen. Entstanden ist ein gemeinschaftlicher Wohnhof mit unterschiedlichen Aufenthaltsqualitäten.

Durch das Interesse der Frauengenossenschaft an der Gestaltung des Wohnumfelds ist ein individueller Ort mit einer spezifischen, durchaus repräsentativ angelegten Gestaltqualität und mit hohem Identifikationswert geschaffen worden.

Since 1998 numerous new housing schemes have been built on the site of the former Munich-Riem Airport, including a housing scheme for the first cooperative by and for women in Munich.

The landscape architects, a collaboration between zaharias landscape architects and Ulrike Widmer-Thiel both from Munich, involved the residents from the outset in the planning process. The product is a communally used residential courtyard featuring areas with different qualities.

As a product of the interest shown by the women's cooperative in the design of their living environment, a highly individual solution has been created with a specific and by all means representative design quality and a strong sense of identity.

ORT	LOCATION	München · Munich
ENTWURF	DESIGN	ARGE zaharias landschaftsarchitekten, München · Munich, Ulrike Widmer-Thiel Landschaftsplanung, München · Munich
BAUHERR	CLIENT	FrauenWohnen eG, München · Munich
PLANUNG/BAU	PROJECT PLANNING	2006 – 2007

▲ Die Pflege der Freiflächen liegt in der Verantwortung der Bewohnerinnen. Gewünscht ist, dass sich auf der offenen Kiesfläche im Innenhof Spontanvegetation ansiedelt

The outdoor areas are tended to by the residents. The gravelled surface of the internal courtyard is designed so that spontaneous vegetation can take root

▼ Neben den gemeinschaftlichen Vorgärten gibt es auch einen gemeinschaftlich nutzbaren Kräuter- und Gemüsegarten

In addition to the communally used front gardens there is also a communal vegetable patch and herb garden

▼ Im Anschluss an die Erdgeschosswohnungen wurden Privatgärten angeordnet. Die Privatflächen wenden sich vom Hof ab und erlauben so einen Rückzug in den eigenen Raum

Private gardens adjoin the ground floor flats and are oriented away from the courtyard to provide secluded personal space

Wohnanlage Urbanstraße 11, München

Housing complex Urbanstraße 11, Munich

▶ Die privat genutzten Holzterrassen werden zum gemeinschaftlich genutzten Weg durch Sitzelemente aus Holz begrenzt

The privately-used wooden terraces are separated from the communally-used pathway by wooden seating elements

Auf dem Grundstück einer ehemaligen Holzhandlung entstand in München-Sendling eine Wohnanlage mit 69 Wohneinheiten. Das Konzept der Landschaftsarchitekten el:ch aus München schuf auf geringstem Raum entlang einer vielgeschossigen Nachbarbebauung eine lebensfrohe Atmosphäre, die zur Entstehung einer regen Hausgemeinschaft beigetragen hat.

Die Gestaltung der Freianlagen kommt mit nur wenigen Materialien, vorwiegend Holz und Beton, aus. Farbe bringt die Nutzung. Das Zentrum der Wohnanlage wird durch einen Baum akzentuiert, der von mehreren Holzdecks umgeben ist. Entlang der Wege und Holzdecks bereichern Staudenpflanzungen die bewusst reduziert gestaltete Anlage.

On the site of a former timber merchant in Munich-Sendling, a housing complex with 69 units has been built. With their design concept for a very tight site adjoining a multi-storey building, the Munich-based landscape architects el:ch have created a cheerful environment that has contributed to a flourishing house community.

The design of the outdoor areas employs just a few materials, primarily wood and concrete. The people provide the colour. A tree marks the centre of the housing complex and is surrounded by several wooden decks. Herbaceous planting along the pathways and wooden decks enrich the otherwise restrained design of the complex.

ORT	LOCATION	München · Munich
ENTWURF	DESIGN	el:ch landschaftsarchitekten, München · Munich, Elisabeth Lesche, Christian Henke
BAUHERR	CLIENT	Südhausbau GmbH, München · Munich
PLANUNG/BAU	PROJECT PLANNING	2006–2009

Reduzierte Materialauswahl, einfache Linien und üppige Begrünung machen das Projekt zu einer innerstädtischen Oase für seine Bewohner

Using a restricted palette of materials, simple lines and lush greenery, the project has become an inner-city oasis for its residents

Entwerfen = Entscheiden

Designing = Decision-making

On the responsibility of the design disciplines

Am 1. November des Jahres 1755 verheerte ein Erdbeben eine der damals wichtigsten Handelsmetropolen Europas, das barocke Lissabon. Tausende Tote in der Region und in Lissabon selbst waren zu beklagen, dem Erdbeben folgten ein Tsunami mit sieben Meter hohen Wellen und ein Groß-brand, der über Tage anhielt. Lissabon wurde vollständig zerstört.

Damit nahm das Zeitalter der Aufklärung an Dynamik zu und eine neue Richtung. Das Erdbeben ereilte das katholische Lissabon an Allerheiligen. Theologen und Priester sahen eine Strafe Gottes und predigten Demut. Philosophen wie Voltaire, der zuvor in Euphorie von „der besten aller möglichen Welten" gesprochen hatte, relativierten ihre Idee der Aufklärung: „Wenn dies die beste aller möglichen Welten ist, wie müssen dann erst die anderen sein?"[1]

Der andere bedeutende Philosoph der Aufklärung, Immanuel Kant, verfasste per Ferndiagnose drei Schriften zu möglichen Ursachen des Erdbebens. Er lag mit diesen wissenschaftlich nicht richtig, half aber dennoch mit, die moderne Wissenschaft der Geologie zu begründen, die 1778 erstmals als eigenständige Wissenschaft begrifflich gefasst wurde.

Mit der systematischen Erforschung des Aufbaus und der Struktur der Erde trat die Gestaltung der Erdoberfläche in eine neue Epoche ein. Der Landschaftsgarten als Gartenstil der Aufklärung hatte gerade von England ausgehend den europäischen Kontinent erreicht, und es ist kein Zufall, dass in einem der ersten Parks dieser Zeit, dem Dessau-Wörlitzer Gartenreich, neben den architektonischen Schaugebäuden und den technischen Experimenten wie der Eisenbrücke auch ein künstlicher Vulkan angelegt wurde. Die Erforschung der Erdentwicklung fand ihren Ausdruck in den Gärten und Parks der Zeit.

von · by Thies Schröder On the 1st November 1755 an earthquake devastated what was then one of the most important centres of trade in Europe: the baroque city of Lisbon. Many thousands perished in the region and in the city itself, and the earthquake was followed by a tsunami with 7 metre high waves and a fire that raged for days. Lisbon was completely destroyed.

The event was to give new impetus to the Age of Enlightenment and signalled a new direction. The earthquake struck on the Catholic All Saints' Day. Theologians and priests proclaimed it an act of divine retribution and preached humility. But philosophers too, such as Voltaire who had previously spoken euphorically of "the best of all possible worlds" revised their ideas of the enlightenment: "If this is the best of possible worlds, what then are the others?"[1]

The other important philosopher of the Enlightenment, Immanuel Kant, penned three texts from afar on the possible causes of the earthquake. While his scientific reasoning was ultimately incorrect, he nevertheless helped found the modern science of geology which was first defined as an independent scientific discipline in 1778.

The systematic research into the structure and layering of the earth also heralded a new epoch in the design of the earth's surface. The landscaped garden, as a style of garden design born out of the Enlightenment, had just reached the European continent from England and it is no coincidence that one of the first parks from this period, the Garden Realm of Dessau-Wörlitz, featured not only representative architecture and technical experiments, such as the iron bridge, but also an artificial volcano. Scientific research into the development of

Der East-Side-Park in Berlin wird entlang der Spree von der Oberbaumbrücke bis zum Stralauer Platz von der East Side Gallery, einem bedeutenden und mehrschichtigen Dokument der Zeitgeschichte, begleitet. Entwurf: Häfner/Jimenez Büro für Landschaftsarchitektur, Berlin, 2003 bis 2008

The East Side Park in Berlin follows the path of the River Spree and from the Oberbaumbrücke to the Stralauer Platz adjoins the East Side Gallery, an important and multi-faceted document of Berlin's recent history. Design: Häfner/Jimenez Büro für Landschaftsarchitektur, Berlin, 2003–2008

DER KOSMOS IM GARTEN

Das Erdbeben von Lissabon und seine Deutungen in Wissenschaft und Gesellschaft gehörten zu den richtungweisenden Ereignissen der Weltgeschichte. Statt Sünde und Sintflut widmete sich der Diskurs der Aufklärung nun Katastrophe und Risiko. Die göttliche Vorsehung wurde in Zweifel gezogen; das führte zu einer neuen Bereitschaft, Ursachen und Wirkungen zu erforschen und Risiken zu berechnen. Die Gartenkunst begann diese Welt abzubilden: „Wie in vielen englischen Gärten der damaligen Zeit, wurde auch im Wörlitzer Gartenreich die regelmäßig-barocke Anordnung der Natur zugunsten des freien Spiels der freien Formen aufgehoben. Die Natur wurde nicht mehr nach der geometrischen Methode (*more geometrico*) gezeichnet und unter das steife Joch der Architektur gebeugt, sondern als sich selbst erschaffende Kraft oder Potenz verstanden. Daher suchten die Gartengestalter in Wörlitz den Park als einen Ausschnitt der kosmischen Wirklichkeit zu gestalten, der das Besondere im Allgemeinen spiegelt."[2]

PROFESSIONELLE BOTSCHAFTEN

Die aktuelle Landschaftsarchitektur, wie sie in den Arbeiten zum Deutschen Landschaftsarchitektur-Preis 2011 sichtbar wird, ist pragmatischer orientiert. Das Vermitteln des Staunens angesichts der Kraft der Natur ist jedoch auch in Arbeiten der Gegenwart zu spüren; ob nun der Nordbahnhof in Berlin auf die Bilder einer Ruderalland-

the earth found its expression in the gardens and parks of the day.

THE GARDEN AS A COSMOS

The Lisbon earthquake and its interpretation in science and society is one of the most formative events in the history of the world. Instead of sin and damnation, the discourse of the Enlightenment focussed on catastrophe and risk. Divine providence was called into question, leading to a new readiness to examine cause and effect and to ascertain levels of risk. The design of gardens begun to depict this world: "As in many English gardens of that time, the Garden Realm of Wörlitz dispensed with the regular, Baroque arrangement of nature in favour of a free play of free forms. Nature was no longer bound by geometric rules (*more geometrico*) and subordinated to the inflexible sovereignty of architecture but saw itself as a self-creating force or potency. The designers of the garden in Wörlitz sought, therefore, to design the park as a vignette of cosmic reality, reflecting what is special in the everyday environment."[2]

PROFESSIONAL MESSAGES

Current landscape architecture, as seen in the works selected for the German Landscape Architecture Prize in 2011, is more pragmatic. Nevertheless, the creation

schaft setzt oder der Hof der Bergakademie in Freiberg/ Sachsen auf die Kraft der Formen des Gesteins.

Die Idee jedoch, dass Gartenkunst direkte Bildungsbotschaft ist, hat sich angesichts des heutigen differenzierten Wissens um soziale und psychologische Prozesse des Lernens nahezu verflüchtigt. Die „schönste aller Welten" stellt sich oftmals nicht als das Besondere im Allgemeinen, sondern als Betonung des Besonderen im Besonderen, im Material, in der Designidee dar. Wir leben in einem Zeitalter der vervielfältigten Möglichkeiten, manches ist vorstellbar, was noch vor Jahren an Grenzen der Konventionen stieß. Die Inszenierung des aktiven, Gesundheit und Erholung suchenden Ich dominiert die Landschaftsarchitektur zu Beginn des 21. Jahrhunderts.

Erkennbar ist zugleich, dass es heute angesichts der Vielfalt des Möglichen vermehrt um Klarheit in der Gestaltung geht. Die auffälligsten Arbeiten aktueller Landschaftsarchitektur kaschieren nicht mehr Funktion und Nutzung in einem grünen Blüten- und Blätterkleid, sondern tragen diese auffällig betont nach außen. Die Abpflanzung ist aus der Mode gekommen, die Landschaftsarchitektur bedient sich heute selbstbewusst des gesamten Spektrums der materiellen und technischen Möglichkeiten, um Orte im Sinne einer Markenbotschaft zu prägen. Aufmerksamkeit, die Suche nach Beachtung, Unterscheidung und Wahrnehmung prägen viele der Arbeiten heutiger Landschaftsarchitekten – ob es nun ein Sportplatz in Zürich, eine Großsiedlung in Berlin oder ein Klosterhof in München ist.

INTEGRIERTE AUFGABEN

Auch fällt an vielen Arbeiten des Jahrgangs 2011 des Deutschen Landschaftsarchitektur-Preises auf, dass die Grenzen der gestaltenden Disziplinen weiterhin an Bedeu-

of a sense of wonder in the face of the power of nature remains an element in contemporary work; whether in the images of a ruderal landscape in the Park am Nordbahnhof in Berlin or the emblematic forms of stone in the courtyard of the mining archives in Freiberg/ Saxony.

The idea that garden design should have a direct educational message has, however, all but disappeared now that we have sophisticated knowledge of the social and psychological processes of learning. The "most beautiful of all worlds" is now often no longer an exposition of the special qualities of the everyday but rather a heightening of that which is special about the special, about the material, or the design idea. We live in an age of reproducible possibilities and much is now possible that was previously regarded as beyond the boundaries of convention. Landscape architecture in the early 21st century is dominated by catering to the active, health- and recreation-loving individual.

Simultaneously it is apparent that in the face of the sheer variety of possibilities, designs increasingly seek to attain greater clarity. The most prominent current work no longer attempts to conceal functions and uses in robes of blossoms and leaves but rather presents them openly and outwardly. Vegetation has gone out of fashion and landscape architecture now brazenly exploits a whole range of material and technical possibilities to lend places a clear identity, much in the sense of a brand message. The works of many current landscape architects – whether for a sports facility in Zurich, a mass housing estate in Berlin or a cloister courtyard in Munich – are conspicuous, demonstratively different and designed to be noticed.

▲ Ziel des Entwurfs zur Landesgartenschau Hemer 2010 war die Konversion eines ehemaligen Kasernenstandorts zu einem Park. Einen Höhepunkt bildet dabei die so genannte Himmelstreppe. Entwurf: geskes.hack Landschaftsarchitekten, Christof Geskes, Kristina Hack, Berlin, 2008 bis 2010

The aim of the design for the State Garden Show in Hemer in 2010 was to convert the site of a former military barracks to a park. The so-called "stairway to heaven" forms a strong landmark for the park. Design: geskes.hack Landschaftsarchitekten, Christof Geskes, Kristina Hack, Berlin, 2008 – 2010

▲ Der Wasserspielplatz animiert, die Räume zu erobern

The impressive water playground invites to discover and explore its qualities

tung verlieren. Landschaftsarchitektur und Städtebau, teils auch Landschaftsarchitektur und Architektur werden immer mehr als integrierte Aufgaben betrachtet und als solche in Teams aus mehreren Planungsbüros bearbeitet. Auch nimmt die Zahl der Büros zu, die verschiedene planerische Ausbildungen und Aufgabenstellungen unter einem Dach vereinen und den Kunden integrierte Lösungen aus Architektur, Landschaftsarchitektur und Städtebau quasi aus einer Hand bzw. einem Team anbieten können.

Die Differenzierung der Angebots- und damit der Büro- und Unternehmensstrukturen vom spezialisierten Fachplaner über den Entwurfs-Landschaftsarchitekten bis hin zum Projektsteuerer, zum Dienstleister in speziellen Fragen der Visualisierung oder des Modellbaus und weiter

INTERDISCIPLINARY TASKS

Another aspect evident among many projects selected for the German Landscape Architecture Prize in 2011 is that the boundaries between design disciplines are continuing to lose importance. Landscape architecture and urban design, and to a lesser degree landscape architecture and architecture, are increasingly being seen as a joint task worked on by a team of several planning offices. Likewise, the number of offices that unite different planning disciplines and services under one roof, offering clients integrated solutions consisting of architecture, landscape architecture and urban design realised by an in-house team, is increasing.

The differentiation that is taking place in the spectrum of services and with it the structure of offices and

▷ Auf dem Mauerstreifen zwischen den Berliner Ortsteilen Rudow und Altglienicke entstand ein ca. 64 Hektar großer Landschaftspark. Ein asymmetrisches Wegeprofil verbindet die angrenzenden Wohnquartiere mit dem Hauptweg des neuen Parks. Entwurf: ag.u Lange Landschaftsarchitektur Umweltplanung, Berlin, grigoleit Landschaftsarchitektur Umweltplanung, Berlin, 2006 bis 2009

Along a stretch of land where the Berlin Wall once stood between the Berlin districts of Rudow and Altglienicke, an approximately 64 hectare large landscape park has been created. Asymmetrical pathways connect the neighbouring residential areas with the main route through the new park. Design: ag.u Lange Landschaftsarchitektur Umweltplanung, Berlin, grigoleit Landschaftsarchitektur Umweltplanung, Berlin, 2006 – 2009

▷ Dem Landschaftspark liegt ein anspruchsvolles ökologisches Konzept zugrunde. Leitbild ist eine weitläufige Wiesenlandschaft, die eine Verbindung zur brandenburgischen Kulturlandschaft herstellt

The design of the landscape park follows an ambitious ecological concept. It is conceived as an extensive landscape of meadows, creating a connection with Brandenburg's cultural landscape

zum Consulting-Team, das auf allen Planungs- und Maßstabsebenen tätig ist, wird sich ebenso wie die Internationalisierung der Nachfrage- wie der Anbietermärkte weiter verstärken. Nur noch wenige beharren auf der Vorstellung vom Landschaftsarchitekten als Gärtner oder Fachplaner Grün. Dass diese Kernkompetenzen dennoch nicht verloren gehen dürfen, ist eine der Herausforderungen, denen sich Aus- und Weiterbildung verstärkt stellen müssen.

KOMPLEXE ABSTIMMUNGEN

Während Landschaftsarchitekten immer häufiger Maßstabs-, Disziplinen- und Ländergrenzen überwinden, um zu qualitätvollen Arbeiten zu gelangen, ist diese Entwicklung aufseiten der Auftraggeber, vielfach öffentliche Institutionen, noch nicht in demselben Maße feststellbar.

businesses – ranging from specialist planners to design-focussed landscape architects, project controllers, service providers for visualisations or model building and at a larger scale consulting teams, who are active at all planning levels and scales – will increase, as will the internationalisation of the demand and supplier markets. Fewer and fewer offices focus solely on landscape architecture as gardening or green planning. That this core competency is not eroded in the process is a challenge that education and further education will increasingly be faced with.

COMPLEX NEGOTIATIONS

While landscape architects are increasingly transcending the boundaries of scales, disciplines or countries in

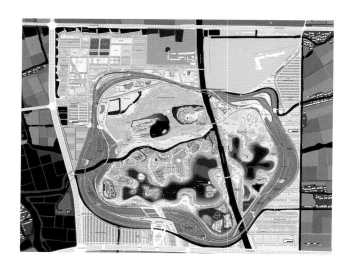

Schon die Vielzahl der Abteilungen, der Verwaltungen sowie der Institutionen und Verbände, die gesellschaftliche Interessen an unseren Lebensräumen vertreten, also die Interessen der Mieter wie der Grundeigentümer, des Naturschutzes wie der Denkmalpflege, der neuen wie der alten Energien, der Berufsstände und der Studierenden (und dies alles auf kommunaler, auf Landes- und auf Bundesebene), führt unausweichlich dazu, dass interne Abstimmungen heute viel Zeit schon bei der Aufgabenstellung beanspruchen. Eine verstärkte Zusammenarbeit der Institutionen und Verbände ist daher im Sinne von Effizienz und Innovationen unvermeidlich, um gemeinsam Ziele zu formulieren und in konkrete Handlungsaufträge zu übersetzen.

order to find and realise high-quality work, the same development is not so evident among clients, in many cases public institutions, or at least not to the same degree. The large number of departments, administrative bodies and institutions and associations that represent the interests of different sections of society in our living environment – the interests of tenants as well as landowners, nature preservation and historic building conservation, new and old forms of energy, the trades and students (each at local, state and national level) – means inevitably that the alignment of internal interests already consumes a considerable amount of time when determining the aims of the task at hand. In the interests of efficiency and innovation, it is therefore essential

Durch eine starke gestalterische Intervention der Landschaftsarchitekten wurde in der ebenen und heterogenen Umgebung ein lesbarer Ort geschaffen

The landscape architects have used strong design interventions to create a legible place within a flat and heterogeneous environment

Positiv machten sich die Regionen und Städte bemerkbar, die einen solchen integrierten Ansatz schon heute verfolgen. Dies müssen nicht immer internationale Bauausstellungen, Gartenschauen, Kultur- oder Umwelthauptstadtbewerbungen oder ähnliche Großprojekte sein, die separierte Interessen zusammenführen. Auch eine Gestaltungssatzung, die nicht allein als sektorale Fachplanung aufgestellt und gelebt wird, zeigt häufig bessere Ergebnisse. So war beim Sonderpreis Wohnumfeld des Deutschen Landschaftsarchitektur-Preises 2011 die hohe Zahl von qualifizierten Arbeiten aus der Stadt München auffällig, die mit Erhaltungssatzungen und dem Münchner Weg der sozialen Bodenordnung Ziele der Stadtentwicklungspolitik, der Stadtplanung und der Freiraumplanung als gemeinsamen Ansatz begreift und auf allen Ebenen von der Bodenökonomie bis hin zu konkreten Projektstrategien verfolgt.

LANDSCHAFT IN DER FOLGE VON KATASTROPHEN
Werden Landschaftsarchitektur und Landschaftsplanung angesichts der Natur- und Kulturkatastrophe in Japan Veränderungen erleben? Die Reaktionen, wie sie nach Lissabon beschrieben wurden, beschäftigen uns heute er-

to improve collaboration between institutions and associations in order to formulate joint aims and to translate these into concrete plans of action and commissions.

Some regions and cities have already started undertaking positive initiatives and have begun to implement integrated strategies of this kind. These don't necessarily always have to be large-scale projects such as International Building Exhibitions, Garden Shows or applications to become a Cultural or Ecological Capital that by necessity bring together separate interests. A design code that is not exclusively drawn up and implemented by sectoral design disciplines can produce better results. In the case of the Special Prize for Residential Environments, awarded as part of the German Landscape Architecture Prize in 2011, it is noticeable how many good-quality projects came from Munich, which employs conservation codes and its own particular socially-oriented land development laws as a basis for a communal approach to forwarding urban development policy, town planning and open-space planning at all levels, from land economy to precise project strategies.

neut: Demut, Zweifel, Erforschung. Das Naturereignis, das am Vorabend der Moderne die Aufklärung in Frage stellte und letztlich stärkte, gerade weil es eine Gesellschaft traf, die damals zu den am weitesten entwickelten gehörte, hat sich wiederholt. 2011 ist Japan, ist besonders Fukushima der Ort, der zum Sinnbild der Infragestellung gesellschaftlicher Gewissheiten wurde. Nach dem Erdbeben von Japan sprach die Bundeskanzlerin Angela Merkel – in einer säkularisierten Welt – von notwendiger „Ehrfurcht und Demut" und verkündete ein Moratorium in Bezug auf die Nutzung der Atomenergie, die wie keine andere Technologie für die Chancen und die Notwendigkeit der Beherrschbarkeit der Naturgewalten steht. Die Grünen-Politikerin Renate Künast formulierte gar: „Wir beherrschen nicht die Natur, sondern die Natur herrscht über uns."[3]

Die Überzeugungen und Haltungen der Moderne, die Techniken, die Risiken scheinen wiederum vor einer grundlegenden Neubewertung zu stehen. Bestand doch die Leistung der Aufklärung und der Moderne gerade in der Idee, uns von einer wie auch immer gearteten Herrschaft der Natur zu befreien, diese zu überwinden, indem wir die Kräfte der Natur erkennen und lenken lernen.

MÖGLICHKEITSRÄUME

Die besten Arbeiten der aktuellen Landschaftsarchitektur knüpfen an Fragestellungen der Gegenwart an und tragen also zur Aufklärung bei. Sie inszenieren Natur auf unterschiedliche Art und Weise, teils als mikroskopischer Blick in Strukturen, der zur Designvorlage wird, teils in der Gestaltung einer „wilden", zurückhaltend gepflegten

LANDSCAPES AS A CONSEQUENCE OF CATASTROPHES

Will landscape architecture and landscape planning change as a result of the natural and cultural catastrophe in Japan? The same reactions described after Lisbon now occupy our thoughts once again: humility, despair and, again, research. The natural catastrophe that on the eve of the Modern Age called the Enlightenment into question but ultimately strengthened it, precisely because it hit a society that at the time was one of the most highly developed in the world, has happened again. In 2011, Japan, and Fukushima in particular, is the place that has now become synonymous with the need to question the certainties of contemporary society. After the earthquake in Japan, the German Chancellor Angela Merkel spoke – in a now secularised world – of the need for "humility and reverence" and announced a moratorium regarding the continued use of nuclear energy, a technology that like no other has stood for the opportunities – and risks – presented by controlling natural forces. The green politician Renate Künast was even clearer: "It is not we who have power over nature, but nature that has overpowered us."[3]

The beliefs and outlook of the modern age, and its technologies and risks are, it seems, once again in need of fundamental reassessment. However, the achievement of the Enlightenment and the Modern Age lay in the idea of liberating us from the dominance of nature in whatever form, of overcoming it by recognising and learning to channel the forces of nature.

◀ Infolge von Bergsenkungen verlor die Stadt Staßfurt ihre historische Mitte. Heute ist ein See prägendes Element des Stadtzentrums. Entwurf: Häfner/Jimenez Büro für Landschaftsarchitektur, Berlin, 2003 bis 2009

The historical centre of the town of Staßfurt was lost to mining subsidence. Today the city has been given a new centre in the form of a lake. Design: Häfner/Jimenez Büro für Landschaftsarchitektur, Berlin, 2003 – 2009

▶ Der Ort der ehemaligen Kirche wird als ebene Rasenfläche nachgezeichnet

An elevated plane of grass marks where the church once stood

Stadtnatur als Botschaft eines Parks, in dem Vegetation über Geschichte und Wildnis über trennende Grenzen hinwegwächst. Um Chancen des Ortes, seiner Geschichte, seiner zukünftigen Funktionen zu nutzen und diese in die Gestaltung des Ortes einzubeziehen, ist eine gewisse Offenheit der Gestaltung erforderlich. Die Botschaften müssen lesbar, denkbar und interpretierbar sein. Dies gelingt nicht, wenn an irgendeinen Stil einfach angeknüpft wird, wenn ein Ort schlicht umgeprägt wird. Es gelingt aber mit den Mitteln der Landschaftsarchitektur umso besser, wenn nach der Eigenart und dem Image eines Ortes, nach Identität gesucht wird – und diese in den Mittelpunkt der Gestaltungsidee gerückt wird. Landschaftsarchitektur der Gegenwart ist die Gestaltung der Potenziale eines Ortes.

Dass hier nicht immer die auf den ersten Blick augenfälligste Antwort die beste ist, erklärt sich aus der Geschichte der Gartenkunst ebenso wie aus der Gegenwart des Wissens um gesellschaftliche Transformationsprozesse. Eine überzeugende Gestaltung muss auch Fragen stellen, muss Perspektiven andeuten. „Möglichkeitsräume" nannte dies Walter Siebel im Rückgriff auf Robert Musil. „Es gibt durchaus Orte der Urbanität. Es sind Orte, an denen gesellschaftliche Umbrüche erfahrbar werden. […] Stadt als Präsenz von Geschichte im Alltag des Städters hält jenen Möglichkeitssinn wach, von dem Robert Musil geschrieben hat, er sei ‚die Fähigkeit, alles, was ebenso gut sein könnte, zu denken, und das, was ist, nicht wichtiger zu nehmen als das, was nicht ist'."[4]

SPACES OF POSSIBILITY

The best works of contemporary landscape architecture address the issues of the present day, thereby contributing to enlightenment. They represent nature in different ways using different means: sometimes as a microscopic view of structures which serves as a basis for the design, sometimes in the design of a largely untended urban "wilderness" in the guise of a park, in which vegetation buries history and wilderness overgrows borders that once divided. In order to make the most of the inherent possibilities of a place, its history and its possible future functions, and to incorporate these into its design, a design must demonstrate a degree of openness. Its messages need to be legible, conceivable and interpretable. That will not happen if a design simply subscribes to a particular style, that is when a place's character is overwritten. But the means of landscape architecture can be put to better use when a design attempts to capture the particularity and the image of a place, when it searches for its identity – and elevates this to a central aspect of the design idea. Contemporary landscape architecture is the design of the potential of a place.

That what at first glance looks like the most obvious solution is not always the best, can be explained by examining the history of garden design as well as our present-day knowledge of societal transformation processes. A convincing design must raise questions

◀ Die Gedenkstätte Berliner Mauer in der Bernauer Straße entwickelt sich zu einer Erinnerungslandschaft zwischen Nordbahnhof und Mauerpark. Dabei werden vorhandene historische Spuren mit einem differenzierten Gewebe aus topografischen Zeichen verknüpft und lesbar gemacht. Entwurf: sinai. Faust. Schroll. Schwarz. GmbH, Berlin, 2009 bis 2011

The Berlin Wall Memorial on the Bernauer Straße is developing into a memorial landscape between the Nordbahnhof and the Mauerpark. A differentiated network of topographic symbols is used to link together and make legible the remaining historical traces. Design: sinai. Faust. Schroll. Schwarz. GmbH, Berlin, 2009 – 2011

GESCHICHTS- UND GEDENKORTE

Die Gestaltung im Sinne dieses Möglichkeitssinns zeichnet lesens- und erlebenswerte Plätze und Parks aus, denn es gibt kaum einen Ort, der ohne eine Präsenz der Geschichte im Alltag auskommt. Zum eigentlichen Gegenstand des Entwurfs wird das Thema der geschichtlichen Umbrüche an denjenigen Orten, die explizit als Gedenkorte entwickelt wurden. Einige der wichtigsten Arbeiten des Landschaftsarchitektur-Preises tragen diese Handschrift. Dabei fällt auf, dass Orte mit besonders starker Geschichte wie die temporäre Inszenierung des ehemaligen Standortes des preußischen Stadtschlosses inmitten von Berlin (relais Landschaftsarchitekten) oder der Park entlang der Bernauer Straße, der an die Berliner Mauer erinnert, ebenso wie der Platz des 9. November 1989 (beide gestaltet von sinai Landschaftsarchitekten) und die Gedenkstätte für die ermordeten Juden in Wiesbaden (von Barbara Willecke entworfen) sowie auch die Nachzeichnung der Mitte Staßfurts (Häfner/Jimenez) eine besondere Offenheit in

and open up new perspectives. "Spaces of possibility" is what Walter Siebel called these, referring to Robert Musil. "There are most certainly places of urbanity. These are places in which societal transformations can be experienced. [...] The city as the presence of history in the everyday lives of city dwellers keeps alive that sense of possibility which Robert Musil called the ability to conceive of everything there might be just as well, and to attach no more importance to what is than to what is not."[4]

PLACES THAT EVOKE HISTORY AND MEMORY

Design that takes into account this sense of possibility is what makes squares and parks legible and worthwhile experiences; after all, few places can do without the presence of history in everyday existence. However, the actual focus of a design is the aspect of historical transformations experienced by those places that have explicitly developed as places of memorial or remem-

▶ Mit dem Platz des 9. November 1989 entstand in Berlin an der Bornholmer Straße ein Ort der Erinnerung. Die Raumgliederung ermöglicht ein Wechselspiel zwischen Bereichen des Gedenkens, der Information sowie der Kontemplation. Entwurf: sinai. Faust. Schroll. Schwarz. GmbH, Berlin, 2009 bis 2010

The Platz des 9. November 1989 situated next to the former border crossing at the Bornholmer Straße is a symbolic place of memorial. The space is structured to create areas for remembering, for information and for contemplation. Design: sinai. Faust. Schroll. Schwarz. GmbH, Berlin, 2009 – 2010

▶ Das neue Denkmal für die ermordeten Juden in Wiesbaden lässt den Besucher eine persönliche Interpretation suchen. Es ist offen gestaltet, offen gegenüber der Stadt und dem räumlichen Umfeld. Entwurf: Barbara Willecke planung.freiraum, Berlin, 2009 bis 2011

The new Memorial to the Murdered Jews in Wiesbaden invites the visitor to develop their own personal interpretation. Its design is open, open to the city as well as the surrounding context. Design: Barbara Willecke planung.freiraum, Berlin, 2009 – 2011

▶ Wandscheiben aus ca. sieben Meter hohen geschichteten Natursteinplatten mit gesägter Ansichtsfläche begrenzen den Platz

The space is framed by 7 metre high wall planes made of stacked layers of stone slabs, their rough-sawn edges facing the square

der Lesbarkeit aufweisen, um überzeugen zu können. Es werden Erinnerungsräume markiert und vorsichtig inszeniert; Botschaften werden im Raum auch multimedial erzählt, so dass der Raum selbst vom Träger einer Botschaft zur Botschaft wird. Mit wenigen gestalterischen Mitteln und Kennzeichnungen wird ein Rahmen gesetzt, der individuelle Annäherung an Geschichte möglich macht. Im Stadtbild bleibt Geschichte somit nicht nur ablesbar, sondern sie wird zum konstitutiven Element der Aneignung von und Auseinandersetzung mit Raum. Geschichte in diesem Sinne verstanden ist wiederum Teil einer Idee der Aufklärung, ihre Inszenierung ist kein Menetekel, sondern bringt Verantwortung für Zukünftiges zum Ausdruck.

URSACHEN UND WIRKUNGEN

Sofort nach Lissabon begannen Theologie und Philosophie, die beiden Universalwissenschaften des 18. Jahrhunderts, mit Ursachenforschungen. Letztlich mündete die Zäsur von Lissabon in einer Verstärkung der Technik, der Forschung, des Erprobens von Lösungen. Sicherheit wurde gesucht, auch gefunden, in wissenschaftlichem Denken, in rationalem Handeln. Die Aufklärung war weit genug fortgeschritten, um der theologischen Idee von einer „Strafe Gottes" die philosophische Haltung der Idee der Vernunft und der Urteilskraft, auch des ästhetischen Urteils entgegenzusetzen.

Was wir heute als Landschaft, als System und als Zusammenhang von Ursachen und Wirkungen kennen, wurde im 18. Jahrhundert gesellschaftlich bestimmend. Die Philosophie der Aufklärung bediente sich auch der Gartenkunst (und umgekehrt) und legte so die Grundlagen für das Denken in Ursache-Wirkungs-Beziehungen. Natur(wissenschaft) und Landschaft(skunst) geben diesem Denken seine Grundlagen und seinen bildhaften Ausdruck.

bering. Some of the most important projects to receive the Landscape Architecture Prize reflect precisely this. It is noticeable that places with an especially strong historical connection – such as the interim design for the former site of the Prussian Stadtschloss in the middle of Berlin (relais landscape architects) or the park along the Bernauer Straße that commemorates the Berlin Wall, as well as the Platz des 9. November 1989 (both designed by sinai landscape architects) and the Memorial to the Murdered Jews in Wiesbaden (designed by Barbara Willecke) as well as the demarcation of the centre of Staßfurt (Häfner/Jiminez) – are all convincing because they exhibit a high degree of openness in terms of how they can be read. Such designs mark out and sensitively articulate places of remembering, their narratives are told in space, also employing multiple media, so that the space itself becomes the message not just the bearer of the message. With just a few design interventions and demarcations a framework is created that allows each individual to engage with the history of the place. History is not only just a legible part of the townscape but a constituent element of how we approach and engage with space. In this sense, history in turn contributes to enlightenment, not as a warning but rather as a means of engendering responsibility for the future.

CAUSES AND EFFECTS

Immediately after Lisbon, theology and philosophy, the two universal sciences of the 18th century, began to examine the causes. Ultimately, Lisbon served as a turning point that resulted in greater emphasis on technology, research and the testing of solutions. Greater security was sought, and found, in scientific thought and rational activity. The Enlightenment had

Die Essayistin Sabine Beppler-Spahl empfiehlt eine solche rationale Haltung auch für die Gegenwart: „Es ist ein beunruhigendes Zeichen unserer Zeit, wenn heute, über 250 Jahre nach Lissabon, wieder von Demut vor der Natur die Rede ist. Japan hat […] ein riesiges Problem. Doch das Verharren in Demut wird, wie schon damals, die Probleme nicht lösen. Lissabon wurde unter dem Motto ‚Die Toten begraben, für die Lebenden sorgen' wieder aufgebaut. Der Glaube an Rationalität und die menschlichen Fähigkeiten hat die Grundlagen für die moderne Seismologie gelegt. Gibt es also eine Lehre aus Katastrophen dieser Art? Voltaire lässt seinen Kandide die schlimmsten Katastrophen und Kriege überleben. Kandide hat verstanden, dass es keine einfachen Lösungen gibt und dass unsere Welt nicht die beste aller Welten ist. Doch er erkennt, dass wir uns nicht dem Schicksal fügen müssen. Kandide findet Erlösung in der eigenen Anstrengung – und in dem Versuch, die Natur zu beherrschen: ‚Gut gesagt! Recht gut, sagte Kandide, allein wir müssen unsern Garten bestellen.'"[5]

DEN GARTEN BESTELLEN

Es wurde und wird nach Lissabon wie nach Fukushima weiter gearbeitet an der besten aller Welten. Und nicht nur das, die Anstrengungen wurden massiv verstärkt. Goethe, der sein Entsetzen über das Erdbeben von Lissabon (er war damals sieben Jahre alt) später in seinem Text „Dichtung und Wahrheit" verarbeitete, lobte später den ersten großen Landschaftsgarten, den ersten Park der Aufklärung auf dem europäischen Kontinent, nämlich das Dessau-Wörlitzer Gartenreich (von 1764 bis kurz nach 1800 angelegt): „Hier ist's jetzt unendlich schön. Mich hat's gestern Abend, wie wir durch die Seen, Kanäle und Wäldchen schlichen, sehr gerührt, wie die Götter dem Fürsten erlaubt haben, einen Traum um sich herum zu schaffen. Es ist, wenn man so durchzieht, wie ein Märchen,

progressed sufficiently to offer philosophical counterarguments to the theological notion of divine retribution: the idea of reason and judgement, and also of aesthetic judgement.

What we know today as landscape, as system and the relationship of cause and effect, was defining in 18th century society. The philosophy of the Enlightenment made use of garden design (and vice versa), laying down the foundation for thinking in terms of the relationship of cause and effect. Nature (natural science) and landscape (landscape design) provided a basis and visual expression for such thought.

The essayist Sabine Beppler-Spahl recommends that we take up a similarly rational approach in the present day: "It is a worrying sign of our times when today, over 250 years after the catastrophe of Lisbon, people are speaking once again of humility in the face of the force of nature. Japan is facing […] an enormous problem. But humility alone will, then as now, not solve the problems. Lisbon was rebuilt according to the motto 'bury the dead, care for the living'. Belief in rationality and human capacity laid the foundation for modern seismology. Can one learn from catastrophes of this kind? Voltaire's Candide survives the most terrible catastrophes and wars. Candide understood that there is no simple solution and that our world is not the best of all worlds. But he also recognises that we do not have to submit to our fate. Candide finds relief in his own efforts – and in the attempt to control nature: 'That is well said', replied Candide. 'But we must cultivate our garden.'"[5]

CULTIVATING THE GARDEN

After Lisbon, work continued on the best of all worlds, as it will too after Fukushima. But not only that, the

das einem vorgetragen wird, und hat ganz den Charakter der elysischen Felder; in der sachtesten Mannigfaltigkeit fließt eins in das andre; keine Höhe zieht das Auge und das Verlangen auf einen einzigen Punkt; man streicht herum ohne zu fragen, wo man ausgegangen ist und hinkommt."[6]

Die Antworten der Aufklärung auf die Katastrophe also: Mannigfaltigkeit, ein geistiges Herumstreichen, ein ästhetisches Gestalten und Vermitteln, ein naturwissenschaftliches Begründen, ein Experimentieren, ein Weiterverbessern. Und ein Überwinden von bisher als zwingend empfundenen Überzeugungen.

Insofern geht es „um unsere eigene Anstrengung" und gerade nicht um ein „weiter so". „Den Garten bestellen" meint mehr als Innehalten, aber auch mehr als Weitermachen wie bisher.

Die Landschaftsarchitektur, diese so konkrete kreative wie auch wissenschaftlich abstrahierbare Arbeit an „der besten aller Welten", basiert auf eben diesem Entwerfen von Zukunft. Es geht dabei nicht allein um das Fortschreiben von Bestehendem, es geht immer auch um das Infragestellen. Und damit um das Entscheiden.

Dabei ist heute keine Glaubensentscheidung mehr gefragt, sondern eine Abwägung, eine Risikoabwägung. Welche Entwurfsidee erscheint angesichts der räumlichen Situation, des sozialen Umfeldes, der zukünftigen Umweltherausforderungen am meisten Erfolg versprechend? Keine Entscheidung ohne Analyse, keine Entscheidung aus dem Bauch heraus also – so wichtig ein gutes Bauchgefühl auch sein kann für gutes Entwerfen. „Sapere aude [lat.: wage es, zu denken]! Habe Mut, dich deines eigenen Verstandes zu bedienen."[7]

In der Auseinandersetzung mit Raum, mit Gesellschaft, geht es eben gerade um die Idee der besten aller Welten,

efforts were multiplied. Goethe, who recounts the horror he experienced when hearing of the earthquake of Lisbon (he was seven years old at the time) in his later work "Poetry and Truth", sung the praises of the first large landscaped garden and first park of the Enlightenment on the European continent, the Garden Realm of Dessau-Wörlitz (laid out from 1764 until shortly after 1800): "It is now infinitely beautiful here. I was very moved last night as we strolled through the lakes, canals and woods by how the gods have allowed the Prince to create a dream around himself. When one strolls through it, it is like the telling of a fairy tale; it has the character of the Elysian Fields. In the gentlest diversity one flows into the other; no elevation draws the eye and the longing to one single point; one wanders around neither asking where one came from nor where one was going."[6]

The Enlightenment's answers to the catastrophe were therefore: diversity, intellectual perambulation, aesthetic arrangement and portrayal, scientific reasoning, experimentation, ongoing betterment – and the overcoming of convictions previously held as given.

As such, it is a question of "the effort we make", and not simply continuing on as before. "Cultivating the garden" means more than pausing to take stock, but likewise also more than continuing on as before.

Landscape architecture, at once a concrete and creative as well as an abstract, theoretically-reasoned approach to furthering the "best of all worlds", subscribes to this very notion of designing the future. It is not solely about continuing what already exists but also always about calling it into question – and as such about making decisions.

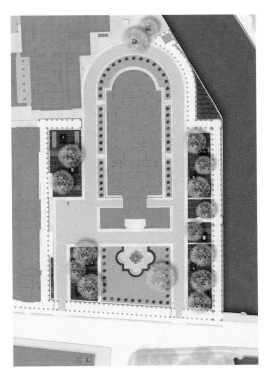

nicht allein um die Vielzahl aller theoretisch denkbaren Möglichkeiten. Das Entscheiden unterscheidet das Entwerfen vom Erforschen, das Gestalten die Landschaftsarchitektur vom naturwissenschaftlichen Analysieren.

ENERGIELANDSCHAFT

Es wird letztlich nicht „die Natur" und auch nicht eine Ethikkommission das Urteil sprechen über die (Energie-)Zukunft in Deutschland, sondern diese Entscheidungen werden aufgrund der Qualität und der Zukunftsoptionen der Alternativen getroffen werden. Deren Erprobung und Entwicklung gleicht derzeit diesem „Herumstreichen", wie Goethe es beschrieb. Häufig steht bei der Lösungssuche die technologische Alternative im Vordergrund. Doch es geht nicht mehr um ein Umschalten von einer auf die andere Energieart. Es geht wohl nicht einmal mehr um die bisherige Struktur des „Versorgens", sondern um neue Möglichkeiten der Dezentralität, der Optimierung von Abläufen, der Bionik, der Effizienz.

Und es geht um bewusstes Verhalten, um einen höheren Grad an Informiertheit des „Verbrauchers" – im Energiebereich durch Smart Metering und Green IT – als Grundlage

Today, decision-making is no longer a question of conviction but an assessment, an evaluation of risks. Which design variant appears most likely to succeed given the spatial situation, the social context and future ecological challenges? No decisions are made without prior analysis, and therefore there are no gut decisions – as important as a gut feeling can be for good decision. "Sapere aude [Latin for Dare to be wise]! Have the courage to use your own reason."[7]

When considering space and society, it is about the idea of the best of all worlds, not solely the number of all theoretically conceivable possibilities. Making a decision is what separates design from research and the design of landscape architecture from scientific analysis.

THE ENERGY LANDSCAPE

Ultimately neither "nature" nor an ethics commission will decide on what Germany's future (energy supply policy) will look like. Such decisions will instead be made on the basis of the quality and future possibilities of the variants. Their trial and development is current-

▲ Die schlichte, reduzierte Formensprache der
Erweiterung des Friedhofs St. Nikolaus in Gilching bildet
den Rahmen für zeitgemäße Bestattungsarten. Entwurf:
Martin Karl, Gilching, 2007 bis 2009

The sparing, reductive formal language of the
extension to the St. Nikolaus cemetery in Gilching
forms a backdrop for contemporary forms of burial.
Design: Martin Karl, Gilching, 2007 – 2009

▲ Die Urnenwandreihe mit vorgesetzten Sitzgelegenheiten und rahmenden Zierkirschen wird durch
Muschelkalk-Raumteiler gegliedert

The columbarium wall with seating in front and a
canopy of decorative cherry trees is subdivided by
shell limestone partitions

verantwortungsbewussten Entscheidens. Dieser Struktur-
wandel lässt sich auf viele andere Bereiche wie beispielsweise Mobilität und damit auf alle Felder der Stadt- und
Regionalentwicklung übertragen. Die neue Dezentralität
der Stoff- und Energiekreisläufe nutzt die Möglichkeiten
der webgestützten Kommunikation und unterscheidet nur
noch eingeschränkt zwischen Sender und Empfänger,
zwischen Verbraucher und Produzent. Auf die Gestaltung
unserer Umwelt wird diese Veränderung hin zu einem
postindustriellen Informationszeitalter deutlichen Einfluss haben.

Es geht zukünftig also um die Kultivierung, die Qualifizi-
erung technologischer Alternativen. Und damit erneut um
eine weitere Stufe der Entwicklung der Kulturlandschaft.

KULTURLANDSCHAFT

Kulturlandschaft in allen ihren Ausprägungen wird das am
stärksten wachsende Aufgabenfeld der Landschaftsarchitektur und -planung bleiben. Dabei geht es nicht mehr
vordringlich um die Bewahrung von Landschaftsbildern,
sondern um ihre Weiterentwicklung. Der Schutz von Landschaft um ihrer selbst, ihrer Schönheit oder ihrer Tradition
willen wird angesichts stärkerer Nutzungsnachfrage wieder schwieriger zu begründen sein. Die Landwirtschaft
fragt aufgrund der weltweit weiter steigenden Nachfrage

ly the equivalent of Goethe's "perambulations". Often
discussions centre on technological alternatives, however, the question is no longer about switching from
one form of energy to another. It is not even about the
current "supply" structure but rather about the new
possibilities offered by decentralisation, the optimisation of processes, bionics and efficiency.

And it is also about more conscious behaviour, and
with it about making "consumers" better informed – in
the energy sector using smart metering and green IT –
so that they have a basis for making responsible decisions. Such structural changes can be applied to many
other areas, such as mobility, and with it to all aspects
of urban and regional development. The new system of
decentralised material and energy life cycles exploits
the possibilities of web-based communication and differentiates to a much lesser degree between sender
and recipient, between consumer and producer. Such
changes, as we approach a post-industrial information
age, will have a major impact on the design of our environment.

The future will therefore be about cultivation, about
the qualification of technological alternatives, signal-
ling once again a further stage in the development of
the cultural landscape.

▶ Mit der Neugestaltung des innerstädtischen Bereichs an der Lindach in Weilheim an der Teck wurde der Fluss nicht nur renaturiert, sondern auch zurück in das Bewusstsein der Bürger gerückt. Entwurf: schreiber*plan*, Prof. Wolfgang Schreiber, Nürtingen, 2007 bis 2008

The redesign of the riverside area of Weilheim an der Teck where the River Lindach passes through the city centre, restores not only the natural form of the river but also anchors it in the collective memory of the citizens. Design: schreiber*plan*, Prof. Wolfgang Schreiber, Nürtingen, 2007 – 2008

nach Lebensmitteln, nach Bioenergie wie zukünftig auch nach Biorohstoffen verstärkt wieder Flächen nach; auch auf zwischenzeitlich stillgelegten Grenzertragsböden wird wieder geackert. Und neue Vermarktungsformen beispielsweise im Biolandbau führen dazu, dass auch kleinere Betriebsstrukturen im stadtnahen Raum durch Direktvermarktung besser überlebensfähig sind denn je. Auch diese benötigen landwirtschaftliche Nutzfläche.

Die Überbauung von Flächen, die Zersiedelung, ist im Trend zwar gemildert, aber ungebrochen. Die Neuausweisung und Erschließung von Wohnbau- und Gewerbeflächen findet weiterhin statt, auch wenn sich in Deutschland inzwischen ein deutlicher Unterschied zwischen wachsenden und schrumpfenden Regionen und Städten zeigt. Doch auch in den so genannten schrumpfenden Regionen, die an Einwohnern deutlich abnehmen, bleibt die Flächennachfrage groß, solange die Baugesetzgebung nicht konsequent die Revitalisierung der Innenstädte und die Konversion altindustrieller Flächen bevorzugt. Und neue Flächennutzungen im Bereich von Freizeit und Tourismus wie auch im Bereich von regenerativen Energien kommen hinzu. Solar- und Windparks sind schon heute aufgrund von Fördermittelzuschüssen rentabel, Biogasanlagen sind in ländlichen Regionen oft ein interessantes Investment, während die Anwohner um die Struktur

CULTURAL LANDSCAPE

Cultural landscape in all its manifestations will remain the fastest growing area of activity for landscape architecture and planning. This is not concerned primarily with conserving the face of landscapes but rather with their future development. The protection and conservation of landscapes as they are, for their beauty or their tradition, will become increasingly difficult to justify as they become subject to ever greater demands. Demand for agricultural land will rise, driven by worldwide demand for food produce, bioenergy and in future also bio-resources, and marginal soils that have lain barren will also start to be re-cultivated. Similarly, new marketing structures, for example the direct marketing of locally-farmed organic produce, will mean that smaller-scale farms in the urban hinterland have a better chance of survival than ever before. These too require agricultural land.

While the rate of land consumption for construction and suburban sprawl has slowed, it continues nonetheless. The declaration and infrastructural preparation of land for new residential and commercial estates continues unabated, even as the differences between expanding and shrinking regions and cities in Germany become ever more apparent. But even in those so-

Ein Element der Freiräume des Arnulfparks in München ist der Skatebowl. Um die benachbarten Anwohner vor Lärm zu schützen, wird die Skateranlage von einer Tribüne und der Bowl als schirmartige Mauer umgeben. Entwurf: realgrün Landschaftsarchitekten, Wolf D. Auch, Klaus-D. Neumann, München, 2006 bis 2010

The Skatebowl is one of a number of outdoor facilities in the Arnulfpark in Munich. To reduce the level of noise for local residents, the Skatebowl itself forms a shielding wall and is enclosed by a spectator's stand. Design: realgrün Landschaftsarchitekten, Wolf D. Auch, Klaus-D. Neumann, Munich, 2006–2010

ihrer angestammten Kulturlandschaft fürchten. Exzessiver Maisanbau hat in einigen Regionen das Landschaftsbild schon deutlich beeinflusst, auch die Qualität der Böden ist betroffen. Eine integrierte bodenökologische, ökonomische und ästhetische Kulturlandschaftsstrategie steht trotz vielfältiger Ansätze an Stadträndern und im ländlichen Raum weiterhin aus.

TECHNISCHE BAUWERKE

Auch verhältnismäßig neue Nutzungen wie die Errichtung großer Solar-Freilandanlagen sind trotz zurückgehender Förderungen für diese Nutzungsart weiterhin relevant. Hier wird zukünftig jedoch vor allem eine Konzentration auf schon in Nutzung genommene Standorte wie leer ste-

called shrinking regions that have experienced considerable population decline, demand for land will continue to remain high for as long as building legislation fails to prioritise the revitalisation of the inner cities and the conversion of former industrial brownfield sites. In addition, demand is increasing for new land uses for recreation and tourism as well as for renewable energy. Grant funding has made solar and wind parks a cost-effective proposition and biogas plants are often an interesting investment in rural regions, while residents fear for the structure of their traditional cultural landscape. Excessive maize cultivation has already had a major effect on the face of the landscape and affects the quality of the soil too. A general integ-

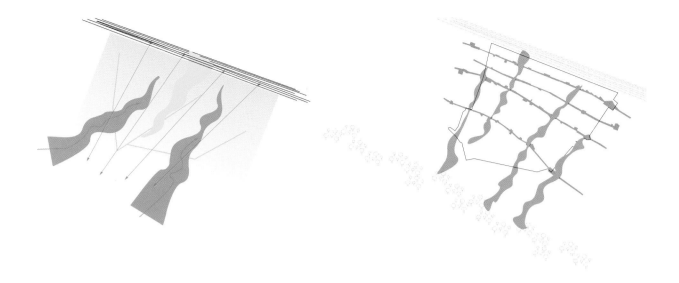

▲ Das Gebiet Letzi befindet sich in einem laufenden Prozess der Verdichtung und Umnutzung. Das neue Freiraumkonzept identifiziert vorhandene Eigenheiten und Qualitäten des Gebietes und entwickelt sie weiter. Entwurf: Brigitte Nyffenegger, Zürich/Schweiz, 2007 bis 2008

The Letzi region is in a process of ongoing conversion and redensification. The new spatial planning concept identifies existing particularities and qualities of the region with potential for further development. Design: Brigitte Nyffenegger, Zurich/Switzerland, 2007 – 2008

▲ Das Freiraumkonzept zeichnet sich durch eine Vielzahl von sich überlagernden Netzen aus. Städtische und verkehrsreiche Achsen in Transitrichtung stehen im Kontrast zu beschaulichen Korridoren

The concept consists of a number of overlapping networks. Urban axes and traffic arteries run in the direction of transit in contrast to the more tranquil corridors

hende Gewerbegebiete, Industriebrachen und beispielsweise ehemalige Mülldeponien zu verzeichnen sein.

Ob es zu einer Aufwertung von Landschafts- und Erholungsräumen durch geschickt integrierte Solar- und Windparks ganz neuen Typs kommen kann, ist dagegen weiterhin unabsehbar. Hier wird vor allem die preisliche Entwicklung der Solartechnik darüber entscheiden, ob es weiterhin um Rendite pro Quadratmeter gehen muss oder auch um gestalterische Akzente gehen kann, um die Integration von Landschaftsbild und nachhaltiger Nutzung also.

Entscheidend wird die Diskussion um technische Bauwerke in der Landschaft vorangebracht werden müssen. Hier sind von Landschaftsarchitekten und Architekten neue Ideen, von den Betreibern und Bauherren neue Ansätze zur Refinanzierungsrechnung gefordert. Kann ein technisches Bauwerk auch als Bereicherung im Raum empfunden werden?

Die Geschichte der Landschaftsarchitektur gibt hier Beispiele. Die berühmte „Grüne Moschee" an der Potsdamer Havelbucht (erbaut 1841 von Ludwig Persius), eigentlich ein profanes Dampfmaschinenhaus für die Pumpen, mit denen die Große Fontäne im Park Sanssouci betrieben

rated ecological, economical and aesthetic strategy for land use in cultural landscapes is still lacking, despite individual initiatives on the outskirts of urban areas and in rural regions.

TECHNICAL INFRASTRUCTURE

Comparatively new uses, such as the construction of solar parks on open land, remain relevant despite a reduction in the level of funding. In future, however, these will be located primarily on sites whose functions have become obsolete such as vacant commercial and industrial sites and, for example, former rubbish tips.

Whether the landscapes and recreational spaces can be enhanced through the use of new kinds of cleverly integrated solar and wind parks remains to be seen. The future cost of solar technology will be a decisive aspect in determining whether such investments continue to be driven solely by the rate of return per square metre or whether it will be possible to incorporate design aspects, i.e. to integrate sustainable uses into the landscape.

The discourse surrounding technical constructions in the landscape will need to progress significantly. For

wurde, ist ein frühes Beispiel für eine solche ungewöhnliche Camouflage-Architektur.

In der aktuellen Arbeit von Dirk Melzer für ein Hochwasserpumpwerk in Köln-Rodenkirchen ist ein solcher Ansatz heute wieder zu finden. Eine skulpturale Architektur aus Basalt-Bruchstein verkleidet das Pumpenhaus, eine organisch anmutende Struktur aus plasmageschnittenem Stahl umhüllt das Nachbargebäude. Ein technisches Bauwerk also, das gerade nicht versteckt, sondern als Landmarke sichtbar wird.

Noch jedoch finden sich unter den Arbeiten zum Deutschen Landschaftsarchitektur-Preis nur wenige solcher Beispiele. Technische Bauwerke sind meist normierte Serienprodukte, die eine räumliche Identität nicht stärken, sondern im Gleichklang der seriellen Anwendung untergehen lassen. Man muss nicht gleich von einer Zeit träumen, in der jede Region ihre eigene Bautypologie des Bauernhofes hervorbrachte, je nachdem, ob vor allem Getreide eingelagert, Vieh aufgestallt oder Gemüse verarbeitet werden musste. Diese Vielfalt wird den Freilichtmuseen vorbehalten bleiben. Dennoch ringen die Regionen, allen voran die Tourismusregionen und jene, die dazu werden wollen, um eine bauliche und räumliche Identität. Noch sind die aktuellen regionalen Architekturen der Steiermark oder des Vorarlberg nicht zum flächendeckenden Vorbild geworden, als solche erwähnt werden sie jedoch in Regionalkonzepten und regionalen Entwicklungsplänen

this new ideas are called for from landscape architects and architects, and new funding models from operators and clients. Is it possible for technical constructions to be regarded as beneficial to our surroundings?

Examples are to be found in the history of landscape architecture. The famous "Green Mosque" on the Havelbucht in Potsdam (built in 1841 by Ludwig Persius) – in actual fact a profane steam engine construction for the pumps that drove the large fountain in Sanssouci Park – is an early example of such unusual camouflage architecture.

A similar approach can be found in a contemporary project by Dirk Melzer for a high water pumping station in Cologne-Rodenkirchen. A sculptural construction made of basalt rubblestone encloses the pumping station while an organic-looking structure made of plasma-cut steel clads the neighbouring building. The result is a civil engineering structure that is not hidden but is instead a visible landmark.

Up to now few examples of such work have featured in the German Landscape Architecture Prize. Buildings for technical infrastructure are usually normed, serially produced products that do little to strengthen the identity of a place but instead go unnoticed as a consequence of their serial repetition. One needn't necessarily wish for a time when each region exhibits an own building typology for farm buildings depending on

umso häufiger. Die so genannten Modellregionen der Raumordnung und ebenso die Regionalparks, die Naturparks, überhaupt die identitätsstarken Landschaftsräume arbeiten allesamt an ihrer baulichen und landschaftsräumlichen Identität und werden diese Arbeit an gestalterischen Innovationen noch verstärken.

Gleichzeitig müssen die Qualitätsstandards, auch die ästhetischen, der Normbauteile und Elemente aus den Produktionszyklen der internationalen Warenwirtschaft verbessert werden, wenn man optisch und auch funktional überzeugendere Ergebnisse erzielen will.

Es geht weiterhin und noch verstärkt um die Integration von Technik in Raum. Gegen die weitverbreitete NIMBY-Haltung (not in my backyard) muss die attraktive Integration von Technik in Kulturlandschaft gestellt werden, eine Aufgabe, die anhand ausgleichender Vorteile für Anlieger ebenso zum Erfolg geführt werden muss wie anhand einer Überzeugungsarbeit auch mit völlig neuen Bildern von Bauten und Infrastrukturen.

Wie sich Nutzung und Landschaftsbild verbinden lassen, zeigt beispielsweise die unspektakuläre, aber gleichwohl sehr schlüssig mittels der Landschaftsästhetik, der Landschaftsbilder argumentierende Arbeit der Planergruppe Oberhausen zur „Parkautobahn" A42. Mitten durch das Ruhrgebiet verläuft diese Autobahntrasse, die nun den gesamten Emscher-Park sichtbar machen soll, aus der Betrachterperspektive des Autofahrenden.

whether they store grain, hold cattle or process vegetables. This diversity remains the realm of open-air museums. Nevertheless rural regions, in particular those that are or wish to become tourist destinations, are struggling to establish a local architectural and regional identity. While contemporary regional architecture of the like found in the Steiermark or Vorarlberg in Austria have not yet become a widespread model, they are cited all the more frequently in regional concepts and regional development plans. So-called model regional development areas, and likewise regional parks and nature reserves – in fact all landscape regions with a strong identity – are consciously cultivating their architectural identity and characteristic regional landscapes, and will continue to promote such design innovations in future.

At the same time the quality standards, including the aesthetic qualities, of normed building components and elements sourced from international goods production cycles must be improved if we are to achieve more visually and functionally convincing results.

The issue remains, and will continue to remain, the integration of technology in the environment. To counter the widespread NIMBY attitude (not in my backyard), we need to find attractive ways of integrating technology in cultural landscapes, a task that will only be successful if it provides compensatory benefits for the residents on the one hand, and convinces in aes-

Es geht bei diesen Projekten nicht um das grüne oder landschaftskünstlerische Feigenblatt, sondern um eine weitergehende Betrachtung von Landschaft, die ja gerade nicht außerhalb des genutzten Raumes zu finden ist. Selbstverständlich wird eine Hochspannungstrasse weiterhin nicht über Ortslagen geführt werden dürfen, doch auch die Erdverkabelung ist nicht überall möglich und notwendig. Ebenso selbstverständlich wird bei solchen Trassen wie auch bei Brückenbauwerken, wie aktuell über die Mosel, auch weiterhin mit dem Landschaftsbild argumentiert werden müssen. Letztlich jedoch wird immer deutlicher, dass es um eine Abwägung der Nutzungs-, Gestaltungs- und Erhaltungsinteressen gehen muss. Und da hilft wiederum eine Dezentralität des Nutzens. Der Windpark anonymer Investoren in Ortsnähe findet sicherlich weniger Akzeptanz als die Bürgerwindanlage mit unmittelbarem wirtschaftlichem Nutzen nicht nur für die Verpächter der Flächen.

Dennoch wird Kapital auch weiterhin nach Ertragsgesichtspunkten und nicht allein nach regionaler Nähe eingesetzt werden. Die Kombination beider Ertragsansätze schafft zukünftig die besten, weil auch schnellsten Umsetzungsmöglichkeiten. Das erfordert eine neue Kreativität von Fonds- wie von Landschaftsplanern. Kalkulieren, abwägen, Stärken nutzen sowie Risiken und Chancen gleichmäßiger verteilen wird das Gebot der Zukunft sein. Praxisbeispiele werden auch in den Folgejahrgängen des Deutschen Landschaftsarchitektur-Preises dringend gesucht.

Im Jahrbuch zum Deutschen Landschaftsarchitektur-Preis 2001, dem ersten Buch dieser Reihe, wurde an gleicher Stelle Bilanz gezogen. Der „langsame Übergang von fossilen zu regenerativen Energieträgern" wurde vor zehn Jahren als ein wesentliches Handlungsfeld der Land-

thetic terms on the other, by developing entirely new images for buildings and infrastructure.

An example of how new uses and images of the landscape can be brought together can be seen in the unspectacular but nevertheless quite convincing work of the Planergruppe Oberhausen for the A42 Park motorway, which employs the aesthetics of landscape and the imagery of landscape. The motorway runs right through the middle of the Ruhr conurbation and aims to make the entire "Emscher Park" visible for those driving through it.

These projects are not about applying a proverbial fig leaf of greenery or artistic landscape but are instead concerned with a broader consideration of landscape, beyond that of the specific space in question. Naturally, that doesn't mean that high-voltage transmission lines can now be routed over settlements, but at the same time it is not always possible or even necessary to route cables underground. It is likewise clear that in the case of transmission lines or bridge constructions, such as that over the river Mosel, the image of the landscape must still be respected. Ultimately, however, there will be an increasing need to weigh up the interests of use, design and conservation. And here, a more decentralised pattern of use can help. The building of a wind park in the neighbourhood for an anonymous investor will not be accepted as readily as a citizen's wind park with direct economic benefit for the locality as a whole rather than just the landowner or lessor.

That said, capital will still be invested where the best return is to be expected and not only according to regional proximity. A combination of both approaches has the best as well as the quickest chance of being realised. For this, we need new creative approaches from both

schaftsplanung und Landschaftsarchitektur gesehen. Sieht man sich das Spektrum der Arbeiten 2011 an, stellt man fest, dass über die vergangenen zehn Jahre hinweg eine wesentliche Stärkung dieses Arbeitsfeldes einer Umstrukturierung der Produktionslandschaften nicht in dem erwarteten Maß stattgefunden hat, zumindest nicht unter federführender Beteiligung der Landschaftsgestaltung.

Doch nun folgt auf den „langsamen" der schnellere Übergang ins Zeitalter der regenerativen Energieversorgung, und zwar unter Klima- wie unter Kostengesichtspunkten. Erneut wird es darauf ankommen, ob die Landschaften planenden Disziplinen eigene Ansätze finden, „den gesamten Veränderungsprozess konzeptionell zu begleiten und langfristig zu steuern", wie es dem 2001 ausgezeichneten Projekt Reussdelta von Ottomar Lang glückte.

KOMPLEXE VERANTWORTUNG

Ist die Landschaftsarchitektur auf die neuen Herausforderungen nicht ausreichend vorbereitet? Es war häufig von Komplexitäten die Rede, als sich eine Jury für zwei Tage im

landscape architects and financers. In future, the calculation and evaluation of strengths as well as risks and opportunities must be evenly balanced. Good examples of such projects will be highly sought after in the coming years for the German Landscape Architecture Prize.

In the first yearbook of this series that accompanied the German Landscape Architecture Prize in 2001, a similar article reviewed the situation at the time. Ten years ago, the "gradual transition from fossil fuels to renewable energy sources" was seen as one of the most essential areas of activity in landscape planning and landscape architecture. A look at the spectrum of work in 2011 reveals that in the last ten years activity in the field has not increased appreciably, and landscapes used for production have not been restructured to the expected degree, or at least not as a result of the efforts of landscape architects.

Now, however, the "gradual" transition has been overtaken by the urgent transition to an age of renewable energy supply driven by climate change and, increasingly, by cost considerations. Once again it will

März zurückzog, um über die Vielzahl und die Vielfalt der eingereichten Arbeiten zum Deutschen Landschaftsarchitektur-Preis 2011 zu beraten. Komplexität als notwendige Anforderung an zeitgemäße und zukunftsweisende Landschaftsarchitektur, Komplexität aber auch als Problem. Werden die besonders komplex angelegten Entwürfe und Realisierungen hinreichend wahrgenommen, sind sie in ihrer Komplexität überhaupt angemessen zu beurteilen? Und was macht sie aus, diese Komplexität als Besonderheit des landschaftsarchitektonischen Arbeitens?

Die Jury zum Deutschen Landschaftsarchitektur-Preis 2011 tagte vor der Katastrophe in Japan. Vielleicht wären einige Entscheidungen unter dem Eindruck dieser Ereignisse anders ausgefallen. Doch für unsere Frage, inwieweit die Gegenwart der Landschaftsarchitektur Wege weist, Lösungen zeigt und wieder neue Fragen stellt auf dem Weg zur besten aller Welten, ist diese Terminierung zufällig und damit unerheblich. Es geht darum, eben diesen Alltag der Landschaftsarchitektur des Jahrgangs 2011 unabhängig von und gleichwohl im Horizont der aktuellen Fragestellungen einordnen zu können.

Was sich die Fachjury unter dem Leitbegriff der Komplexität fragte, stellt sich im Planungsalltag täglich als neue Herausforderung. Wie lässt sich die Vielfalt der Bezugsebenen der eigenen Arbeit vermitteln, und zwar gegenüber Bürgern, also den Nutzern, ebenso wie gegenüber öffentlichen Auftraggebern, privaten Kunden oder größeren und kleineren Unternehmen, beispielsweise Wohnungsbaugesellschaften? Wie verhält sich diese konkrete Vermittelbarkeit zur abstrakteren Verantwortung gegenüber der Gesellschaft generell? Ist populäre Landschaftsarchitektur notwendig auch populistisch? Lassen sich zukunftsweisende Ziele durchsetzen, wenn „Betei-

on whether the landscape planning disciplines will be able to find own ways to "conceptually steer and accompany the entire process of transformation in the long term", as demonstrated by the prize-winning Reussdelta project in 2001 by Ottomar Lang.

COMPLEX RESPONSIBILITY
Is landscape architecture sufficiently well prepared for the new challenges ahead? As the jury retired for two days in March to consider the large number and variety of submitted projects for the German Landscape Architecture Prize in 2011, there was much talk among the jurors of "complexity": complexity as a necessary requirement of contemporary and forward-looking landscape architecture, but also complexity as a problem. Will such especially complex design proposals and projects be properly perceived? Can one evaluate them properly in their complexity? And what characterises such complexity as a special aspect of landscape architectural work?

The jury for the German Landscape Architecture Prize in 2011 came together before the catastrophe in Japan and some decisions may perhaps have been different in the aftermath of this event. But in the context of our question as to whether present-day landscape architecture opens up perspectives, presents solutions and poses new questions on the path to the best of all worlds, this date is arbitrary and thus irrelevant. The issue is to identify precisely this everyday activity of landscape architecture in the year 2011, independent of and yet in the context of current issues.

What the professional jury deliberated over under the heading complexity turns out to be a challenge that

▷ Die Gestaltung der Freianlagen des „Budersand Hotel – Golf & Spa" in Hörnum auf Sylt ist von Zurückhaltung geprägt. Formen und Strukturen der umliegenden Landschaft werden auf dem Dach wiederholt. Entwurf: Wiggenhorn & van den Hövel Landschaftsarchitekten bdla, Hamburg, 2008 bis 2009

The design of the outdoor areas of the "Budersand Golf & Spa Hotel" in Hörnum on the island of Sylt is discreet and restrained. The forms and structures of the surrounding landscape are carried over to the design of the roof. Design: Wiggenhorn & van den Hövel Landschaftsarchitekten bdla, Hamburg, 2008–2009

ligte" – auf den ersten Blick zumindest – Veränderungen eher ablehnen und Bestehendes beibehalten wollen? Wird Bestehendes besonders dann wertgeschätzt, wenn es die Fachplaner verändern wollen? Setzt sich die Verantwortung des Planers aktiv über Bürgeraktivitäten hinweg, wenn es neben dem konkreten Bürgerwillen auch das allgemeine gesellschaftliche Interesse zu beachten gilt? Wer ist der eigentliche Experte für was?

BETEILIGUNG QUALIFIZIERT

Entscheidungen werden heute oftmals in Kommissionen, Gremien oder an Runde Tische delegiert bzw. diese bereiten die anstehenden Entscheidungen in Parlamenten vor. Auch wachsen die Bereitschaft und damit der politische Druck, Entscheidungen unabhängig von den Parlamenten in Prozessen und Verfahren der direkten Demokratie, also in Bürgerentscheiden oder Volksabstimmungen zu treffen. Mit diesen Neuerungen und den Folgen für Entscheidungsvorgänge und Zeitabläufe des Handelns bestehen nicht nur unter Politikwissenschaftlern, Soziologen oder Juristen noch keine umfassenden Erfahrungen. Auch unter Planern ist man vielfach noch viel zu wenig geübt, diese direkteren oder direkten Entscheidungsfindungen zu qualifizieren und zu unterstützen.

Noch herrscht oftmals die Einstellung vor, dass man als Fachplaner „die Bürger" zwar pflichtgemäß mittels Entwicklungsszenarien oder Testentwürfen zu informieren und zu beteiligen habe, dass die eigentlichen Entscheidungen aber im Kreise der fachlich ausgebildeten Experten der Planung und Verwaltung getroffen bzw. für die Politik vorbereitet werden. Meinungen der Bürger könne man zwar einholen, aber im Abwägungsprozess auch wieder verwerfen.

many face in everyday planning practice. How can one communicate the diverse layers of reference in one's work both to citizens, the so-called end users, as well as to public commissioning bodies, private clients or larger or smaller businesses, such as housing associations? How does this concrete communicability relate to the larger, more abstract accountability to society as a whole? Is popular architecture necessarily populist? Can forward-looking aims be pursued when the "participants" appear – at least at first glance – resistant to change and wish to keep things as they are? Does what already exists become highly prized only when planners wish to change it? Is it the responsibility of the planner to actively disregard citizen's initiatives when the greater interests of society need to be considered alongside the concrete will of the citizens? Who is actually expert for what?

PARTICIPATION EMPOWERS

Today decisions are often made in commissions, committees or delegated to round tables, or rather such institutions prepare decisions for parliamentary consideration. At the same time the willingness, and with it the political pressure, to make decisions independently of parliament in direct democratic processes and procedures, such as local or national referendums, is growing. At present political scientists, sociologists and lawyers, among others, have precious little experience of these new methods and their consequences for decision-making processes as well as the time scale of resulting actions. Planners too generally lack sufficient practice in qualifying and supporting these more or less direct decision-making processes.

Im Zuge der Entwicklung einer urbanen Kulturlandschaft in Bad Hersfeld wurde die aus dem 18. Jahrhundert stammende Leonhard-Müller-Anlage neu gestaltet. Moderne Landschaftsarchitektur ergänzt dabei historische Strukturen. Entwurf: Wette + Küneke GbR Landschaftsarchitekten, Göttingen, WAGU Ingenieure, Kassel, 2004 bis 2012

As part of the development of an urban cultural landscape in Bad Hersfeld, the 18th century Leonhard Müller Gardens were given a redesign with modern landscape architecture augmenting the historic structures. Design: Wette + Küneke GbR Landschaftsarchitekten, Göttingen, WAGU Ingenieure, Kassel, 2004 – 2012

Mehr und mehr aber wird deutlich, wie sehr bürgerschaftliches Engagement Planungs- und Bauprozesse verzögern, in der Zielrichtung beeinflussen oder auch grundsätzlich in Frage stellen kann. Die Fernseh-Live-Übertragungen der Stuttgart-21-Schlichtung waren bundesweit ein beliebtes Fernsehprogramm, kürzlich urteilte ein Fernsehkritiker gar, diese Übertragungen der Schlichtung seien spannender gewesen als ein aktueller Tatort aus Stuttgart.

Die Kunst des Schlichters Heiner Geißler lag schlicht darin, Sachverhalte den teils abstrakten Argumentationsgängen der Fachplaner zu entziehen und sie allgemein verständlich zu übersetzen. Das kam an, nützte bei der Zielfindung und stärkte letztlich auch das Vertrauen in die politischen Gestaltungsmöglichkeiten.

Wichtig ist, dass die Bürger Entscheidungsvorgänge nach- und mitvollziehen können. Denn „die Bürger" sind besser informiert und spontaner organisiert denn je. Es genügen, anders als bei den großen sozialen Bewegungen der Vergangenheit, einige wenige, gut informierte und teils auch fachlich versierte Akteure, um eine unerwartet große Mobilisierungskraft zu erzeugen. Die Kommunikations- und Informationsmöglichkeiten der Gegenwart machen Wissen, auch Fachwissen, so schnell verfügbar und Botschaften so einfach vermittelbar, dass die Entscheidungsfindung nicht mehr außerhalb der Öffentlichkeit stattfinden kann. Zumal selbst Hinterzimmer-Informationen heute in kürzester Zeit öffentlich werden.

At present the attitude still prevails that planning professionals must do their duty in informing and consulting "the citizens", but that the actual decisions are still made, or prepared for political approval, by the appropriately qualified experts in the planning and administrative departments. Public opinion can be canvassed but also overruled if need be in the evaluation process.

It is becoming ever more clear how much civic action can delay or influence the course of planning and building processes, even to the point of calling them into question. The live televisation of the Stuttgart-21 mediation proceedings was followed by many citizens across the entire country, some commentators remarking that it was more gripping than the police thriller broadcast at the same time on the other channel, also sited in Stuttgart.

The special talent of the mediator, Heiner Geißler, was his ability to take the planners' somewhat abstract argumentation and render it in a form readily understandable for everyone. That was not only well received but also helpful in establishing aims and direction, ultimately strengthening trust in the people's ability to influence politics.

It is important that citizens can understand and follow decision-making processes. "The public" is better informed and more spontaneously organised than ever before. In contrast to the large social movements of the past, one now only needs a few, well-informed and per-

Ziel des grünen Leitbilds „Strategie Stadtlandschaft 2017–2030–2050" der Stadt Berlin ist es, mit grünen Räumen nicht nur einen wichtigen Beitrag zur urbanen Lebensqualität zu leisten, sondern auch auf gesellschaftliche Entwicklungen zu reagieren. Mit konkreten Projekten gilt es, in den kommenden Jahren die Strategie Stadtlandschaft sichtbar zu machen. Entwurf: bgmr Landschaftsarchitekten, Berlin, Prof. Dr. Friedrich von Borries, Berlin, 2010

The aim of Berlin's green "Urban Landscape Strategy 2017–2030–2050" is not only to use green spaces to improve the quality of life in cities but also to respond to the pressing issues of a society in transition. Now it is down to concrete projects in the years to come to manifest the principles outlined in the Urban Landscape Strategy. Design: bgmr Landschaftsarchitekten, Berlin, Prof. Dr. Friedrich von Borries, Berlin, 2010

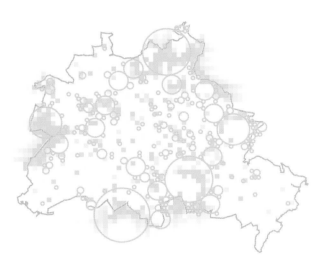

Ob Entscheidungen im Lichte der Öffentlichkeit allerdings generell qualifizierter und fachlich sicherer ausfallen, ist nicht automatisch gewährleistet. Ein Teil der kreativen Kraft der Raum- und Umweltgestaltung wird daher schon heute der Vermittlung dieser Entscheidungsvorgänge gewidmet. Zukünftig wird es nun darauf ankommen, diese Entscheidungen nicht allein zu vermitteln, sondern die Entscheidungsfindung selbst als Teil des Prozesses zu qualifizieren. Entwurf und Kommunikationsmethoden werden weiter wachsenden Ansprüchen der qualifizierten Partizipation genügen müssen.

DEUTLICHKEIT

Dass gute Landschaftsarchitektur die Komplexität ihrer räumlichen und sozialen Bezüge benötigt, dass sie städtebaulich ebenso sicher argumentieren muss wie ökologisch verantwortungsbewusst, sozial verantwortlich und ästhetisch überzeugend, ist ein unbestrittenes Qualitätsmerkmal landschaftsarchitektonischen Arbeitens.

haps appropriately qualified prime movers, to mobilise a surprisingly large body of support. Present-day communication and information channels make it possible to make knowledge, even expert knowledge, quickly available in a form so easily understandable that decision-making processes can no longer afford to ignore public opinion. Even back room information can be made public in a short space of time.

Whether decisions made in the clear light of day are generally more qualified and professionally grounded cannot automatically be assumed. At present, therefore, a part of the creative energy in designing the environment is already being given over to communicating these decision-making processes. In future it will be important not just to communicate such decisions but also to qualify the decision-making process itself as a part of the process. Design and communication methods will increasingly have to fulfil the growing expectations of qualified participants.

▲ Im Würselener Westen befindet sich im Umfeld des Wurmtals eine bewegt modellierte Kohlehalde, deren Landschaftsbild irreal erscheint. Überdimensionale „Sauriereier" spielen mit diesem Umstand und lassen die Landschaft noch fremder wirken. Gleichzeitig führen sie den Besucher. Entwurf: 3+ FREIRAUMPLANER, Norbert Kloeters, Aachen, 2008

West of Würselen, not far from the Wurmtal, a former coal mining spoil heap forms an undulating and somewhat unreal-looking landscape. Oversized "saurian's eggs" pick up this theme, heightening the strangeness of the landscape. At the same time, they serve as markers guiding visitors along the pathways. Design: 3+ FREI-RAUMPLANER, Norbert Kloeters, Aachen, 2008

▲ Durch die Neugestaltung bleiben die Qualitäten der Haldenlandschaft erhalten. Aussichtskanzeln betonen zusätzlich die Besonderheiten dieser Landschaft

Despite the new insertions, the qualities of the mining landscape are retained. Viewing points also emphasise the particularities of the landscape

Kostenbewusst unter Nutzung der am besten geeigneten Materialien, selbstbewusst und geschickt im Umgang mit der Honorarordnung und mit Verhandlungstalent ausgestattet, sucht eine weiter wachsende Zahl an Landschaftsarchitekten die besten Wege und Ideen, um Visionen des städtischen und ländlichen Lebens den Kunden näherzubringen.

Dass in dieser Situation starker interner Konkurrenz und zunehmender Anforderungen an den Berufsstand immer bessere Lösungen produziert werden, ist augenfällig. Wenn jedoch die Qualität im Durchschnitt weiter wächst, ist es immer schwieriger, die wegweisenden Arbeiten zu entwerfen – und zu erkennen. Diese Schwierigkeit ist zugleich ein Ausweis der Stärken der Landschaftsarchitektur. Zugleich gilt jedoch: Innerhalb eines immer besser qualifizierten Durchschnitts der Arbeiten der Landschaftsarchitekten ist das Herausragende, das Wegweisende gefordert, wenn man als Büro ehrgeizige Ziele verfolgt. Dies erfordert jedoch noch mehr Mut bei der Entwicklung der

CLARITY

That good landscape architecture must build on the complexity of its spatial and social context; that it can be equally convincing in terms of its urban design as its ecological credentials, social responsibility and aesthetic qualities is without doubt a sign of high-quality landscape architectural work. A growing number of self-assured landscape architects with a talent for negotiation, a knack for realising the most out of fee structures, and a cost-conscious eye for the most appropriate materials are seeking out the best ways and ideas to communicate their visions of urban and rural life to clients.

In the light of stronger internal competition and the increasing demands placed on the profession, it is no surprise to see that the resulting solutions are getting better. When, however, the average quality continues to improve, it will become increasingly difficult to design – and to recognise – truly pioneering work. This problem is simultaneously a testament to the strengths

▷ Die Außenanlagen des Besucherinformations-
zentrums Grube Messel nehmen die Schichtung der
Gesteinsstruktur des örtlichen Ölschiefers auf.
Entwurf: Keller & Damm Landschaftsarchitekten
Stadtplaner, München, 2006 bis 2010

Outdoor areas of the Messel Pit Visitor Centre
picks up the theme of layering from the mineralogical structure of the local oily shale. Design:
Keller & Damm Landschaftsarchitekten Stadtplaner, Munich, 2006 – 2010

eigenen Haltung. Auch wenn der Durchschnitt ein hohes
Niveau aufweist, bleibt dieses Niveau eben doch nur
Durchschnitt. Das Besondere ist nicht mehr im nächsten
Designkniff zu vermuten, sondern in einer konsequenten,
komplexen Haltung. Das Besondere im Allgemeinen zu
spiegeln wird überragende Landschaftsarchitektur auch in
Zukunft ausmachen.

of landscape architecture. Nevertheless, as the quality
of work produced within the profession of landscape
architecture improves overall, ambitious offices will
need to produce excellent and pioneering work to
stand out. For this, they will need to demonstrate greater courage in the elaboration of their own position.
Even when average work is already of a high quality, it
is still average. What makes work special is not the next
new design twist but a clear, consistent and yet complex approach. Elaborating what is special in the everyday will, therefore, continue to be what characterises
outstanding landscape architecture in the future.

▲ 2009 wurde in der HafenCity Hamburg die Katharinenschule neu eröffnet. Aufgrund der hohen städtebaulichen Dichte wurden Dachflächen für die Anlage von Teilbereichen des Schulhofs genutzt. Entwurf: Hunck + Lorenz Freiraumplanung, Hamburg, 2007 bis 2009

In 2009 St. Catherine's School in Hamburg's HafenCity was reopened. Due to the high urban density, parts of the school's outdoor areas have been located on the roof. Design: Hunck + Lorenz Freiraumplanung, Hamburg, 2007 – 2009

▲ Ziel der Landschaftsarchitekten war es, den Kindern trotz der beengten räumlichen Verhältnisse ein Höchstmaß an nutzbaren Flächen und qualitätsvollem Freiraum zur Verfügung zu stellen

Despite the space constraints, the landscape architects have attempted to create as much usable, high-quality outdoor space as possible for the schoolchildren

1   *Candide oder der Optimismus*, Voltaire 1759.

2   Stefan Groß: „Philosophische Aspekte der Gartenkunst am Beispiel des Wörlitzer Parks", in: *Tabula rasa, Jenenser Zeitschrift für kritisches Denken*, Ausgabe 37, Juli 2009.

3   Interview im Deutschlandradio, zitiert in *Die Welt* vom 15.3.2011.

4   Walter Siebel 2002: „Urbanität ohne Raum – Der Möglichkeitsraum", in: Kornhardt et al. (Hg.) 2002: *Mögliche*

Räume, Hamburg, S. 32 – 40. Siebel zitiert Robert Musil: *Der Mann ohne Eigenschaften*, Reinbek (Erstveröffentlichung 1930, Teil I und II, 1932, Teil III, 1952, unvollendeter Teil IV).

5   *Die Welt* vom 15.3.2011.

6   Goethe 1778 in einem Brief an Freifrau von Stein.

7   Immanuel Kant, *Beantwortung der Frage: Was ist Aufklärung?*, Berlinische Monatsschrift, 1784.

1   *Candide, ou l'Optimisme*, Voltaire, 1759.

2   Stefan Groß: "Philosophische Aspekte der Gartenkunst am Beispiel des Wörlitzer Parks", in: *Tabula rasa, Jenenser Zeitschrift für kritisches Denken*, Edition 37, July 2009.

3   In an interview on Deutschlandradio, cited in *Die Welt*, 15th March 2011.

4   Walter Siebel 2002: "Urbanität ohne Raum – Der Möglichkeitsraum" "Urbanity without space – the space of possibility", in: Kornhardt et al.

(ed.) 2002: Mögliche Räume, Hamburg, pp. 32–40. Siebel cites Robert Musil 1981: *The Man without Qualities*. New York 1995 (first published in 1930, parts I and II, 1932, part III, 1952, part IV unfinished).

5   *Die Welt*, 15th March 2011.

6   Written by Goethe in 1778 in a letter to Charlotte von Stein.

7   Wrote Kant in 1784 *An answer to the question: What is Enlightenment?* London 2009.

Einführende Worte zum Peter-Joseph-Lenné-Preis

Introductory remarks on Peter Joseph Lenné Prize

Der Peter-Joseph-Lenné-Preis des Landes Berlin blickt auf eine lange, erfolgreiche Tradition zurück. Peter Joseph Lenné war nicht nur der bedeutendste Gartengestalter seiner Zeit, als Stadtplaner und Landschaftsarchitekt verfolgte er Ziele, die noch heute zeitgemäß sind. Es ging ihm um Grün im städtischen und sozialen Kontext, die Anlage von Volksparks für Erholung, Freizeit und Begegnung und um die Ausgestaltung von Kulturlandschaften. Aufgabe des Lenné-Verfahrens ist es, diese Ziele mit den Erfordernissen und Herausforderungen unserer Zeit zu verbinden.

Bei den Lenné-Aufgaben – Garten- und Landschaftsarchitektur, städtische Grünordnung und Landschaftsplanung inklusive Naturschutz – geht es aus heutiger Sicht um hochaktuelle Themen, die sich zum Beispiel mit den Ansprüchen der modernen interkulturellen Gesellschaft wie den Herausforderungen des Klimawandels oder den Bemühungen um den Erhalt der Biodiversität auseinandersetzen.

Als Ergebnis von breiten Diskussionen zur Fortentwicklung des Verfahrens wurden mit den Partnern Anfang 2011 Kooperationsvereinbarungen abgeschlossen. Außerdem wird das Verfahren zukünftig alle zwei Jahre durchgeführt.

Mit dem Anspruch des Peter-Joseph-Lenné-Preises, die Tradition der Grünplanung mit den Aufgabenstellungen des 21. Jahrhunderts zu verbinden, wird das Wettbewerbsverfahren auf seiner neuen Grundlage noch mehr dazu beitragen, dass Berlin seine führende Position als Ort einer an Kreativität, Ökologie und Ästhetik ausgerichteten Freiraumgestaltung ausbauen kann.

von · by Ingeborg Junge-Reyer The Peter Joseph Lenné Prize awarded by the State of Berlin can look back on a long and successful tradition. Peter Joseph Lenné was not only the most important garden designer of his time but also a town planner and landscape architect who pursued aims that are as contemporary today as they were then. He also concerned himself with green spaces in urban environments, the establishment of Volksparks, people's parks for relaxation, recreation and general intermingling as well as with the design of cultural landscapes. The aim of the Lenné Competition is to unite these aims with the demands and challenges of our time.

In today's context, Lenné's tasks – garden and landscape architecture, urban green space, landscape planning and nature conservation – must address highly topical issues, for example the needs of modern intercultural society as well as the challenges of climate change or the need to maintain biodiversity.

Following broad discussions on the continuing development of the Lenné Competition, cooperation agreements were signed with the partners in early 2011. Furthermore, the competition will in future take place every two years. With the aim of applying the tradition of green planning to the tasks facing the 21st century, the Peter Joseph Lenné Prize and Competition, in its new constellation, will be able to contribute even more to helping Berlin build on its leading position as a place of creative, ecologically and aesthetically oriented landscape architecture and design.

Peter-Joseph-Lenné-Preis 2009 und 2010

Peter Joseph Lenné Prize 2009 and 2010

„Natürlich hat man sich immer fest vorgenommen, im nächsten Jahr selbst mitzumachen", erzählt Martin König aus Freising, Lenné-Preisträger im Jahr 2010. Der Peter-Joseph-Lenné-Wettbewerb, erstmals durchgeführt 1965, hat für den beruflichen Nachwuchs einen hohen Stellenwert. Es sei *der* Wettbewerb für Studierende der Landschaftsarchitektur, glaubt Nicolas Waltz aus Mörfelden-Walldorf, dessen Team 2010 eine Anerkennung erhielt. Ausgelobt vom Land Berlin, stellt der Peter-Joseph-Lenné-Wettbewerb den weltweit größten Ideenwettbewerb für Studierende und Berufsanfänger der Landschaftsarchitektur und Freiraumplanung dar. Auch Angehörige benachbarter Disziplinen sowie Planende aus dem Ausland sind zur Teilnahme eingeladen; nicht älter als 35 Jahre dürfen sie dafür sein. Der Preis ist mit rund 12.000 Euro dotiert, verteilt auf drei Aufgaben in unterschiedlichen Maßstabsebenen. Aufgabe A repräsentiert dabei den objektplanerischen Teil, während Aufgabe B stadtteilübergreifend angelegt ist und Aufgabe C die regionalplanerische Perspektive vertritt. Ein Fachausschuss betreut das Wettbewerbsverfahren. Vertreten sind darin die Landschaftsarchitektur-Fakultät der Technischen Universität Berlin, die Akademie der Künste, die Karl-Foerster-Stiftung, der Bund Deutscher Landschaftsarchitekten bdla sowie die Landschaftsarchitektur-Fakultät der Beuth Hochschule Berlin. Die Preisvergabe obliegt einer unabhängigen Jury. Neben Lenné-Preisen kann sie auch Anerkennungen der Karl-Foerster-Stiftung vergeben und damit besondere Leistungen in der Pflanzenverwendung würdigen. Hierfür steht eine weitere Summe von 1.500 Euro bereit.

von · by Constanze Petrow "We had, of course, always told ourselves we would take part next year", recounts Martin König from Freising, winner of the Lenné Prize in 2010. The Peter Joseph Lenné Competition, first held in 1965, is highly regarded by young professionals in the field. According to Nicolas Waltz from Mörfelden-Walldorf, whose team won a commendation in 2010, it is *the* competition for landscape architecture students. Awarded by the State of Berlin, the Peter Joseph Lenné Competition is the world's biggest ideas competition for students and young professionals in the field of landscape architecture and the design of outdoor spaces. The competition is also open to related disciplines as well as participants from abroad; entrants should be no older than 35 years of age. The prize money totals 12,000 Euro and is awarded for design assignements at three different scales: Category A for small scale landscape architecture designs, Category B for urban-scale planning and Category C for planning at regional scale. The competition is supervised by a commission including representatives from the faculties of landscape architecture at Berlin's universities, the Berlin Academy of Arts, the Karl Foerster Foundation, the Federation of German Landscape Architects (Bund Deutscher Landschaftsarchitekten or "bdla") and the department of landscape architecture of the Beuth University of Applied Sciences. The prizes themselves are awarded by an independent jury. In addition to the Lenné prizes, the jury may also award Karl Foerster Commendations that recognise outstanding work with plants, and for which an additional sum of 1,500 Euro is available.

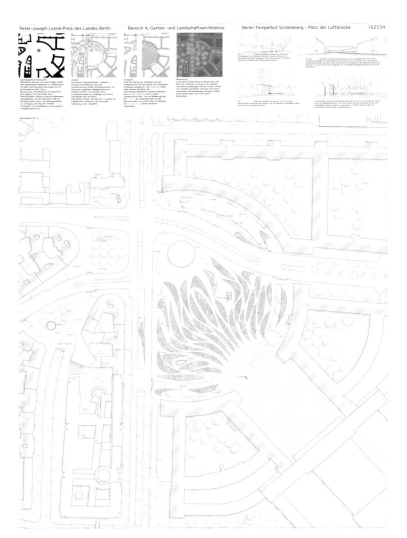

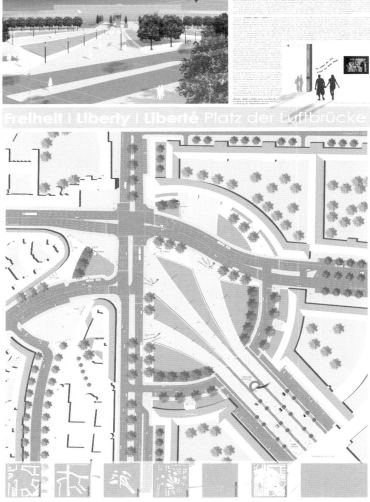

LEIDENSCHAFT WECKEN, BEGEISTERUNG FÖRDERN

Die Ergebnisse des Wettbewerbs sind ein Echo auf Ausbildungsinhalte und Berufskultur der Landschaftsarchitekten, dem es lohnt nachzugehen. Zunächst soll jedoch versucht werden, der Bedeutung des längst zur Institution gewordenen Lenné-Wettbewerbs für den Einzelnen wie für die Profession auf die Spur zu kommen. Dazu dient ein genauerer Blick auf die Erwartungen, die an eine Teilnahme geknüpft sind. Was motiviert junge Landschaftsarchitekten mitzumachen, und wie beurteilen sie – waren sie erst einmal erfolgreich – den Wert dieser Erfahrung?

Es ist, so zeigt sich, nicht vorrangig die Aussicht auf den Preis, die den Wettbewerb attraktiv macht. Für Tobias Dobratz und Florian Depenbrock aus Hannover, Preisträger im Jahr 2010 für die Aufgabe A, war die Triebfeder zur Teilnahme der Spaß am Entwerfen. Eine weitere Rolle spielten

CULTIVATING PASSION AND ENTHUSIASM

The results of the competition reflect current issues in the education and professional culture of landscape architects, which are worth exploring here further. First, however, we shall attempt to identify the value of the now well-established Lenné Competition for the individual participant as well as for the profession as a whole. For this we need to take a closer look at the expectations of those participating. What motivates young landscape architects to take part and, if they were successful, how do they rate the value of this experience?

Winning alone, it seems, is not the primary motivation for taking part in the competition. For Tobias Dobratz and Florian Depenbrock from Hanover, who were prizewinners in Category A in 2010, the main driv-

der gute Ruf des Wettbewerbs bei Studierenden und Lehrenden sowie die Möglichkeit, zwischen mehreren Themen wählen zu können. Herausfordernd sei zudem die selbstständige Beschäftigung mit einer Entwurfsaufgabe und ihre Reflexion ohne die Unterstützung Betreuender. Auch Johann Laudan aus Dresden, der 2010 für seine Arbeit im Bereich B eine Anerkennung erhielt, reizte die Gelegenheit, eine interessante Aufgabe selbstständig bearbeiten zu können: „Sicherlich denkt man mal daran, was für ein großes Ding es wäre, einen der Preise zu gewinnen, aber zunächst ist das erst einmal weit weg." Wesentlich sei die Qualität der Aufgabenstellung, sagt Andreas Boden aus Freising, Preisträger für die Aufgabe B im Jahr 2010, und mit ihr das Versprechen tatsächlichen Handlungsbedarfs. Diese „Möglichkeit, Stadtraum unter realen Rahmenbedingungen zu entwerfen", motivierte auch Martin König, während Tobias Dobratz und Florian Depenbrock es schätzten, sich mit einem Planungsgebiet im Ausland zu beschäftigen. Mit der landschaftsarchitektonischen Gestaltung des südöstlichen Entrees der Stadt Mailand wählten sie eine Aufgabe, die die Thematik der Zwischenstadt in einem anderen kulturellen Kontext zur Diskussion stellte. Und selbst der Ort einer Wettbewerbsaufgabe kann den Ausschlag zum Mitmachen geben. Antonello Scopacasa, für seinen Beitrag im Jahr 2009 mit einer lobenden Erwähnung bedacht, war fasziniert vom Platz der Luftbrücke. Dieser wird gerahmt vom Empfangsgebäude des seit

ing force was their enthusiasm for designing. A further reason is the good reputation the competition has among both students and teachers as well as the possibility to choose between different topics. For many students, it offers the challenge of working on a design project on their own without support from external supervisors. Johann Laudan from Dresden, who received a commendation for his work in Category B in 2010, was likewise attracted by the chance to tackle an interesting project on his own: "Yes, of course you think how great it would be to win a prize, but to begin with that feels a long way away." For Andreas Boden from Freising, a prizewinner in Category B in 2010, it is the quality of the project brief, and the fact that it represents an actual need, that is most attractive. The "possibility to design urban spaces under real conditions" was likewise the motivation for Martin König, while Tobias Dobratz and Florian Depenbrock enjoyed the opportunity to address a planning problem in another country. For them the landscape design of the southeast approach to the city of Milan allowed them to examine and discuss the issue of *Zwischenstadt* within another cultural context. Even the location of a design task can be a reason for taking part: Antonello Scopacasa, who received an honourable mention for his project in 2009, was fascinated by the Platz der Luftbrücke, which is framed by the entrance buildings of the airport at

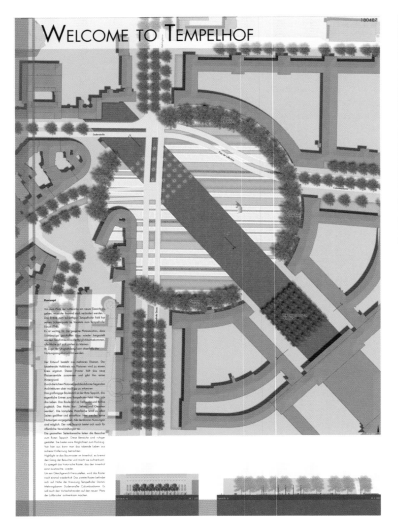

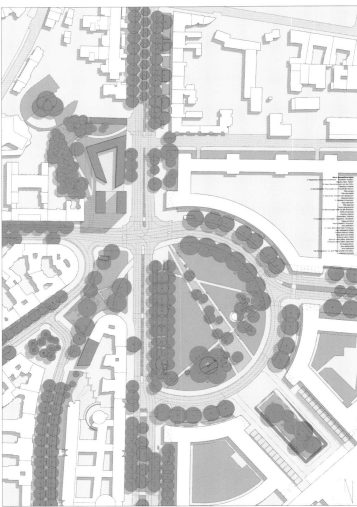

drei Jahren stillgelegten Flughafens Berlin-Tempelhof, einem Monumentalbau aus der Nazi-Zeit. Gefordert war eine Gesamtkonzeption, die den Platz als Eingang für das künftige Quartier auf dem Flughafengelände ausformuliert – keine Gartengestaltung, sondern „urbanes Entwerfen", wie der junge Architekt und Landschaftsplaner aus Berlin lobt.

EINLADUNG ZUR SELBSTVERORTUNG

Zunächst sind es also seine Aufgaben, die den Lenné-Wettbewerb attraktiv erscheinen lassen, gebunden an ein Vertrauen auf ihre hohe gesellschaftliche Relevanz und ein öffentliches Interesse für das zu Bearbeitende. Dass die Entwürfe eigenständig erstellt werden müssen – und dies für viele der Teilnehmer zum ersten Mal –, ist ein Angebot

Berlin-Tempelhof, a monumental building dating back to the Nazi era that was closed three years ago. The project brief called for a new master plan that reformulates the square as an entrance to a new quarter on the site of the airport – the task here is not to design a garden but the urban realm, as the young architect and landscape architect from Berlin remarks approvingly.

AN INVITATION TO MEASURE ONESELF

The primary attraction of the Lenné Competition is, it seems, the design tasks, coupled with a sense of real societal relevance and public interest in the results. In addition, the fact that the project designs must be produced independently – and for many participants this is the first time without supervision –, provides an op-

zur Selbstvergewisserung und Selbstverortung. „Ein Test an uns: Was haben wir bis jetzt gelernt? Was können wir davon anwenden, und wie können wir uns ausdrücken und behaupten?", schildert Heike Kluge aus Freising ihre Moti-vation. Mit ihrem Team gewann sie den Lenné-Preis im Jahr 2010 für den Aufgabenteil B. Die Erfahrung des Ar-beitsflusses in der Gruppe, von der Ideenfindung bis hin zur Ausarbeitung von Visionen, sei für alle wichtig gewe-sen. Und natürlich entwickle sich auch ein gewisser Reiz, sich mit der großen Konkurrenz zu messen, erinnert sich Silvio Spieler aus Speicher, Preisträger für die Aufgabe A im Jahr 2009.

Aber es ist noch mehr als die Möglichkeit des Austes-tens der eigenen Leistung. „Den hauptsächlichen Wert des Preises sehe ich für mich in der persönlichen Erfahrung, die ich durch den Wettbewerb gemacht habe. Ich würde den Wert ähnlich einstufen, wenn wir nicht gewonnen hät-ten", sagt Luc Walter Knödler aus Freising, der für seinen Beitrag zur Aufgabe A im Jahr 2010 eine Anerkennung erhielt. Der Preis stärkt das Selbstwertgefühl, und zu-gleich markiert er den Punkt, an dem man als Entwerfer erkennbar wird. Er sei ein Qualitätsmerkmal, meint Nico-las Waltz, das in Bewährungssituationen viele Fragen im Vorfeld beantworte: Der Preis stehe für entwerferische Qualität, Engagement und eine aktuelle Haltung.

EIN PREIS, VIELE GEWINNE(R)

Der Lenné-Wettbewerb wird von den Teilnehmenden also als eine Mischung aus sehr unterschiedlichen Anreizen und Erfahrungsangeboten wahrgenommen. Sie liegen in

portunity to test their skills and find out what they are capable of. Heike Kluge from Freising describes this as "a test of ourselves: what have we learned up to now? How can we apply this and how can we express and assert ourselves?" Together with her team, she won the Lenné Prize in 2010 for Category B. The experience of the work process within the group, from exploring ideas to working up visions, was important for every-one. And then, of course, there is a certain appeal in measuring oneself against the wider competition, re-calls Silvio Spieler from Speicher, a prizewinner in Category A in 2009.

But more than that, it is about testing one's own abil-ities. "What I most value about the prize is the experi-ence I gained through doing it. That would be no differ-ent had we not won a prize," recalls Luc Walter Knödler from Freising, who received a commendation for his project in Category A in 2010. The prize strengthens one's self-esteem while simultaneously marking a point at which one is recognised as a designer. Nicolas Waltz describes it as a mark of quality that clarifies many questions from the outset in situations where one is called on to prove oneself: the prize stands for design quality, commitment and a contemporary outlook.

ONE PRIZE, MANY BENEFITS, MANY WINNERS

The participants, therefore, perceive the Lenné Compe-tition as a mixture of quite different incentives and op-portunities to gain experience. These can be attributed to its high profile and good image as well as the rel-

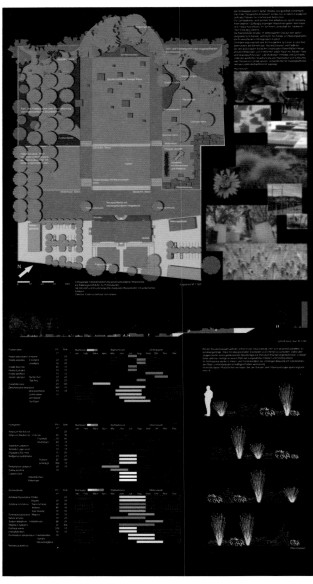

seinem hohen Bekanntheitsgrad und guten Image ebenso wie in der Aktualität der Themen, in seiner internationalen Ausrichtung ebenso wie in der gebotenen Chance zur eigenständigen Bearbeitung einer Fragestellung und der damit verbundenen Möglichkeit zur Selbstverortung und Bewährung. Für die Profession der Landschaftsarchitekten leistet er damit Wichtiges. Auf dem Weg vom Studienanfänger zum Landschaftsarchitekten stellt er ein Angebot dar, das die Ausbildung an den Hochschulen ergänzt und auch nur außerhalb von diesen stattfinden kann. Für viele ist die Teilnahme gerade der erste Schritt aus Uni

evance of the issues it addresses, its international perspective and not least the opportunity it presents to independently develop solutions to problems and with it to measure and prove one's own abilities. For the profession of landscape architecture, it is likewise of importance. On the path from first-year student to professional landscape architect, it complements university courses in that it takes place outside of the academic realm. For many participants it represents a first step outside the framework of university or college: a step away from established routines and student project

◀ Peter-Joseph-Lenné-Preis, Bereich B, 2009: Der Entwurf für den Schlossgarten in Trippstadt interpretiert Organisationsprinzipien eines Barockgartens und integriert vorhandene Entwicklungsgeschichten. Das übergeordnete Gestaltungskonzept folgt der Analogie des Apfelmännchens: ein mathematisches Gleichungssystem, das eine Menge in komplexer Dynamik abbildet und zugleich Fraktale, kleinere Gebilde, formt. Das neue Ordnungssystem schafft ein gleichwertiges Ensemble aus Garten und Baudenkmal. Entwurf: Johannes Rolfes, Kassel

Peter Joseph Lenné Prize, Category B, 2009: The design for the castle garden in Trippstadt reinterprets the organisational principles of a baroque garden while incorporating existing historical developments. The overarching design concept employs the analogy of a Mandelbrot set: a mathematical system that depicts a mass of points in complex dynamism while simultaneously forming smaller fractal constellations. The new ordering system creates an equal balance between the garden and the historical monument. Design: Johannes Rolfes, Kassel

◀ Peter-Joseph-Lenné-Anerkennung und Karl-Foerster-Anerkennung, Bereich B, 2009: Der Entwurf teilt den Schlossgarten in Trippstadt mittels auffälliger Betonquader in Erlebnisräume. Mit moderner Zeichensprache erhält das Areal eine neue Definition und Aufenthaltsqualität. Der Landschaftsraum wird durch die Pendelbewegungen der Blocksteinführung in den Kontext von Schlossgarten und Karlstal eingebunden. Entwurf: Markus Kraft, Saalfeld

Peter Joseph Lenné Award and Karl Foerster Award, Category B, 2009: The design divides the castle garden in Trippstadt into different areas of activity through the insertion of constellations of rectangular concrete blocks. This modern language of signs lends the site a new definition and creates areas of different qualities. The positioning of the blocks sets up oscillating movements that integrate the wider landscape in the context of the castle garden and the Karlstal valley. Design: Markus Kraft, Saalfeld

oder Fachhochschule heraus: aus den bekannten Routinen und dem Duktus der Aufgabenstellungen, den Wertmaßstäben und dem Niveau der Darstellung, dem konzeptionellen Anspruch und geforderten Durcharbeitungsgrad. Neu ist nicht zuletzt die Publizität. Die erstmalige Teilnahme an einem Wettbewerb in eigener Autorschaft ist damit ein entscheidender Baustein in der Berufssozialisation, und gerade für die Ehrgeizigeren ist diese Chance zur eigenen Weiterentwicklung unverzichtbar. Dreierlei dürfte alle Teilnehmenden vereinen: die Lust am Entwerfen, der Mut, den vertrauten Rahmen bisheriger Entwurfsarbeit zu verlassen, und der Spaß am Kräftemessen.

HERAUSFORDERND: ENTWERFEN IM REGIONALEN MASSSTAB

All dies hätte vor 15 oder 25 Jahren genauso oder ähnlich gegolten – eine Kontinuität, die der Identität einer gestalterischen Disziplin entspringt und diese festigt. Was aber ist neu? Oder was, vielmehr, sollte neu sein, sollte sich wandeln angesichts veränderter gesellschaftlicher Rahmenbedingungen, planerischer Herausforderungen und studienorganisatorischer Zwänge?

Handlungsbedarf signalisiert zunächst das Verhältnis zwischen den jeweils für die drei Aufgaben eingereichten Entwürfen. Unter insgesamt 59 Arbeiten im Jahr 2009 wurde 49 Mal die Aufgabe A gewählt. 2010 standen den Aufgaben A und B, die ein vergleichbar starkes Gewicht auf das Konzeptionelle wie das Gestalterische legten, mit zusammen 43 Beiträgen nur sechs Einreichungen für den Bereich C gegenüber. Je größer der Maßstab, desto be-

briefs, away from academic values and expectations concerning quality of presentation, conceptual reasoning and depth of elaboration. A new aspect is not least the public nature of a competition. To take part in it for the first time in one's own right is a decisive step forward into the professional arena, and for the more ambitious an opportunity for development that is not to be missed. All participants should share three things: a passion for designing, the courage to progress beyond the comfort zone of past design work, and a desire to measure oneself against others.

CHALLENGING: DESIGNING AT A REGIONAL SCALE

All of the above would have applied equally, or at least similarly, 15 or indeed 25 years ago – a sense of continuity that originates from the self-conception of the design discipline and also reinforces it. But what is new? Or rather, what should be different, what needs to change in response to transformations within society, as well as in the face of new planning challenges and constraints of study programmes?

A first indication of the need for action can be seen in the ratio of designs entered in the three different categories. Of the 59 designs entered in 2009, 49 chose Category A. In 2010 categories A and B, which place a similarly strong emphasis on conceptual and design aspects, attracted 43 entries compared with six submissions for Category C. The larger the scale the more popular the project – this too represents a further continuity of the Lenné Competition. It is perhaps the com-

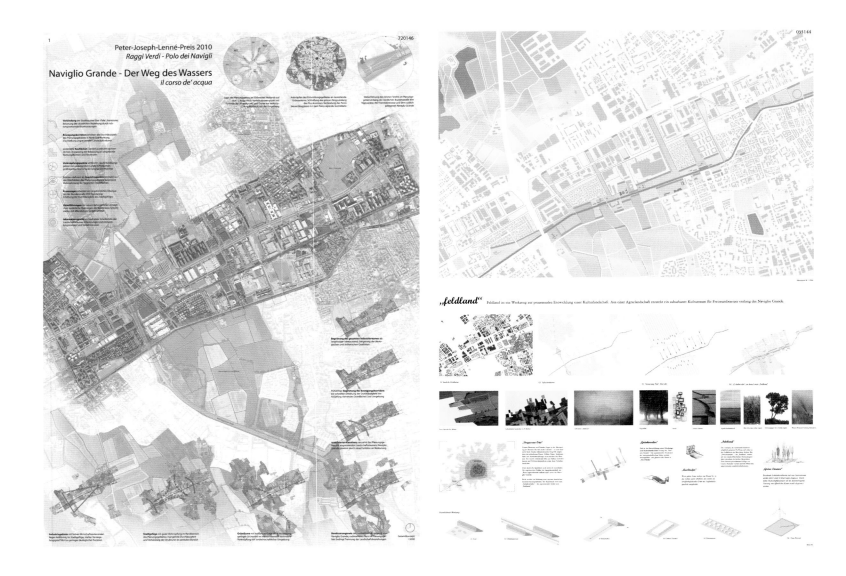

Peter-Joseph-Lenné-Preis 2010
Raggi Verdi - Polo dei Navigli

Naviglio Grande – Der Weg des Wassers
il corso de' acqua

„feldland"

liebter die Aufgabe – auch dies gehört zu den Kontinuitäten des Lenné-Wettbewerbs. Es mag die Kompaktheit und dezidierte Gestaltungsorientierung objektplanerischer Aufgaben sein, die ihnen diesen Zuspruch garantieren. So bezeichnete Markus Kohlke aus Berlin, der für seinen Beitrag im Jahr 2009 eine Anerkennung erhielt, den Platz der Luftbrücke als „sehr schöne und überschaubare" Entwurfsaufgabe. Zugleich reflektiert eine solche Haltung eine Berufskultur, bei der man sich bislang vorrangig im Maßstab der Objektplanung in Wettbewerben misst. Das Arbeiten im überörtlichen oder regionalen Maßstab krankt am Image des mühsam Komplexen, vor allem wohl aber am Mythos des Unkreativen. Die Berufspraxis aber zeigt: Die Relevanz und Attraktivität strategisch orientierter Aufgaben steigen, wobei Lösungsvorschläge immer auch auf

pactness and strong design orientation of smaller-scale landscape architecture projects that guarantee their popularity. Markus Kohlke from Berlin, who was awarded a commendation for his entry in 2009, described the brief for the Platz der Luftbrücke as "a nice and manageable" design project. At the same time this attitude reflects the tradition within the profession to hold competitions primarily at the scale of design projects. Work at a municipal or regional scale suffers from the image of being laborious and complex, and the myth of not requiring creativity. Professional practice, however, shows that the relevance and attraction of strategically oriented design tasks is increasing, although the resulting solutions are always broken down to the scale of concrete locations. High quality design is taken for

den konkreten Ort heruntergebrochen werden. Ein hohes gestalterisches Niveau wird dabei schlicht vorausgesetzt; gutes Design als Alleinzweck hat sich dagegen erschöpft.

Die Wettbewerbsergebnisse spiegeln diesen Wandel noch nicht wider. Nicht nur die Anzahl der Beiträge für Aufgabe C im Jahr 2010, auch deren Qualität blieben hinter den Einreichungen für die Bereiche A und B zurück. Zu entwickeln war ein Konzept für die „Blauen Landschaften" im Regionalpark Rhein-Neckar. Gestärkt werden sollte die räumliche Identität der Flusslandschaften zwischen Speyer, Heidelberg und Worms, unter Berücksichtigung ökologischer Funktionen wie der Ansprüche von Siedlungsentwicklung und Erholungsnutzung gleichermaßen. Statt eines Preises vergab die Jury hier nur Anerkennungen. Für Nicolas Waltz, einen der Entwurfsverfasser, bleibt damit „eine innere Unzufriedenheit mit der nur teilweisen Lösung der Wettbewerbsaufgabe". Doch das Defizit ist schwerlich den Teilnehmern anzulasten, vielmehr zeigt es Handlungsbedarf in der Ausbildung und einen Mangel an Vorbildern. „Das Entwerfen im regionalen Landschaftsmaßstab", so konstatierte die Jury, „findet als eine der zentralen Aufgaben der Landschaftsarchitektur bisher noch zu wenig Aufmerksamkeit." Entsprechend sollten sich künftig auch mehr Teilnehmer an die Aufgabe C des Lenné-Wettbewerbs heranwagen.

VISIONEN FÜR DAS ZUSAMMENLEBEN IN STÄDTEN

Während sich das kreative Potenzial einer Maßstabserweiterung und -verknüpfung noch nicht in den eingereichten Arbeiten abbildet, reflektieren diese die stattgefundene

granted; the days of good design as an end in itself are now over.

The competition results do not yet reflect this shift in perspective. Not only the number of design submissions in 2010 for Category C fell far behind those of Categories A and B but also the quality of the entries. The brief called for a concept for the "Blue Landscapes" in the Rhine-Neckar Regional Park. The aim was to strengthen the regional identity of the river landscapes between Speyer, Heidelberg and Worms taking into account ecological functions as well as the requirement for settlement development and recreational use. Instead of a prize, the jury only awarded commendations in this category. For Nicolas Waltz, one of the designers, what remains is "an inner dissatisfaction with the partial resolution of the design task". This deficit, however, should not be attributed to the participants. Rather it shows the need for action in education and a lack of appropriate reference projects. The jury notes that "designing at the scale of a regional landscape, although a central aspect of landscape architecture, is not accorded enough attention". In future, more participants should venture to tackle Category C of the Lenné Competition.

VISIONS FOR LIVING TOGETHER IN CITIES

While the creative potential of working at a larger scale and interlinking scales is not yet reflected in the submitted projects, they do represent the broader range of tasks in the field of open space planning in an almost

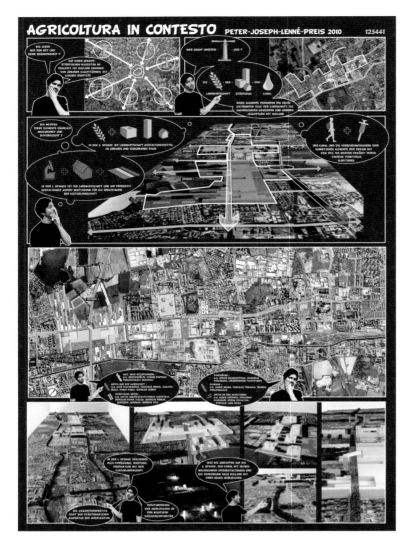

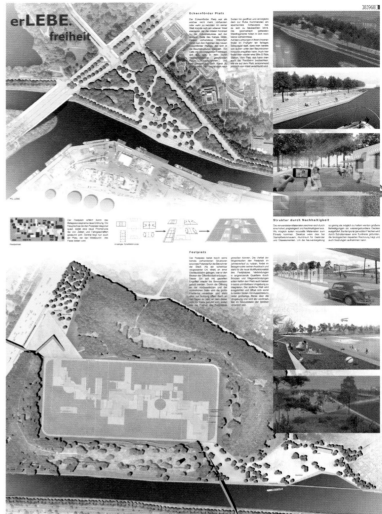

Vergrößerung des Themenspektrums in der städtischen Freiraumplanung beinahe mustergültig. Die Gewinner für den Aufgabenbereich A im Jahr 2010, diesmal recht untypisch befasst mit jener Neustrukturierung eines ganzen Stadtteils in Mailand, punkteten mit ihren Interpretationen von Ort und Aufgabe als grüner Infrastruktur, Urban Pioneering und urbaner Landwirtschaft. Eine verstärkte Ausrichtung auf das Programmatische hat sich auf einer mittleren Maßstabsebene mithin etabliert. Entwicklungsfähig ist diese Tendenz jedoch nicht nur auf der Ebene des regionalen Entwerfens, sondern auch der Objektplanung. Nach wie vor wird hier weniger von der Nutzung als vom Formalen her argumentiert; die Symbolik steht bei einem Großteil der Entwurfsbegründungen im Mittelpunkt. Viel zu selten findet man dagegen Reflexionen über die Ansprüche einer sich zunehmend ausdifferenzierenden Ge-

exemplary manner. The winners of Category A in 2010, this time rather unusually concerned with the restructuring of an entire quarter in Milan, scored points by interpretating the place and its function as green infrastructure, urban pioneering and urban agriculture. At this intermediate scale, a stronger focus on programmatic aspects can be observed. Further development of this perspective is needed, however, at the level of regional design as well as at a local scale. Design reasoning still places insufficient emphasis on use compared to formal aspects; symbolism forms the conceptual basis of the majority of projects. Only rarely do project designs reflect on the needs of an increasingly diversified society and accommodate a broad variety of uses. But the quality of a design should be measured not only in terms of its proposed aesthetic features – which,

sellschaft und die Ermöglichung von (möglichst vielen) Nutzungen durch eine Gestaltung. Die Güte eines Entwurfs bemisst sich aber nicht nur an den vorgeschlagenen ästhetischen Qualitäten, über die sich zumal trefflich streiten lässt, sondern ebenso an seiner Idee vom Ort als sozialem Raum. Eine Stellschraube könnte hier bereits die Wettbewerbsausschreibung sein, die eine eigenständige, originelle und anspruchsvolle programmatische Aussage der Forderung nach ästhetisch-räumlichen Qualitäten gleichstellen sollte. Täte sie dies, dann könnte endlich auch eine Auseinandersetzung mit dem überstrapazierten Begriff „identitätsstiftend" beginnen, jener Worthülse, die sich unvermeidlich auch in den Entwurfserläuterungen der Nachwuchsplaner findet. Identitätsstiftend, so wird angenommen, sei fast immer etwas Formales – zumeist das starke Bild. Eine Prämisse, die weder den Ergebnissen der Forschung – etwa von William Whyte, Mark Francis oder Catharine Ward Thompson – standhält noch dem Geist einer Partizipationsgesellschaft angemessen erscheint. Möglichkeiten der Mitsprache ebenso wie Möglichkeiten der Aneignung, welche über eine bloße Nutzung klar hinausgeht, sollten das einprägsame, durch den Landschaftsarchitekten geschaffene Bild ergänzen.

WOFÜR STEHST DU?

Und führt man diese Debatte erst einmal, dann ist man schon mittendrin in der Reflexion über die Wertvorstellungen und Haltungen, die einer Arbeit zugrunde liegen. Die Teilnehmer taten sich schwer damit, diese zu artikulieren.

after all, can be debated at length –, but also in terms of the idea of a place as a social space. This could be improved in future by according original and high-quality programmatic aspects equal importance alongside the need for aesthetic and spatial qualities in the competition brief. If this were the case, one could finally begin to challenge the (in the German context) rather overused and hollow phrase "engendering identity" which is inevitably to be found in the young planners' design descriptions. Engendering identity is almost always assumed to be the product of something formal – usually a strong image. This premise is neither corroborated by research – for example in the work of William Whyte, Mark Francis or Catharine Ward Thompson – nor is appropriate to the spirit of a participative society. Alongside the memorable image of a place created by the landscape architect, designs need to accommodate opportunities for participation as well as for appropriating places in ways that clearly go beyond merely using them.

WHAT DO YOU STAND FOR?

Now that we have embarked on this debate, we find ourselves in the midst of reflecting on the values and standpoints that underlie the designs. Many participants had difficulty articulating these. Johannes Rolfes from Kassel, who won the Lenné Prize in 2009 for his proposal for the redesign of the Schlossgarten and Karlstal in Trippstadt, regards the Lenné Competition

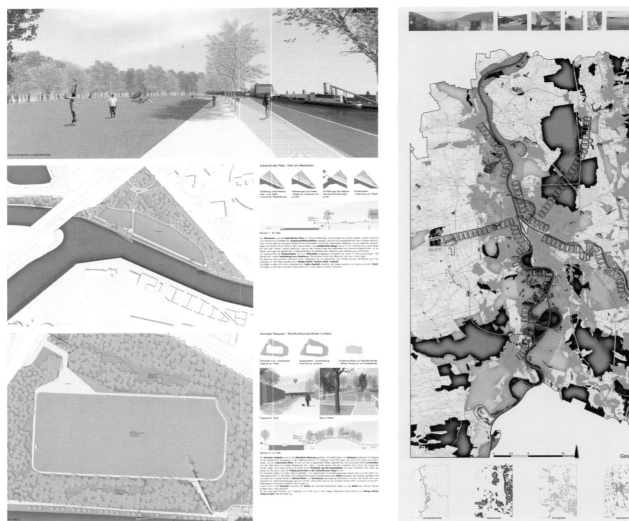

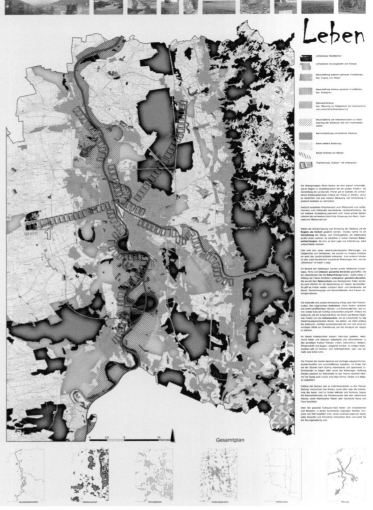

Johannes Rolfes aus Kassel, der 2009 den Lenné-Preis für seinen Vorschlag zur Umgestaltung des Schlossgartens und des Karlstals in Trippstadt erhielt, sieht im Lenné-Wettbewerb „eine einmalige Chance, sein individuelles Profil zu schärfen. Insbesondere durch seinen Charakter als Ideenwettbewerb bietet er die Möglichkeit, seine eigene Haltung zu hinterfragen und neu auszuformulieren." Doch worin genau besteht diese? „Was meine Haltung und ihre Ablesbarkeit im Entwurf angeht", sagt Johann Laudan, „kann ich wohl keine zufriedenstellende Antwort geben. Ich könnte jedenfalls nicht sagen, dass ich bei meiner Arbeit bewusst eine Haltung eingebaut hätte." Andere haben genauere Vorstellungen: „Freiraumplanung in der heutigen Zeit soll es sich zur Aufgabe machen, Stadt lebendiger und lebenswerter zu gestalten – pure Fassade zu erzeugen und Unebenheiten glattzubügeln, lehne ich ab. Die Stadt und ihre Bewohner brauchen Ecken und Kanten,

as a "unique chance to sharpen one's profile. Through its character as an ideas competition, it offers the opportunity to question and explore one's own position." But what exactly does this consist of? Johann Laudan notes that, "with regard to my standpoint and its manifestation in the design, I cannot really give a clear answer. I can't claim to have incorporated a particular position in my work." Others, however, have a clearer idea: Martin König concludes that "the design of open spaces in the present day should aim to make cities more vital and liveable – papering over the cracks with façades and smoothing over irregularities is not the right way. The city and its residents need rough edges, they need ugliness and unvarnished reality."

The difficulty of positing a standpoint through one's own design is the result of a lack of "schooling in concrete reflection"[1]. In studies this process would only

◀ Peter-Joseph-Lenné-Anerkennung, Bereich B, 2010: Entlang der Uferkante zwischen dem Berliner Hauptbahnhof und dem Flughafen Tegel werden unterschiedliche Interventionen gebündelt und die Uferpromenade mit den Freiräumen der Umgebung vernetzt. Das Pflanzkonzept betont die drei eigenständigen Abschnitte des Entwurfsgebiets. Entwurf: Johann Laudan, Dresden

Peter Joseph Lenné Award, Category B, 2010: The design proposes a structure for a series of different interventions along the canalside route between Berlin's main railway station and Tegel airport. The canal promenade is linked to open spaces in the surroundings while the planting concept emphasises the three individual sections of the project site. Design: Johann Laudan, Dresden

◀ Peter-Joseph-Lenné-Anerkennung, Bereich C, 2010: Der Entwurf für die Metropolregion Rhein-Neckar baut auf einer differenzierten Flächennutzungsanalyse auf. Aus den Stärken der verschiedenen Teilräume wurden unterschiedliche thematische Routen abgeleitet, die als zukünftige Entwicklungsachsen fungieren können. Entwurf: Katharina Imgenberg, Hamm, Regina Raulf, Nandlstadt

Peter Joseph Lenné Award, Category C, 2010: The design for the metropolitan Rhine-Neckar region is based on a sophisticated analysis of land utilisation. By identifying the respective strengths of different sections, different thematic routes are developed that can serve in future as axes of development. Design: Katharina Imgenberg, Hamm, Regina Raulf, Nandlstadt

brauchen Hässlichkeit und ungeschminkte Realität", stellt Martin König fest.

Die Schwierigkeit, den eigenen Entwurf zu verorten, ist Folge des weitgehenden Fehlens einer „Schulung in konkreter Reflexion"[1]. Dabei ginge es in der Ausbildung *nach* dem Entwerfen erst richtig los: mit der Suche nach dem, was einem Einzelbeispiel an Weltbild zugrunde liegt[2]. Die Entwicklung eines Bewusstseins für die in die Entwürfe eingebauten Wertvorstellungen könnte durch offenere Aufgaben im Lenné-Wettbewerb befördert werden. Obwohl ein Nachwuchs- und Ideenwettbewerb, waren Aufgabenstellungen wie Beiträge der Jahre 2009 und 2010 sehr realitätsnah und umsetzungsorientiert angelegt. Luc Walter Knödler schlägt vor, in Anlehnung an die visionären Ideen Peter Joseph Lennés für Berlin und Potsdam eine der drei Aufgaben einer grundsätzlicheren Auseinandersetzung mit Themen, Orten und Fragestellungen vorzubehalten.

VERNACHLÄSSIGT: PFLANZENKENNTNISSE

Der Wettbewerb, meint Christoph Richter, angehender Architekt aus Dresden und Gewinner des Lenné-Preises für die Aufgabe A im Jahr 2010, oszilliere unentschlossen zwischen konventioneller Landschaftsplanung und wirklichem Ideenwettbewerb: „Fordert er nun Studierende auf, wirklich mal über die Grenzen hinwegzuschauen? Oder will er dann am Ende doch seine Pflanzenverwendung unterbekommen?" Lenné hätte darin keinen Widerspruch gesehen, und doch lässt sich fragen, ob Kompetenz in der Pflanzen-

begin *after* designing: with the search for a view of the world that underlies a specific example[2]. In the Lenné Competition, more open-ended project briefs could help stimulate the development of a consciousness for the values transported through the designs. Despite the fact that it is an ideas competition aimed at young professionals both the project briefs as well as the submissions in 2009 and 2010 were very realistic and geared towards implementation. Inspired by Peter Joseph Lenné's visionary ideas for Berlin and Potsdam, Luc Walter Knödler proposes that one of the three project briefs be reserved for a more fundamental exploration of topics, places and issues.

NEGLECTED: THE KNOWLEDGE OF PLANTS

According to Christoph Richter, an aspiring architect from Dresden and winner of the Lenné Prize for Category A in 2010, the competition wavers undecidedly between conventional landscape planning and a true ideas competition: "Does it really want students to push forward the boundaries? Or is it ultimately about designing how plants are used?" While Lenné would not have seen a contradiction in this, it does pose the question as to whether competence in the use of plants is today just one of many necessary qualifications. And indeed, the awarding of the prizes confirms this broader self-conception of the discipline: the prizewinning design in 2010 did not excel through its composition of

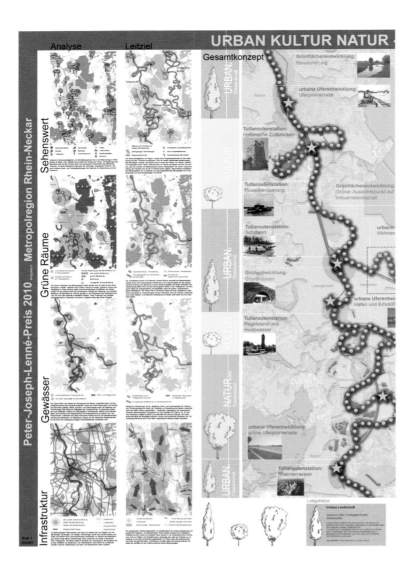

verwendung heute nur noch eine notwendige Qualifikation unter vielen ist. Mit der Preisvergabe wurde dieses breitere disziplinäre Verständnis bestätigt – die Siegerentwürfe des Jahres 2010 glänzten gerade nicht durch ihre Pflanzenkomposition. Arbeiten mit einem starken Gewicht auf der Pflanze wiesen wiederum gravierende konzeptionelle und räumlich-gestalterische Schwächen auf, urteilte die Jury und vergab deshalb keine Karl-Foerster-Anerkennung. Sie appellierte an Ausbildung und Praxis, die Entwicklung von Vegetationskonzepten nicht losgelöst von der konzeptionellen Ebene zu betrachten. Damit folgt sie einem Berufsverständnis, das den souveränen Umgang mit Pflanzen nach wie vor zu den Kernkompetenzen eines Landschaftsarchitekten zählt – einem seiner wichtigsten Pfründe im Verhältnis zu den Architekten.

WETTSTREIT DER HOCHSCHULEN
Brachliegende Potenziale birgt schließlich auch der Wettbewerb selbst, nämlich als Forum des kollektiven Kräfte-

plants. On the contrary, according to the jury, those projects with a stronger focus on plant use exhibited grave design weaknesses, both conceptually and spatially, so much so that they decided not to award a Karl Foerster Commendation. Calling on the realms of both education and practice, the jury argued that the development of concepts for vegetation should not be considered independently of the conceptual level. With this, they reiterate a self-conception of the profession in which a good command of the handling of plants is seen as one of the core competences of a landscape architect – one of the most important aspects that differentiates them from architects.

A CONTEST BETWEEN UNIVERSITIES
Last but not least, the competition itself bears hidden potential as a forum for a collective trial of strength. In response to the compact teaching schedule of bachelor studies, which leaves little room for other activities, the

messens. Als Antwort auf die kompakten Lehrpläne der Bachelorstudiengänge, die kaum Spielraum für weitere Aktivitäten lassen, könnte die Bearbeitungszeit des Wettbewerbs auf das Semester konzentriert oder direkt in die vorlesungsfreie Zeit gelegt werden. Statt jedoch mancherorts als Entwurfsprojekt zu fungieren – welch eine Verführung für die Lehrenden angesichts der perfekt aufbereiteten Unterlagen –, sollte er generell unbetreut sein. Das Angebot, eine Aufgabe eigenständig zu bearbeiten, ist eine der Säulen, die diesen Nachwuchswettbewerb tragen, und auch nur so ist ein faires Ringen möglich. Ähnlich der Anerkennung von Studienleistungen aus dem Ausland könnte er aber einem Semesterentwurf gleichgestellt werden. So schließlich würde der Lenné-Wettbewerb sein Potenzial als Wettbewerb auch zwischen den Ausbildungsstandorten entfalten können, bietet sich doch seit der Einführung des Bachelor- und Mastersystems stärker denn je ein Wechsel nach dem ersten Abschluss an. Er könnte dann zur Orientierungsmarke für die Stärken der einzelnen Hochschulen werden, ein Botschafter für gute Entwurfsausbildung.

competition could be arranged to fit within a semester or be undertaken over the holiday period. Rather than serving as a semester design project – although tempting for teachers due to the perfectly prepared project briefs – the competition should be undertaken without supervision. The opportunity to work self-sufficiently on a project is one of the pillars of this competition for young professionals and also a prerequisite for a fair contest. Much like the recognition of student projects undertaken abroad, it could, however, be accorded the same value as a semester design project. Accordingly the Lenné Competition also has potential as a competition between places of study, especially now that the bachelor and master studies system makes it easier than ever to switch universities after the first qualification. It could then serve as a point of reference for the strengths of individual university faculties, as an ambassador of good design education.

1 Ulrich Eisel, *Unbestimmte Stimmungen und bestimmte Unstimmigkeiten*, in: Stefan Bernard, Philipp Sattler (Hg.), *Vor der Tür. Aktuelle Landschaftsarchitektur aus Berlin*, München 1997, S. 17–33.

2 Ebd.

1 Ulrich Eisel, *Unbestimmte Stimmungen und bestimmte Unstimmigkeiten*, in: Stefan Bernard, Philipp Sattler (ed.), *Vor der Tür. Aktuelle Landschaftsarchitektur aus Berlin*, Munich 1997, p. 17–33.

2 ibid.

Blick zurück: bdla-Preis 1981 –
Neckaruferbebauung Nord in Mannheim

Looking back: bdla Prize 1981 –
The "Neckaruferbebauung Nord" in Mannheim

DIE NECKARUFERBEBAUUNG – EIN STÜCK „VERTIKALE" STADT

Kurz vor der Mündung des Neckars in den Rhein entstanden in Mannheim vor 30 Jahren vier 30-geschossige, skulptural wirkende Wohnhochhäuser am Flussufer. Drei gleichförmige befinden sich auf der Nordseite, der Neckarstadt, ein viertes – das Collini-Center – auf der südlichen Stadtseite. Die Bebauung beidseits des Flusses bietet weit mehr als Wohnungen: Als noch nicht viele Städte ihre Lagegunst am Wasser entdeckt hatten, entstand in Mannheim am Neckar beinahe ein eigener Stadtteil, eine Art vertikale Stadt mit über 3.000 Einwohnern, mit Schulen für über 2.000 Schüler, mit einem Verwaltungszentrum, mit Einkaufsmöglichkeiten, Restaurants, einem Bad, einem Jugendhaus, Kindergärten, um nur Einiges zu nennen.

Verbunden sind die Anlagen durch eine Fußgängerbrücke, die von zwei zeichenhaften Pylonen gehalten wird. Im Süden endet die Brücke unmittelbar im Foyer des Collini-Centers. Im Norden findet sie ihre Fortsetzung in einer Art Passerelle, die die unterschiedlichen Nutzungen der so genannten „Neckaruferbebauung" – kurz NUB genannt – erschließt: Terrassenhäuser, drei Wohntürme und die genannten Nutzungen „auf dem Dach" der darunterliegenden Tiefgarage. Gegenüber der umliegenden Bebauung ist diese mit hohem Anspruch gestaltete Außenfläche um ca. fünf Meter angehoben. Gestaltet hat sie Wolfgang Tiedje, freier Landschaftsarchitekt bdla aus Stuttgart.

NECKARUFERBEBAUUNG GEWINNT PREISE

Der Grundriss der NUB ist als dreiflügelige Anlage konzipiert. Dabei erschließt jeder Flügel drei bis vier Wohnungen und ordnet jeder Wohnung attraktive Balkone zu. Mit ihrer großen Breite wirken die Gebäude als „richtige" Hochhäuser fast etwas knapp bemessen. Mit weit auskra-

von · by Klaus Elliger

THE "NECKARUFERBEBAUUNG" – A PIECE OF VERTICAL CITY

Situated just before the Neckar joins the Rhine, four sculptural 30-storey residential tower blocks were built 30 years ago alongside the river. Three identical towers, the so-called Neckarstadt, are located on the north side of the river, a fourth – the Collini-Center – on the south bank. But the buildings on either side of the river offer much more than just housing: at a time when many cities had not yet discovered the potential of their waterfront locations, what arose in Mannheim on the Neckar river was a new neighbourhood, a kind of vertical city for over 3,000 residents, with schools for over 2,000 pupils, an administrative centre, shopping facilities, restaurants, swimming baths, youth centre and a children's nursery to mention just a few of its facilities.

A footbridge supported by two distinctive pylons connects the two complexes, its southern end opening directly into the foyer of the Collini-Center. To the north, the bridge continues on a raised pedestrian precinct that provides access to the different functions of the "Neckaruferbebauung", or NUB for short: the terraced houses, three housing tower blocks and the aforementioned facilities "on the roof" of the underground parking beneath. This carefully designed outdoor area is raised approximately 5 metres above the neighbouring buildings and was designed by Wolfgang Tiedje, a freelance landscape architect and bdla member from Stuttgart.

THE "NECKARUFERBEBAUUNG" WINS HIGH-PROFILE PRIZES

The floor plan of the NUB is conceived as a tripartite complex with each wing providing access to three to

genden Balkonen ab der 26. Etage erhält das Gebäude einen Kopf, der noch von wehrhaft erscheinenden Technikaufbauten mit Sichtschlitzen überragt wird.

Kurz nach ihrer Fertigstellung errang die Neckaruferbebauung zahlreiche Preise, so eine Auszeichnung des Bundes Deutscher Architekten BDA, einen Landespreis des Innenministeriums im Wettbewerb „Wohnen am Stadtrand" und eben 1981 auch den bdla-Preis des Bundes Deutscher Landschaftsarchitekten bdla. In der Kurzbegründung dazu wird Folgendes ausgeführt: „Lebendige Gestaltung von stark belasteten Freiräumen innerhalb konzentrierter Hochhausbebauung; auch bei Verwendung von einfachen Materialien lebendig und phantasievoll in der Formensprache; bewusstes Herausarbeiten der befestigten Freiräume als Pendant zu dem Landschaftsraum der Neckarwiesen."

four flats, each with an attractive balcony. With their wide breadth, the buildings seem almost a little short to be "proper" high-rise towers. From the 26th floor upwards, the balconies cantilever outwards lending the building a crown topped by a solid-looking turret with window slots housing the technical plant facilities.

Soon after its completion, the "Neckaruferbebauung" won numerous prizes including an award from the German Association of Architects BDA, a state prize from the Ministry of the Interior entitled "Living on the edge of the city" and in 1981 the German Landscape Architecture Prize awarded by the bdla, the Federation of German Landscape Architects. The jury's commentary at the time contained the following notes: "An engaging design for intensively-used outdoor areas within a high-density, high-rise housing environment;

Diese Bebauung am Neckarufer ist typisch für einen Städtebau, der noch nicht von der Einbettung in die Landschaft, sondern von ihrer Akzentuierung geleitet war. Das Wohnen im Grünen war vor allem eine Frage des Blicks in die Landschaft. Unsere heutigen Vorstellungen von Freizeit und Freizeitaktivitäten waren in den 1970er Jahren noch deutlich stärker auf den passiven Genuss ausgerichtet. Freizeit fand bestenfalls im Partyraum, also in den Gemeinschaftsräumen in der 30. Etage statt. Der öffentliche und halböffentliche Raum hatte vorwiegend die Aufgabe, Adresse zu machen. An einer Anbindung an die gewachsenen Strukturen der umgebenden Neckarstadt bestand kein besonderes Interesse. Schon durch den Niveausprung von fünf Metern gegenüber dem Gehweg ist die Passerelle eine Insel im Gefüge der Stadt geblieben.

BUNDESGARTENSCHAU 1975 TREIBT DIE NEUE FORM DER BEBAUUNG AN

Wie kam es zu dieser Bebauung? Die Planungen zur Neckaruferbebauung gehen auf die Überlegungen zur Bundesgartenschau 1975 zurück, wenngleich der wesentliche Teil der Bebauung erst zwischen 1976 und 1984 realisiert wurde. Schwerpunkt und Austragungsort der BUGA 1975 waren der neu gestaltete Luisenpark im Osten der Stadt und der Herzogenriedpark nördlich des Neckars. Große bauliche Aktivitäten begleiteten die Neugestaltung der Grünanlagen: Das Collini-Center bildete den Auftakt, der nahe gelegene Mannheimer Fernmeldeturm mit über 200 Metern Höhe wurde zeitgleich errichtet. Im Herzogenriedpark entstand die Multihalle, eine innovative Konstruktion aus dünnen Holzlatten, die als mehrfach gekrümmtes Gitterwerk bis zu 100 Meter überspannen. Die Pläne für das kühne, originelle und vielgelobte Bauwerk stammen von Frei Otto und Carlfried Mutschler. Ein so genannter Aerobus, eine seilgeführte Schwebebahn, verband die beiden

a lively and imaginative formal use of simple materials; the conscious articulation of hard surfaces as a counterpart to the landscape of the meadows along the banks of the Neckar."

The buildings on the banks of the Neckar are emblematic of an approach to urban design that chose not to embed architecture in the landscape but to accentuate it. Living in green surroundings was as much about having a view over the landscape. Our current notion of free time and leisure activities differs to that of the 1970s, which was much more focused on passive appreciation. Recreational activities took place in the party room, that is in the common room on the 30th floor. The public and semi-public spaces primarily served a representative function and there was little inclination to connect it to the organic structures of the surrounding city. The raising of the precinct 5 metres above pavement level rendered it an island in the network of open spaces in the city.

THE NATIONAL GARDEN SHOW 1975: A MODEL FOR NEW WAYS OF BUILDING

How did the building complex come about? The planning of the Neckaruferbebauung is born out of considerations elaborated in the BUGA 1975, the National Garden Show, although the majority of the complex was actually built between 1976 and 1984. The BUGA focussed on and took place in the newly designed Luisenpark in the east of the city and the Herzogenriedpark north of the Neckar. The new design of the green spaces was accompanied by new building activities, the first of which were the Collini-Center and the over 200 metres high Mannheim telecommunications tower nearby. In the Herzogenriedpark, the multi-purpose hall was built, an innovative construction made of

Ausstellungsgelände, den Luisenpark und den Herzogen-riedpark. Dieses ungewöhnliche Transportmittel mit seiner fast drei Kilometer langen Strecke galt als besondere Attraktion. Schließlich führte der Aerobus in weiten Teilen am Neckar entlang, bot so eine wunderbare Aussicht und überquerte den Neckar östlich der Kurpfalzbrücke. Acht Wagen transportierten in der Zeit vom 18. April bis 19. Oktober 1975 insgesamt 2,2 Millionen Besucher. Die BUGA war also weit mehr als eine bloße Gartenschau, sie besaß zusätzlich die Qualität einer großen und bedeutenden Stadtentwicklungsmaßnahme.

Die Aktivitäten zeugen von der großen Aufbruchstimmung Ende der 1970er Jahre, mit der Mannheim eine Skyline und somit einen großstädtischen Charakter erhalten sollte. Wie in jener Zeit üblich, bestand das Konzept darin, dem Auto das Straßenniveau zu überlassen, um die Ebene +1 als Reich des Fußgängers auszugestalten. Kreuzungsfrei sollte man als Fußgänger vom Alten Messplatz kommend die Neckaruferbebauung durchschreiten, über die erwähnte Pylonbrücke ins Foyer des Collini-Centers laufen und von dort weiter über eine zweite Brücke den vierspurigen Ring querend in die Innenstadt gelangen.

Diese Haltung, dem Fußgänger einen eigenen Bereich zu geben, separat vom Autoverkehr, macht deutlich: Man dachte nicht allein in der Kategorie der später kritisierten „autogerechten Stadt", sondern wollte eine „autogerechte Stadt" mit „fußgängergerechten Anteilen".

Die Querung über den Ring ist seit kurzem nicht mehr möglich, da die Fußgängerbrücke einer Sanierung bedurft hätte und man sich aus finanziellen und städtebaulichen Gründen für den Abriss entschied.

Um die optimistische Grundstimmung nachvollziehen zu können, von der die Planung zeugt, ist zu berücksichtigen, dass Mannheim – ganz im Gegensatz zum benachbarten Heidelberg – im Zweiten Weltkrieg mit einer Bomben-

thin timber slats, a multi-curved gridshell structure with a roof span of up to 100 metres. The design of the elegant, original and much-vaunted structure originated from Frei Otto and Carlfried Mutschler. A so-called Aerobus, an elevated transit system suspended from overhead cables connected the two sites of the Garden Show, the Luisenpark and the Herzogenriedpark. This unusual mode of transport ran some 3 kilometres through the city and was a special attraction. Large sections of the route ran along the Neckar offering a wonderful view, and the Aerobus crossed the river just east of the Kurpfalzbrücke. Between 18 April and 19 October 1975, eight cars transported a total of 2.2 million visitors. The BUGA 1975 was, therefore, more than just a garden show; it had all the qualities of a large and important urban development scheme.

The planning activities reflect the optimism of the late 1970s: the BUGA gave Mannheim a skyline and with it an urban character. As was usual in the day, the concept separated the realm of the car at road level from that of the pedestrians at level +1. Pedestrians were able to walk, without having to cross a road, from the Alter Messplatz via the "Neckaruferbebauung" over the pylon-bridge into the Foyer of the Collini-Center, and from there on over a second bridge over the four-lane ring road to the city centre.

This approach of giving pedestrians a realm of their own, separate from vehicular traffic makes it clear that planning initiatives were not solely car-oriented, an approach that is now viewed critically, but also one that postulated a "car-friendly" city with "pedestrian-friendly aspects".

At present it is now no longer possible to cross the ring road as the footbridge, which was in need of repairs, was instead demolished for cost reasons.

last von über 25 Tausend Tonnen sehr schwer zerstört worden war. Wenngleich man beim Wiederaufbau den markanten Grundriss mit seinen Quadraten respektierte und so gut wie vollständig beibehielt, blieb die Architektursprache des Wiederaufbaus – dem Zeitgeist entsprechend – kühl und sachlich. Zum Teil war man wohl eher dem Motto gefolgt: „Masse statt Klasse".

Hinzu kam, dass der Druck auf den Wohnungsmarkt bis in die 1980er Jahre hinein sehr groß war. Und da Mannheim eine Stadt an zwei Flüssen ist, fehlte es hier vor allem an Wohnlagen am Wasser – ein eklatanter Mangel bis heute. Mit der BUGA bot sich die einmalige Chance, innenstadtnah und unmittelbar am Neckar eine Vielzahl an Menschen in die Gunst zu versetzen, direkt an den Neckarwiesen mit reizvollem Blick auf Fluss- und Stadtlandschaft zu wohnen.

Die Neue Heimat Baden-Württemberg war Bauherr der Anlage und übernahm auch die Gesamtplanung. Einige Architekturbüros erledigten Teilaufträge. Für die Gestaltung der Außenanlagen wurde ein besonders großer Aufwand getrieben: Klinker als Material für Boden, Treppen, Sitzgelegenheiten und Einfassungen, alles verbunden mit einer Holzpergola, die mit halbtonnenförmigen Eternitdächern bedeckt wurde. Damit verband sich die Idee, trockenen Fußes von einem Eingang zum nächsten gelangen zu können. Zugleich schützen die Dächer etwas vor den Fallwinden, die bei Hochhäusern üblich sind.

Ein besonderer Vorteil auch für die heutige Bewohnerschaft ist der barrierefreie Ausbau der Anlage. Da alle Einrichtungen über Rampen oder Aufzüge erreichbar sind, können Anwohner bis ins hohe Alter in ihrer gewohnten Umgebung bleiben.

Mit Ausnahme des zurückgebauten Fußgängerstegs über den Ring ist die Fußgängerpassage nach über 30 Jah-

To properly understand the optimism of the day that drove the planning initiatives at that time, one needs to know that Mannheim – unlike neighbouring Heidelberg – was heavily bombed during the Second World War with over 25,000 tonnes of explosives. Although the distinctive plan of the city with its square pattern was respected and largely retained when rebuilding the city, the architectural language of reconstruction was – befitting the Zeitgeist – sober and rational. In fact, in parts of the city the maxim "quantity before quality" reigned.

In addition, housing remained much in demand well into the 1980s. And as Mannheim is a city with two rivers, there was a distinct lack of riverside housing – a major shortcoming! The BUGA represented a unique opportunity to enable a large number of people to enjoy the advantages of living directly alongside the meadows on the banks of the Neckar within easy reach of the city and with a panoramic view of the river and city beyond.

The investors were "Neue Heimat Baden Württemberg" who also took over general responsibility for the planning. Sub-aspects were subcontracted to various architectural offices. Special attention was given to the design of the outdoor areas: brick is used as a flooring material, for stairs, seating and borders, all connected via a wooden pergola, covered with a barrel-vaulted fibre-cement roof. The idea was that one could walk from one entrance to the next without getting wet. The roofs also provided a degree of protection from the downwinds that arise around high-rise buildings.

A particular benefit for the residents is the barrier-free design of the complex. As all facilities can be reached via ramps or lifts, the residents can continue to live in familiar surroundings as they grow older.

ren im Erscheinungsbild unverändert vorhanden. Natürlich sind die Materialien in die Jahre gekommen, aber insbesondere der Klinker weist kaum Alterungsspuren auf. Lediglich der euphorische Geist, der damals den Bau beflügelt hat, ist heute einer deutlichen Nüchternheit gewichen.

Die sorgfältig gestalteten Außenräume werden zwar von spielenden Kindern und von den Schülern der Carl-Benz-Schule genutzt. Die Anonymität der Hochhausanlage lässt aber kaum erwarten, dass es im Freiraum zu relevanten sozialen Kontakten kommt. Verstärkt wird dies durch die Tatsache, dass die Neckaruferbebauung in zwei Wohnbereiche getrennt ist: Eigentumswohnungen – quasi in der ersten Reihe – längs des Neckars mit Blick auf die Stadt und Mietwohnungen in den 30-geschossigen Wohntürmen mit jeweils 266, also insgesamt 798 Mietwohnungen.

SOZIALE QUALITÄT DER BEBAUUNG BLEIBT GEWAHRT
Nach dem Niedergang der Neuen Heimat haben diverse Eigentümerwechsel immer wieder die Frage aufgeworfen, wie es mit der NUB weitergehen solle. Mangelnde Investitionsbereitschaft schürte die Sorge um einen sozialen Niedergang, wenngleich der hohe Vermietungsstand stets gehalten werden konnte. Mit der Einsetzung eines Sicherheitsdienstes gelang es 1999, Ängste von Bewohnern zu mildern, wie sie im Umfeld anonymer Bebauungen nicht unüblich sind. Die räumliche Nähe zur Innenstadt und zur Neckarstadt hat mit Sicherheit entscheidend dazu beigetragen, dass es nicht zu einer Ghettoisierung kam. Aber auch die bauliche Qualität der Anlage, ihre Lagegunst am Wasser und die Freizeiteinrichtungen auf den Neckarwiesen haben ihren Anteil an dieser positiven Entwicklung. Ursprünglich war angedacht, noch ein erheblich höheres Hochhaus als Abschluss des Alten Messplatzes zu errich-

With the exception of the footbridge over the ring road, the appearance of the pedestrianised areas has not changed significantly in 30 years. While the materials have weathered somewhat, the brick surfaces exhibit only slight traces of wear and tear. Only the euphoric spirit of the times has given way to marked sobriety.

The carefully designed outdoor areas are still used by playing children and the pupils of the Carl Benz School but the anonymity of the high-rise development raises little expectation of meaningful social interaction in the outdoor areas. This problem is exacerbated by the separation of the Neckaruferbebauung into two residential sections. The front row, as it were, is occupied by homeowners who live in low-rise sections along the Neckar with a view of the city, while the 30-storey housing blocks contain rented flats, 266 in each block, 798 in total.

THE SOCIAL QUALITIES OF THE PROJECT REMAIN
After "Neue Heimat" went into receivership, various new owners have faced the question of what should happen to the NUB. A lack of investment fuelled worries of a social decline of the complex, although the occupancy level has remained constant. The employment of a security service in 1999 helped alleviate the residents' safety concerns, an issue that is common in anonymous housing complexes. The proximity of the complex to the inner city and the Neckarstadt most certainly helped prevent the emergence of a ghetto-situation. The quality of the architecture, its riverside location and the leisure facilities on the grasslands along the river contributed to the positive development of the complex. Originally a much higher high-rise building was planned at the end of the Alte Messplatz and permission had

ten. Die Alte Feuerwache war bereits zum Abbruch freigegeben. Eine für uns heute sehr erfreuliche Trendwende in der Beurteilung von Kulturdenkmalen führte zu einer sehr aktiven Bürgerinitiative, die zum Wohl des Stadtteils und der Gesamtstadt den Erhalt des Baudenkmals durchsetzte. Heute wird das Gebäude als eines der attraktivsten Kulturzentren der Stadt genutzt. Es bringt selbst einen großen Gewinn für das Umfeld der Neckarpromenade, ebenso wie die Neugestaltung des Alten Messplatzes, die 2010 vollendet wurde. Die Ufergestaltung wurde in der Zwischenzeit moderat weiterentwickelt, indem vom Alten Messplatz Sitzstufen zum Neckarvorland führen und zwei Schluten (Wassergräben) eine behutsame Renaturierung des kanalisierten Neckars einleiten.

Mit der Neckaruferbebauung hat Mannheim die einzige Wohnanlage nennenswerter Größe am Wasser. Insofern hat sie bis heute ein Alleinstellungsmerkmal. Die Qualität, mit der die Außenanlagen gestaltet wurden, lässt noch heute eine wichtige städtebauliche Tatsache nachvollziehen: Der Preis des bdla ist 1981 zu Recht an die Neckaruferbebauung in Mannheim vergeben worden, gerade wenn man berücksichtigt, dass eine Beurteilung nach 30 Jahren gegenüber länger zurückliegenden Planungen in aller Regel besonders kritisch ausfällt.

already been granted to demolish the Alte Feuerwache, the former fire station on the site. Fortunately, a renewed appreciation of historic buildings led to the founding of a very active citizens' action group and the building was able to be saved in its entirety for the benefit of the district and indeed the whole city. Today the building is one of the most attractive cultural centres in the city. The building is likewise a benefit for the environment of the Neckar riverside promenade as well as the redesign of the Alte Messplatz which was completed in 2010. In the meantime, the riverside areas have been moderately improved with a flight of wide steps for sitting on extending from the Alte Messplatz to the Neckarvorland and two water channels which mark the beginning of a gradual renaturation of the previously channelled Neckar.

The "Neckaruferbebauung" in Mannheim represents the only large-scale riverside housing complex of its kind in Germany and remains unique to the present day. The quality of the design of the outdoor areas is still evident today and testifies to the decision made in 1981 to award the bdla Prize for Landscape Architecture to the "Neckaruferbebauung" in Mannheim, an accolade that earns special respect when one considers that 30-year-old projects are generally viewed particularly critically.

Über die Preisträger Deutscher Landschaftsarchitektur-Preis 2011

About the prize winners of the German Landscape Architecture Prize 2011

DEUTSCHER LANDSCHAFTSARCHITEKTUR-PREIS 2011

Fugmann Janotta Landschaftsarchitektur und Landschaftsentwicklung bdla, Berlin – Park am Nordbahnhof, Berlin

Das Büro Fugmann Janotta bdla ist seit 1986 in allen Bereichen der Landschafts-, urbanen Freiraum- und Objektplanung tätig. In der Objektplanung werden klassische Elemente der Gestaltung mit den Ansprüchen auf einen sensiblen Umgang mit der Natur, zeitgemäßes Design und hohe Funktionalität verbunden. Es entstehen prägnante Entwürfe, die aus der intensiven Auseinandersetzung mit den Orten resultieren und sich durch eine unaufdringliche Formensprache in den städtischen oder landschaftlichen Kontext einfügen. Die Verknüpfung von behutsamem Umgang mit empfindlicher Natur und gestalterischem Anspruch ist ein Schwerpunkt. Aufgrund der aus einem ökologisch-freiraumplanerischen Denkansatz geprägten Biografie werden in hohem Maße integrierende Entwürfe geboten.
www.fugmannjanotta.de

Birgit Hammer Landschafts.Architektur, Berlin – Schloss Freudenstein, Freiberg, Sachsen

Das Büro Birgit Hammer Landschafts.Architektur, Berlin, findet seine Themen vor allem im städtischen Kontext. Spannende Auseinandersetzungen mit Freiraum finden insbesondere an Rändern, Übergangszonen und „Unorten" statt. Die Konzeption von Außenanlagen in Siedlungsbereichen, die Gestaltung von Stadtplätzen, Spielplätzen, Gärten und Parks sind Hauptaufgabenfelder des Büros. Da die Landschaftsarchitekten überwiegend im städtischen Umfeld planen, legt das Büro besonderen Wert auf ein gezieltes Aufgreifen kulturhistorischer, topografischer und vegetativer Strukturen. In den fast zwanzig Jahren des Bestehens hat sich Birgit Hammer an einer Vielzahl von Wettbewerben beteiligt. Sie sieht Wettbewerbe als eine Chance an, sich mit aktuellen, zeitgemäßen Fragestellungen auseinanderzusetzen, sich Wissen auf Gebieten anzueignen, die nicht zum Planungsalltag gehören.
www.birgithammer.de

GERMAN LANDSCAPE ARCHITECTURE PRIZE 2011

Fugmann Janotta Landschaftsarchitektur und Landschaftsentwicklung bdla, Berlin – Park am Nordbahnhof, Berlin

Fugmann Janotta bdla have worked in all areas of landscape, urban open-space and project planning since their founding in 1986. In their project work, they combine classical design elements with a sensitive approach to dealing with nature, contemporary design and good functionality. The office prides itself on producing compelling designs born out of a detailed study of the place, employing a discreet formal language that complements the urban context or landscape. Special focus is given to linking progressive design aspirations with a fundamental respect for the fragile balance of nature. Their intellectual background in the fields of ecology and landscape planning leads to designs with a highly integral approach.
www.fugmannjanotta.de

Birgit Hammer Landschafts.Architektur, Berlin – Freudenstein Castle, Freiberg, Saxony

Birgit Hammer Landschafts.Architektur, based in Berlin, works predominantly on issues that are found in urban contexts. Of particular interest are spaces on the fringes of the city, transitional zones and "non-places". The office's primary activities include the conception of outdoor spaces in residential areas, of urban squares, playgrounds, gardens and parks. Because landscape architects plan primarily in urban environments, the office pays particular attention to identifying and working with specific aspects of existing cultural and historical, topographic and vegetative structures. In almost twenty years of professional practice, Birgit Hammer has taken part in numerous competitions. She views competitions as an opportunity to examine current relevant issues, and to expand one's knowledge of areas that are not normally part of everyday planning practice. www.birgithammer.de

**relais Landschaftsarchitekten, Berlin –
Übergangsnutzung Schlossareal, Berlin**

relais Landschaftsarchitekten wurde 2001 von Gero Heck und Marianne Mommsen gegründet. Das Büro setzt sich mit der Planung von Freiräumen im urbanen und landschaftlichen Kontext, vom städtebaulichen Maßstab bis zum konkreten Objekt auseinander. Grundlage dieser Entwurfstätigkeit ist die Auseinandersetzung mit der gewachsenen Situation des Ortes, mit dessen Atmosphäre und sozialer Bedeutung. Den Freiraum sieht das Büro als Topos, der nicht nur semantisch, sondern auch essenziell im Widerspruch zu optischer und funktionaler Reglementierung steht. Ziel der Entwurfsarbeit ist daher die Schaffung vielschichtig erlebbarer und prägnanter Räume, deren klare Struktur und offene Konzeption sich im Rahmen der Nutzung als entwicklungsfähig erweisen. www.relaisLA.de

**club L94 Landschaftsarchitekten GmbH, Köln –
Markt und Tuchmarkt, Zeulenroda**

Das Büro club L94 Landschaftsarchitekten GmbH aus Köln sieht den Schwerpunkt seiner Arbeit in der Schaffung starker Bilder, die ein hohes Maß an Identität im Freiraum stiften. Im Vordergrund steht die Befriedigung differenzierter Nutzungsansprüche an die Gestaltung. Die inhaltliche Reduktion auf wenige Elemente, die sich in die Systematik einer Gesamtkonzeption integrieren, verleiht den Entwürfen Ruhe und Klarheit. Formal stehen die Entwürfe der jungen Moderne nah. Die Planer vermeiden es, die romantisierenden Landschaftsbilder vergangener Epochen unreflektiert zu übernehmen. Stattdessen streben sie im Wissen um die landschaftsarchitektonischen Traditionen nach spannungsreicher Interpretation und Transformation. Der Einsatz besonderer Materialien in neuen Kontexten ist Teil ihrer Vision, sich am Diskurs um zeitgemäße Landschaftsarchitektur zu beteiligen. In der Realisierung der Entwürfe legen die Planer einen hohen Stellenwert auf bautechnische Professionalität und Detailgenauigkeit in der Ausführung. www.clubl94.de

**Studio Bürgi, Camorino/Schweiz, Prof. Paolo L. Bürgi nach der Idee und Konzeption des Kurators Prof. Dr. Udo Weilacher, München –
Venustas et Utilitas – Zur neuen Ästhetik urbaner Landwirtschaft, Landschaftspark Mechtenberg**

Paolo Bürgi ist seit 1975 als freischaffender Landschaftsarchitekt tätig. Nach seinem Diplom verbrachte er einige Zeit im Ausland und traf mit dem Architekten Luis Barragán zusammen. 1977 gründete er das Studio Bürgi in Camorino, Tessin/Schweiz. Schwerpunkte seiner Arbeit

relais Landschaftsarchitekten, Berlin – Interim use of the site of the Stadtschloss, Berlin

relais Landschaftsarchitekten was founded by Gero Heck and Marianne Mommsen in 2001. The office concentrates on the planning of open spaces in urban contexts and open landscapes, at an urban scale as well as the scale of a specific object. Their designs are based on an exploration of the respective situation and its evolution, its atmosphere and social meaning. The office sees open space as a topos that contrasts, not only semantically but also in its very essence, with visual and functional regimentation. In their design work they aim to create succinct and yet multifaceted experiences and spaces, with a clear structure and open conceptual approach that enables them to develop with continued use. www.relaisLA.de

club L94 Landschaftsarchitekten GmbH, Cologne – Market square and cloth market, Zeulenroda

Club L94 Landschaftsarchitekten GmbH, based in Cologne, sees its primary task in the creation of strong images that help people to identify readily with open spaces. A central focus is the fulfilling of different functional requirements, while the reduction of their designs to a few key elements, integrated within the framework of an overall concept, lends their work sobriety and clarity. The office's formal language leans towards that of recent modernism and they avoid the unreflected assimilation of romanticised images of the landscape from times past. Instead the office draws on its knowledge of the history and tradition of landscape architecture to strive to find stimulating interpretations and transformations. The use of special materials in new contexts is part of how they see their contribution to contemporary landscape architectural discourse. The office also places great value on the best possible workmanship and attention to detail in the realisation of their designs. www.clubl94.de

Studio Bürgi, Camorino/Switzerland, Prof. Paolo L. Bürgi after an idea and concept by the curator Prof. Dr. Udo Weilacher, Munich – Venustas et Utilitas – a new aesthetic of urban agriculture, Mechtenberg landscape park

Paolo Bürgi has worked as a freelance landscape architect since 1975. After graduating, he spent time abroad and met the architect Luis Barragán. In 1977 he founded Studio Bürgi in Camorino in Swiss Ticino. His work focuses, among other things, on the plan-

sind unter anderem die Freiraumplanung im Stadtraum und die Gestaltung architekturbezogener Außenräume. Seit 1997 lehrt er an der School of Design der University of Pennsylvania in Philadelphia sowie seit 2003 am Istituto Universitario di Architettura (IUAV) in Venedig. Paolo Bürgi hat zahlreiche Preise in nationalen und internationalen Wettbewerben gewonnen. 2003 wurde sein Landschaftsprojekt Cardada bei Locarno mit dem 1. Preis des Rosa Barba European Landscape Award in Barcelona ausgezeichnet. www.burgi.ch

TOPOTEK 1, Berlin – Sportanlage Heerenschürli, Zürich/Schweiz

Das Büro TOPOTEK 1, 1996 in Berlin gegründet, ist im Feld der Gestaltung urbaner Freiräume und der Bearbeitung städtebaulicher Themen verwurzelt, unternimmt aber genauso Ausflüge in die Konzeption und Realisierung von Ausstellungen und Kunstinstallationen. Die Arbeit des von Martin Rein-Cano und Lorenz Dexler geleiteten Büros wurde mit dem Deutschen Städtebaupreis 2002 und mit dem Deutschen Architekturpreis 2003 ausgezeichnet. 2005 wurde die Anerkennung der Stiftung „Lebendige Stadt" und 2009 der deutsche Preis für integrierte Stadtentwicklung und Baukultur „Stadt bauen. Stadt leben" an das Büro verliehen. Bei der Verleihung des Deutschen Landschaftsarchitektur-Preises durch den Bund Deutscher Landschaftsarchitekten bdla erhielt TOPOTEK 1 2009 mit dem Projekt Außenanlagen Kita Griechische Allee, Berlin, eine Würdigung. www.topotek1.de

A24 Landschaft, Robel Swillus und Partner GbR, Berlin – Mangfallpark, Rosenheim

A24 Landschaft setzt Landschaftsarchitektur ein, um den Charakter von Orten zu schärfen. Dazu wird der Atmosphäre des Raumes nachgespürt und eine ortsspezifische Formensprache entwickelt. Qualitäten werden gestärkt, Zusammenhänge neu sichtbar. Stadt und Landschaft erhalten ein prägnantes räumliches Gefüge. 2004 gegründet, reichen die Projekte von kleinen Stadtplätzen und Gärten über mittlere und große Parkanlagen bis hin zu städtischen Uferpromenaden. Dabei werden Hochbau-, Ingenieurbauwerke und Freianlagen integrativer Bestandteil einer gestalterischen Einheit. A24 Landschaft deckt das volle Leistungsspektrum von städtebaulichen Studien bis zur Objektplanung und Bauüberwachung ab. 2010 wurden die Brückenbauwerke des Mangfall-Parks im Rahmen des Bayerischen Holzbaupreises mit dem 3. Platz ausgezeichnet. www.a24-landschaft.de

ning of urban spaces and the design of outdoor environments for architectural projects. He has taught since 1997 at the School of Design at the University of Pennsylvania in Philadelphia and since 2003 at the Istituto Universitario di Architettura (IUAV) in Venice. Paolo Bürgi has won numerous prizes in national and international competitions. In 2003, his landscape project Cardada near Locarno was awarded 1st prize at the Rosa Barba European Landscape Award in Barcelona. www.burgi.ch

TOPOTEK 1, Berlin – Heerenschürli sports facility, Zurich/Switzerland

The work of the office of TOPOTEK 1, founded in 1996 in Berlin, is rooted in the design of urban spaces and the investigation of urban issues but also undertakes excursions into the conception and realisation of exhibitions and art installations. The work of the office led by Martin Rein-Cano and Lorenz Dexler has been awarded the German Award for Urban Design in 2002 and the German Award for Architecture in 2003. In 2005 the work of the office was commended by the "Vital Cities" Foundation (Stiftung "Lebendige Stadt") and in 2009 the office won "Stadt bauen. Stadt leben", the National Prize for Integrated Urban Development and Building Culture. As part of the German Landscape Architecture Prize 2009, TOPOTEK 1 received a commendation from the German Federation of Landscape Architects (bdla) for their design of the outdoor facilities for the "Griechische Allee" day-care centre in Berlin. www.topotek1.de

A24 Landschaft, Robel Swillus und Partner GbR, Berlin – Mangfallpark, Rosenheim

A24 Landschaft employs landscape architecture as a means of enhancing the character of places. Their method is to trace the atmosphere of the space out of which a formal language specific to that place can be developed. Qualities are strengthened, relationships made legible. The city and landscape are given a concise spatial structure. Founded in 2004, the office's projects range from small urban squares and gardens to medium-sized and large parks or urban riverside promenades. Buildings, engineering structures and leisure facilities are integrated as a constituent element of the design. A24 Landschaft offers a complete spectrum of services from urban design studies to project planning and site supervision. In 2010 the bridge structures in the Mangfall Park was awarded 3rd prize as part of the Bavarian Award for Timber Construction. www.a24-landschaft.de

Rotzler Krebs Partner GmbH Landschaftsarchitekten BSLA, Winterthur/Schweiz – Gemeinschaftsgrab Friedhof Rosenberg, Winterthur/Schweiz und Brühlgutpark, Winterthur/Schweiz

Das Büro Rotzler Krebs Partner Landschaftsarchitekten, Winterthur/Schweiz, wurde 1982 gegründet. Das Büro bearbeitet in einem interdisziplinären Team von 20 Mitarbeitern Projekte auf unterschiedlichen Maßstabsebenen. Der Arbeitsschwerpunkt liegt in der Gestaltung öffentlicher Freiräume wie Parkanlagen, Platzgestaltungen, Verkehrsräume, Wohnanlagen und Gärten. Geleitet wird das Büro von den Partnern Stefan Rotzler (geb. 1953), Matthias Krebs (geb. 1965), Stephan Herde (geb. 1972) und Alexander Heinrich (geb. 1972). Zu den wichtigsten realisierten Projekten gehören die Freiraumgestaltung des Hürlimann-Areals in Zürich/Schweiz, des Stadtgartens in Dornbirn/Österreich, die Neugestaltung des Zürcher Lettenareals/Schweiz, der Firmenpark der Voralberger Kraftwerke in Bregenz/Österreich, die Wohnüberbauung Hardegg in Bern/Schweiz, der Brühlgutpark und das Gemeinschaftsgrab Rosenberg in Winterthur/Schweiz. www.rkp.ch

Irene Burkhardt Landschaftsarchitekten, München und Leipzig – Urbane Wälder, Leipzig

Das Interesse des Büros Irene Burkhardt Landschaftsarchitekten, München und Leipzig, ist die Verknüpfung von Städtebau, Architektur und Landschaftsarchitektur zu ästhetisch, funktional und ökologisch orientierten integrativen Lösungen. Die ausgeführten Projekte verstehen sich als zeitgemäße Landschaften und Freiräume. Das Wesen des Ortes ist Grundlage der Entwurfskonzepte. Irene Burkhardt studierte Landespflege an der Technischen Universität München-Weihenstephan. Anschließend war sie in verschiedenen Institutionen tätig: Lehrstuhl für Landschaftsökologie an der TU München-Weihenstephan, Referat für Stadtplanung und Raumordnung der Landeshauptstadt München. 1990 gründete sie ihr Büro in Freising, 2001 Umzug nach München. Seit 1994 besteht eine Filiale in Leipzig. Die Arbeitsschwerpunkte liegen in der Objekt- und Freiraumplanung, Landschafts- und Rahmenplanung, im Städtebau, in Wettbewerben und Lehraufträgen. www.irene-burkhardt.de

Rotzler Krebs Partner GmbH Landschaftsarchitekten BSLA, Winterthur/Switzerland – Communal grave Rosenberg cemetery, Winterthur/Switzerland and Brühlgutpark, Winterthur/Switzerland

Rotzler Krebs Partner landscape architects were founded in 1982 in Winterthur in Switzerland. The office consists of an interdisciplinary team of 20 members of staff working on projects at different scales. The focus of their work lies in the design of public open spaces such as parks, squares, traffic landscaping, residential areas and gardens. The office is run by the partners Stefan Rotzler (b. 1953), Matthias Krebs (b. 1965), Stephan Herde (b. 1972) and Alexander Heinrich (b. 1972). Their most important projects include the design of the outdoor areas of the Hürlimann site in Zurich, Switzerland, the city gardens in Dornbirn, Austria, the redesign of the Letten site in Zurich, Switzerland, the grounds of Vorarlberg Energy in Bregenz, Austria, the Hardegg housing estate in Bern, Switzerland, and the communal grave in the Rosenberg Cemetery in Winterthur, Switzerland. www.rkp.ch

Irene Burkhardt Landschaftsarchitekten, Munich and Leipzig – Urban forests, Leipzig

The office of Irene Burkhardt Landschaftsarchitekten, based in Munich and Leipzig, is interested in the parallel application of urban design, architecture and landscape architecture for aesthetic, functional and ecologically-oriented integrative solutions. The projects realised by the office are seen as contemporary landscapes and open spaces, whereby the nature of the place serves as the basis for the design concept. Irene Burkhardt studied landscape management at the Technical University (TU) in Munich-Weihenstephan, working thereafter in various institutions: the Chair of Landscape Ecology at the TU Munich-Weihenstephan, and the Department of Urban and Regional Planning of the City of Munich. In 1990 she founded her office in Freising, in 1994 in Leipzig and 2001 removal to Munich. The focus of the office's work lies in the planning of urban spaces and outdoor areas for buildings, landscape and framework development plans, urban design, competitions and teaching. www.irene-burkhardt.de

gruppe F Landschaftsarchitekten Pütz, Kleyhauer, Bauermeister, Berlin – Umgestaltung des Schorfheideviertels, Berlin
gruppe F Landschaftsarchitekten schafft Freiräume und entwickelt Aneignungskonzepte. Auf allen Maßstabsebenen der Städte und Regionen bearbeitet das 1992 in Berlin gegründete und von Gabriele Pütz, Gerd Kleyhauer und Tho-Mi Bauermeister geleitete Büro die Aufgabenstellungen der Landschaftsarchitektur und Landschaftsplanung. Die Steuerung von Projekten gehört ebenso zum Aufgabenspektrum wie die Bearbeitung von Umweltfolgen und der Entwurf von Plätzen, Parks, Promenaden und Spielorten. Besondere Akzente setzt gruppe F durch die konsequente Einbeziehung der Nachbarschaften und interessierter Bürger. Mittels innovativer Planungs- und Beteiligungsmethoden wie dem Charrette-Verfahren gelingt es, ein Mehr an Potenzial vor Ort zu entdecken. Dabei werden Planung und Entwurf durch Partizipation nicht ersetzt, sondern diese wird zum elementaren Bestandteil des Entwurfsprozesses. www.gruppef.com

Outside! Landschaftsarchitekten, Hamburg – Wohnumfeldverbesserung Lenzsiedlung, Hamburg
OUTSIDE! Landschaftsarchitekten wurde 1999 in Hamburg von den Gesellschaftern Gerd Grunau und Gottfried Neder gegründet. Die Arbeitsschwerpunkte des Büros liegen in der Objektplanung, hier insbesondere im sozialen Wohnungsbau, öffentlichen Frei- und Spielräumen, Freizeitflächen und Kindertageseinrichtungen – wenn gewünscht mit intensiven Beteiligungsverfahren. Ziel der Arbeit des Büros ist es, die Potenziale eines Ortes zu erkennen und eine harmonische Einheit zwischen ihm und den Nutzern zu erreichen. Individuelle Ansätze können mit Hilfe kreativer Ideen und differenzierter Gestaltungsvorschlägen besondere und identitätsstiftende Erlebnisräume entstehen lassen, bei deren Entwicklung bereits die Herstellungs- und Folgekosten im Visier behalten werden. www.buero-outside.de

Teutsch-Ritz-Rebmann Landschaftsarchitekten, München – Wohnumfeldgestaltung München-Au, Paulanerplatz, München
Das Büro Teutsch-Ritz-Rebmann Landschaftsarchitekten aus München beschäftigt sich mit allen Bereichen der Objekt- und Bauleit- bzw. Strukturplanung im Bereich Freianlagen. Ein Schwerpunkt des Leistungsspektrums liegt neben Sport- und Freizeiteinrichtungen, Kinderbetreuungsbauten und dem Schulbau auch im Wohnungsbau. Neben der Bearbeitung von Neubauprojekten tritt hier die Bedeutung der Sa-

gruppe F Landschaftsarchitekten Pütz, Kleyhauer, Bauermeister, Berlin – Schorfheideviertel remodelling, Berlin
gruppe F Landschaftsarchitekten creates open spaces and develops approachability concepts. The office founded in 1992 and run by Gabriele Pütz, Gerd Kleyhauer and Tho-Mi Bauermeister works at all scales of the city and regions on landscape architecture and landscape planning tasks. Their spectrum of activities ranges from project controlling to environmental impact studies and the design of squares, parks, promenades and playgrounds. gruppe f places particular emphasis on the participation of neighbourhoods and interested citizens. By using innovative planning and participation methods, such as charrettes, they are able to unlock additional hidden potential in the locality. Planning and design is not replaced by participation but rather this becomes an elementary aspect of the design process. www.gruppef.com

Outside! Landschaftsarchitekten, Hamburg – Residential area improvements Lenz estate, Hamburg
OUTSIDE! Landschaftsarchitekten was founded in 1999 in Hamburg by the partners Gerd Grunau and Gottfried Neder. The office's primary work focuses on landscape project planning, in particular for social housing, the design of public open spaces and playgrounds, recreation areas and children's day-care centres – including comprehensive participation procedures as required. In their work, the office aims to identify the potential of a place and to establish a harmonious balance between the place and its users. Individually developed approaches can, with the help of creative ideas and responsive design proposals, result in special places with a strong sense of identity that facilitate a range of experiences. The cost of implementation and later maintenance is likewise considered during the development process. www.buero-outside.de

Teutsch-Ritz-Rebmann Landschaftsarchitekten, Munich – Residential area improvements Munich Au, Paulanerplatz, Munich
Teutsch-Ritz-Rebmann Landschaftsarchitekten, based in Munich, undertake all aspects of project planning, urban land use and structure planning in the field of open-space planning. Alongside the planning of sports and recreational facilities, children's day-care centres and schools, the office specialises in the design of residential environments. In addition to new housing projects, the renova-

nierung und Nachverdichtung vorhandener Wohnanlagen mit teilweisem oder gänzlichem Umbau vorhandener Freianlagen verstärkt in den Vordergrund. Der ortsspezifische Umgang mit Baumbestand und Grünstrukturen ist hier intensiv mit den gestiegenen Anforderungen bei Brandschutz, Spielflächenangebot und Aufenthaltsqualität in Einklang zu bringen. Mit dem Ziel einer hohen Akzeptanz bei den Nutzern – im Wohnungsbau heißt das insbesondere: die Freifläche wird zum wertgeschätzten und genutzten Teil der Wohnanlage – versucht das Büro, alle Beteiligten, wenn möglich auch die Bewohner, in den Planungsprozess einzubinden. www.la-teutsch.de

ver.de landschaftsarchitektur, Freising – Freianlagen Elefantensiedlung, Neu-Ulm

Die Landschaftsarchitekten Birgit Kröniger, Jochen Rümpelein und Robert Wenk gründeten das Büro ver.de landschaftsarchitektur im Jahr 2000. Tätigkeitsschwerpunkte sind städtebauliche Planungen und die landschaftsarchitektonische Objektplanung. Aus dem Potenzial eines jeden Ortes heraus entwickeln die Partner individuelle Lösungsansätze in einer klaren und reduzierten Gestaltungssprache, häufig in interdisziplinärer Zusammenarbeit mit Architekten, Künstlern und Ingenieuren. Alle Projekte erfahren unabhängig von ihrer Maßstabsebene dieselbe sorgfältige Durcharbeitung von der Konzeptfindung über die Visualisierung der räumlichen und sinnlichen Qualitäten der Entwürfe bis zur Entwicklung innovativer technischer Lösungen bei der Ausführung. www.gruppe-ver.de

frei raum concept Sinz-Beerstecher + Böpple Landschaftsarchitekten bdla, Rottenburg am Neckar – Innenhof der Baugemeinschaft Block 14, Loretto-Areal, Tübingen

Die Arbeiten des Büros frei raum concept Sinz-Beerstecher + Böpple Landschaftsarchitekten reagieren auf den Ort und beziehen deutlich Position: „Die Orte, an denen wir unsere Zeit verbringen, haben Einfluss darauf, wer wir sind und wer wir werden können." Der Arbeitsschwerpunkt des im Jahr 2003 von Annette Sinz-Beerstecher und Christian Böpple gegründeten Büros liegt in der Planung hochwertiger privater und öffentlicher Freianlagen. Die Entwicklung von Konzepten zur Revitalisierung von Stadtbrachen und Ortskernen gehört ebenso zum Aufgabenfeld wie die Moderation zur Freiflächen- und Spielraumentwicklung mit Baugruppen. www.freiraumconcept.com

tion and redensification of existing housing estates including the partial or entire conversion of the existing outdoor areas is becoming increasingly relevant. In such cases, the desire to maintain existing trees and site-specific vegetation structures must be brought in line with the need to fulfil stricter regulations with regard to fire safety regulations, the provision of play areas and the quality of amenities. To encourage users to embrace their environment more fully – so that the outdoor areas become much-loved, intensively used parts of the housing scheme – the office attempts to integrate all stakeholders, and wherever possible the residents, in the planning process. www.la-teutsch.de

ver.de landschaftsarchitektur, Freising – Outdoor areas, Elefantensiedlung, Neu-Ulm

The landscape architects Birgit Kröniger, Jochen Rümpelein and Robert Wenk founded ver.de landschaftsarchitektur in the year 2000. The focus of their work lies in urban planning and the planning of green space for architecture projects. The partners develop individual solutions out of the potential of each respective site using a clear and restrained formal language, often in conjunction with architects, artists and engineers. All projects, regardless of their scale, receive the same careful consideration from the conceptual stage to visualisation of the spatial and sensory qualities of the design and the development of innovative technical solutions for realising the project. www.gruppe-ver.de

frei raum concept Sinz-Beerstecher + Böpple Landschaftsarchitekten bdla, Rottenburg am Neckar – Interior courtyard of block 14, Loretto quarter, Tübingen

The work of frei raum concept Sinz-Beerstecher + Böpple Landschaftsarchitekten responds to the space in question and adopts a clear position: "The places in which we spend time influence who we are and who we can be." The focus of the office founded in 2003 by Annette Sinz-Beerstecher and Christian Böpple lies in the planning of high-quality private and public open spaces. In addition, their work also encompasses the development of revitalisation concepts for urban wasteland areas and town and village centres as well as the moderation of development processes for outdoor spaces and play areas with groups of clients. www.freiraumconcept.com

ARGE zaharias landschaftsarchitekten, München und Ulrike Widmer-Thiel Landschaftsplanung, München – Genossenschaftliches Wohnen in der Messestadt Riem, München

Jeder Ort ist in seiner Geschichte und seinen Bezügen zur Umgebung einmalig. zaharias landschaftsarchitekten entwickeln für diesen Ort individuelle Lösungen mit einer präzisen Ästhetik. Innen und außen, außen und Umgebung werden in einer gemeinsamen Architektursprache miteinander verwoben. Im Mittelpunkt steht der Mensch als Individuum und Gemeinschaft in seinem urbanen Umfeld und im Bezug zur Natur. Das Büro wurde 2004 gegründet. Der Tätigkeitsschwerpunkt liegt in urbanen und ländlichen Landschaften auf allen Maßstabsebenen und in allen Themenbereichen. zaharias landschaftsarchitekten arbeiten interdisziplinär und projektorientiert in einem Netzwerk von Landschaftsarchitekten, Architekten, Verkehrsplanern, Fachingenieuren, Ökologen und Künstlern. Das Projekt „Genossenschaftliches Wohnen in der Messestadt Riem" entstand in Zusammenarbeit mit der Landschaftsplanerin Ulrike Widmer-Thiel. Sie arbeitet auf den Gebieten Orts- und Gartenplanung. Ihre Grenzüberschreitungen zwischen Natur und Kultur führen sie auf immer neue Entdeckungspfade der Gartengestaltung. www.zaharias.net, www.ulrikes-gärten.de

ARGE zaharias landschaftsarchitekten, Munich and Ulrike Widmer-Thiel Landschaftsplanung, Munich – Housing cooperative in Messestadt Riem, Munich

Each place is unique in its history and relationships to its surroundings. zaharias landschaftsarchitekten develop individual solutions for such places with precise aesthetic qualities. Inside and outside, and outside and its surroundings are woven together by a common architectural language. The centre of focus is always the person as an individual and as a community in its urban context and in relation to nature. The office has been founded in 2004. The office's primary areas of activity lie in the design of urban and rural landscapes at all scales and in all aspects. zaharias landschaftsarchitekten work as an interdisciplinary and project-oriented network of landscape architects, architects, traffic planners, specialist engineers, ecologists and artists. The communal housing project in Messestadt Riem is the product of a collaboration with Ulrike Widmer-Thiel. She works as a planner of places and gardens, transgressing the boundary between nature and culture in search of ever new paths of discovery in the realm of garden design. www.zaharias.net, www.ulrikes-gärten.de

el:ch landschaftsarchitekten, München – Wohnanlage Urbanstraße 11, München

Das Büro el:ch landschaftsarchitekten entstand 2005 in München. Seit 2008 besteht eine Filiale in Berlin. Partner sind Dipl.-Ing. Elisabeth Lesche (TU Dresden) und DI Christian Henke (Boku Wien). Das Tätigkeitsfeld reicht vom Wohnhof bis zum Masterplan, von innerstädtischen Lagen im historischen Kontext bis zu industriellen Folgelandschaften. Ein wesentlicher Anteil der Projekte rekrutiert sich aus erfolgreicher Teilnahme an Wettbewerben. Beide Partner sind selbst als Juroren und in der Lehre tätig. Ein dauerhaftes und flexibles Tragwerk trägt dem räumlichen Kontext Rechnung. Es kommen möglichst dauerhafte Materialien in geometrisch einfacher Formgebung und mit deutlichem Bezug zu Ort und Naturraum zum Einsatz. Die Spannung zwischen klar geformten baulichen Aussagen und spielerischer Vegetation bezieht bewusst eine zeitlich variable Komponente ein. www.elch.la

el:ch landschaftsarchitekten, Munich – Housing complex Urbanstraße 11, Munich

el:ch landschaftsarchitekten was founded in 2005 in Munich. A second office exists in Berlin since 2008. The office is run by the partners Elisabeth Lesche (TU Dresden) and Christian Henke (Boku Vienna). The spectrum of their activities ranges from housing courtyards to masterplans, from inner-city locations to historical contexts or industrial conversion landscapes. The greater part of their commissions has resulted from the successful participation in competitions. Both partners have acted as competition jurors and are involved in teaching. Their work responds to the spatial context by providing a durable and flexible framework. Where possible durable materials are used in simple geometric arrangements, taking care to respond to the respective location and natural surroundings. The tension that results between clearly articulated built statements and the playfulness of vegetation consciously incorporates a temporally variable component. www.elch.la

DIE JURY 2011

Andrea Gebhard, Präsidentin bdla, München

Dr. Gottfried Knapp, Süddeutsche Zeitung, München

Bernd Streitberger, Baudezernent, Köln

Dr. Bernd Hunger, GdW Bundesverband deutscher Wohnungs- und Immobilienunternehmen e.V., Berlin

Guido Hager, Hager Landschaftsarchitektur, Zürich/Schweiz

Prof. Gabriele Kiefer, Büro Kiefer, Berlin

Till Rehwaldt, Rehwaldt Landschaftsarchitekten, Dresden

THE JURY 2011

Andrea Gebhard, President of the bdla, Munich

Dr. Gottfried Knapp, Süddeutsche Zeitung, Munich

Bernd Streitberger, Director of the City Planning Authorities, Cologne

Dr. Bernd Hunger, GdW e.V. – German Association of Housing and Real Estate Companies, Berlin

Guido Hager, Hager Landschaftsarchitektur, Zurich/Switzerland

Prof. Gabriele Kiefer, Büro Kiefer, Berlin

Till Rehwaldt, Rehwaldt Landschaftsarchitekten, Dresden

Über den bdla

Im Bund Deutscher Landschaftsarchitekten bdla haben sich Garten- und Landschaftsarchitekten zusammengeschlossen, um ihre beruflichen Interessen zu vertreten. Zu den Zielen des bdla gehört die Förderung der sozial und ökologisch orientierten Siedlungs- und Landschaftsentwicklung sowie der Freiraumplanung auf der Basis fundierter planerischer und gestalterischer Kenntnisse. Mit dem seit 1993 verliehenen Deutschen Landschaftsarchitektur-Preis würdigt der bdla, ohne Beschränkung auf seine Mitglieder, herausragende Planungsleistungen, die sowohl ästhetisch anspruchsvolle Lösungen als auch ökologische Zielsetzungen aufweisen. Der bdla ist Mitglied der European Federation for Landscape Architecture EFLA und der International Federation of Landscape Architects IFLA. Der Bundesverband hat seinen Sitz in Berlin.

Über die Autoren

KLAUS ELLIGER, geb. 1958. Studium der Architektur in Karlsruhe, Wien und Delft. Arbeit als Hochbau-Architekt in diversen Architekturbüros. 1988 bis 1990 Hochbau-Referendariat bei der Deutschen Bundespost. Von 1990 bis 2008 im Stadtplanungsamt der Stadt Karlsruhe tätig; zunächst als Planer, später als Bereichsleiter. Seit 1997 Mitarbeit im Arbeitskreis Straßenraumgestaltung bei der Deutschen Forschungsgesellschaft für Straßen- und Verkehrswesen. 2001 bis 2004 Lehrbeauftragter an der Universität Karlsruhe. Mitgliedschaften: Deutscher Werkbund (2002), Deutsche Akademie für Städtebau und Landesplanung (2003), außerordentliches Mitglied des BDA (2008). Zahlreiche ehrenamtliche Tätigkeiten in der Architektenkammer Baden-Württemberg. Seit Januar 2008 Leiter des Fachbereichs Städtebau der Stadt Mannheim.

DR. ARMIN HENTSCHEL, geb. 1952. Leiter des Instituts für Soziale Stadtentwicklung, das 1983 als eingetragener Verein zur wissenschaftlichen Publikation in der Wohnforschung gegründet wurde. Im Jahr 2000 hat er die alleinige Leitung des IFSS übernommen. Das Institut arbeitet im Bereich der interdisziplinären Wohn- und Stadtforschung und berät Kommunen, Wohnungsunternehmen, Verbraucherorganisationen

About the bdla

The Federation of German Landscape Architects (Bund Deutscher Landschaftsarchitekten or "bdla") is the professional association for garden and landscape architects in Germany. Its goals include socially and ecologically oriented environmental development, as well as open-space planning based on competent planning and design skills. The German Landscape Architecture Prize, awarded since 1993 and also open to non-members, is the Federation's way of acknowledging outstanding achievements that combine sophisticated aesthetic solutions and ecological objectives. The bdla is a member of the European Federation for Landscape Architecture (EFLA) and of the International Federation of Landscape Architects (IFLA). The Federation's national headquarters are situated in Berlin.

About the authors

KLAUS ELLIGER, b. 1958, studied architecture in Karlsruhe, Vienna and Delft and has worked as an architect in various architectural offices. 1988 to 1990 probationary period with the buildings division of the German Post Office. From 1990 to 2008 town planner with the City of Karlsruhe, initially as a planner, later as head of department. Since 1997, member of the road design work group at the German Research Society for Road and Traffic Engineering. From 2001 to 2004, a lecturer at the University of Karlsruhe. Memberships: German Work Federation (2002), German Academy for Urban Design and Regional Planning (2003), associate member of the BDA Federation of German Architects (2008). Numerous voluntary activities for the Baden-Württemberg Chamber of Architects. Since 2008, Director of Urban Planning at the City of Mannheim.

DR. ARMIN HENTSCHEL, b. 1952, head of the Institute for Social Urban Development that was founded in 1983 – as a registered charity – to publish scientific papers in housing research. In 2000 he took over directorship of the IFSS. The institute works in the field of interdisciplinary housing and urban research and offers advisory services for municipalities, housing associations, con-

und private Investoren. Schwerpunkt ist die Wohnraumplanung und qualitative Wohnforschung. Armin Hentschel war von 1983 bis 1986 wissenschaftlicher Mitarbeiter bei Prof. Hardt-Waltherr Hämer am Forschungsschwerpunkt Stadterneuerung der Hochschule der Künste, Fachbereich Architektur, und hat dort in der Begleitforschung zur behutsamen Stadterneuerung im europäischen Vergleich gearbeitet. Von 1993 bis 1998 war er Gastprofessor für Stadtökonomie und Wohnungswirtschaft an der TU Berlin, Fachbereich Architektur. 1986 wurde er wissenschaftlicher Berater für den Berliner Mieterverein e. V., und seit 1992 arbeitet er als wissenschaftlicher Berater für den Deutschen Mieterbund e.V.

DR. GOTTFRIED KNAPP, geb. 1942 in Stuttgart. Seit 1973 Mitarbeiter und von 1979 bis 2007 Redakteur für Architektur und Kunst im Feuilleton der Süddeutschen Zeitung. In dieser Funktion hat er regelmäßig auch resümierende Artikel über landschaftsplanerische Themen verfasst und war mehrfach als Juror zu Landschaftsarchitektur-Wettbewerben eingeladen. Gottfried Knapp wurde zweimal mit dem 1. Preis des Journalistenwettbewerbs der Deutschen Architektenkammer ausgezeichnet. Weitere Auszeichnungen waren der Ehrenpreis der Vereinigung freischaffender Architekten, der Journalistenpreis des Nationalkomitees für Denkmalschutz und die Hausenstein-Ehrung der Bayerischen Akademie der Schönen Künste, deren Mitglied er seit 2009 ist. Unter seinen zahlreichen Publikationen seien erwähnt die Bildbände „Engel – eine himmlische Komödie" und „Teufel – ein höllisches Vergnügen", monografische Aufsätze über Architekten, Maler, Bildhauer und Zeichner sowie Architekturmonografien über Neuschwanstein, über das Theater des Ludwig-Musicals in Füssen, über das Liechtenstein-Palais in Wien und über das Cuvilliés-Theater in München.

bauchplan).(landschaftsarchitektur und -urbanismus versteht sich als transdisziplinäres Netzwerk mit den ständigen Partnern Tobias Baldauf, Florian Otto, Marie-Theres Okresek und Rupert Halbartschlager. Gegründet 2001 in München, entstand 2004 ein zweiter Sitz in Wien. Dem Schaffen liegt die Idee einer offenen Gesellschaft zugrunde. In zukunftsfähigen Gestaltungsprozessen geht es um einen Dialog zwischen Kultur und Natur. Landschaft wird dabei als Träger zum integralen Bestandteil künftiger gesellschaftlicher Entscheidungsfindungen. Das Interesse gilt deshalb seit beinahe einem Jahrzehnt dem Alltäglichen, dem Prozesshaften und der Suche nach darin verborgenen Po-

sumer organisations and private investors. Its primary area of focus is the planning of housing and qualitative housing research. From 1983 to 1986 Armin Hentschel was a member of staff under Prof. Hardt-Waltherr Hämer conducting research into urban renewal at the Berlin Academy of Arts, Department of Architecture. Here he worked on supporting research comparing European approaches to sensitive urban renewal. From 1993 to 1998 he held a guest professorship for urban economics and housing at the Department of Architecture at the TU Berlin. In 1986 he became a scientific advisor to the Berlin Tenants' Association, in 1992 also for the national umbrella organisation, the Deutscher Mieterbund e.V.

DR. GOTTFRIED KNAPP, b. 1942 in Stuttgart. Since 1973 a member of staff and from 1979 to 2007 editor for art and architecture in the cultural section of the Süddeutsche Zeitung. In this capacity he regularly wrote on issues concerning landscape planning and served on numerous juries for landscape architecture competitions. Gottfried Knapp was twice awarded first prize for journalism by the German Chamber of Architects. Further awards include the Honorary Prize of the Association of Freelance Architects, the Journalism Prize awarded by the National Committee for Historic Conservation and the Hausenstein Award of the Bavarian Academy of Fine Arts, of which he has been a member since 2009. His many publications include "Angel – a heavenly comedy" and "Devil – an infernal amusement", monographs and articles on architects, artists, sculptors and illustrators as well as architecture monographs on Neuschwanstein, on the King Ludwig Musical Theatre in Füssen, the Liechtenstein Palais in Vienna and the Cuvilliés Theatre in Munich.

bauchplan).(landschaftsarchitektur und -urbanismus is conceived as a transdisciplinary network with permanent partners Tobias Baldauf, Florian Otto, Marie-Theres Okresek and Rupert Halbartschlager. Founded in 2001 in Munich, a second office was set up in Vienna in 2004. The work is inspired by the idea of an open society. Sustainable design processes require a dialogue between culture and nature. Landscape as the medium will become an integral part of future decision-making processes in society. For almost a decade, the office has therefore focused on everyday phenomena, on process and the hidden potential contained within. The aim is always to explore phenomena and translate these into specific and sus-

tenzialen. Ziel ist es stets, Phänomene zu erkunden und in zukunftsfä-hige, spezifische Möglichkeitsräume zu übersetzen. Das umgesetzte Resultat ist unmittelbar an seinen Entstehungsprozess gekoppelt.

DR. CONSTANZE PETROW, geb. 1971. Studium der Landschaftspla-nung an der Technischen Universität Berlin. 1997 bis 2000 Mitarbeit in Berliner Landschaftsarchitekturbüros. 2001 bis 2008 wissenschaftli-che Mitarbeiterin am Lehrstuhl Landschaftsarchitektur der Bauhaus-Universität Weimar. 2007 Gastdozentur am Washington Alexandria Ar-chitecture Center, Washington D.C. Seit 2001 freiberufliche Tätigkeit als Fachjournalistin. 2009 Promotion an der Leibniz Universität Han-nover zur öffentlichen Wahrnehmung zeitgenössischer Landschaftsar-chitektur. Seit 2009 wissenschaftliche Assistentin am Fachgebiet Ent-werfen und Freiraumplanung der TU Darmstadt und Mitglied des Forschungsschwerpunkts Stadtforschung der TU Darmstadt.

TILL REHWALDT, geb. 1965, studierte von 1985 bis 1990 an der Techni-schen Universität Dresden und war am dortigen Institut für Land-schaftsarchitektur bis 1996 als wissenschaftlicher Mitarbeiter tätig. Nach dem Gewinn eines Wettbewerbs war der Landschaftspark Zittau-Olbersdorf 1999 sein erstes bedeutendes Werk. Inzwischen ist eine Reihe von Projekten hinzugekommen, die sich vor allem mit Fragestel-lungen im öffentlichen Raum befassen. Die Planung des „ULAP-Platzes" in Berlin-Mitte erhielt 2009 den Deutschen Landschaftsarchitektur-Preis. Von 2006 bis 2008 war Till Rehwaldt Gastprofessor am Fachge-biet Objektplanung und Entwerfen der Technischen Universität Berlin. Regelmäßig ist er als Preisrichter in Wettbewerbsverfahren sowie als Gutachter und Autor tätig.

THIES SCHRÖDER, geb. 1965, studierte Landschaftsplanung an der Technischen Universität Berlin. Fachjournalist, Redakteur und Autor im Bereich Landschaftsarchitektur, Städtebau und Regionalentwicklung. Entwickelt und betreut Kommunikationsprodukte und -konzepte in Zu-sammenarbeit mit privaten und öffentlichen Auftraggebern. Zu seinen Buchpublikationen zählen unter anderem *Inszenierte Naturen. Zeitge-nössische Landschaftsarchitektur in Europa*, *Gartenkunst 2001*, *Mögli-che Räume. Stadt schafft Landschaft*. Thies Schröder leitet ts|pk thies schröder planungskommunikation und den L&H Verlag in Berlin. Er ist zudem Geschäftsführer der Ferropolis GmbH und betreibt in diesem Projekt ganz praktisch eine Standortentwicklung per Kulturevents. Seit 2009 ist er Gastwissenschaftler an der Leibniz Universität Hannover.

tainable spaces of possibility. The end result is intimately bound up with its process of evolution.

DR. CONSTANZE PETROW, b. 1971, studied landscape planning at the Technical University in Berlin, and worked from 1997 to 2000 in landscape architecture offices in Berlin. From 2001 to 2008, she was a member of staff at the Bauhaus-Universität Weimar, in 2007 serv-ing as a guest lecturer at Washington Alexandria Architecture Center in Washington D.C. Since 2001 she has also worked as a freelance journalist. In 2009 she completed her doctorate on the public perception of contemporary landscape architecture at the Leibniz University in Hanover. In 2009 she joined the Department for Design and Open-Space Planning at the TU Darmstadt where she is also a member of the Urban Research task group.

TILL REHWALDT, b. 1965, studied from 1985 to 1990 at the Techni-cal University in Dresden, where he stayed on as a member of staff at the Institute for Landscape Architecture until 1996. His first im-portant work, the Landscape Park in Zittau-Olbersdorf, was real-ised in 1999 after winning the competition. Since then a series of projects have followed, all of which deal primarily with aspects of public space. His design for the "ULAP Park" in Berlin-Mitte was awarded the German Landscape Architecture Prize in 2009. From 2006 to 2008, Till Rehwaldt was guest professor at the Department of Landscape Architecture and Environmental Planning at the Technical University in Berlin. He regularly serves as a competition juror and also works as an expert consultant and author.

THIES SCHRÖDER, b. 1965, studied landscape planning at the Tech-nical University in Berlin. Specialist journalist, editor and author in the fields of landscape architecture, urban and regional develop-ment. Develops and oversees communications products and con-cepts in cooperation with private and public clients. Published works include *Changes in Scenery – Contemporary Landscape Architec-ture in Europe*, *Garden Art 2001*, and *Mögliche Räume. Stadt schafft Landschaft*. Director of ts|pk thies schröder planungskommunikation and the L&H Verlag publishing company in Berlin. Thies Schröder is also director of Ferropolis GmbH, through which he promotes location development through the practical means of cultural events. Since autumn 2009, he is also a guest researcher at the Leibniz University in Hanover.

PROF. CHRISTIANE THALGOTT, geb. 1942, studierte Architektur an der Technischen Universität Braunschweig und der Technischen Universität München. Von 1971 bis 1972 war sie an der TU München wissenschaftliche Mitarbeiterin für ländliches Bau- und Siedlungswesen. Sie arbeitete von 1972 bis 1987 als Stadtplanerin im Stadtbauamt Norderstedt. Von 1985 bis 1987 hatte sie einen Lehrauftrag an der Universität Kiel. Von 1987 bis 1992 war sie Stadtbaurätin in Kassel und von 1992 bis 2007 Stadtbaurätin in München. Ab 1992 hielt sie Vorlesungen an der TU München, ab 2003 war sie Honorarprofessorin an der TU München. Seit 2007 übt sie eine Beratertätigkeit für städtebauliche Verfahren aus. Sie ist Mitglied in zahlreichen Verbänden, z. B. beim BDA, Werkbund, Wohnbund, DASL (Deutsche Akademie für Städtebau und Landesplanung) und VHW (Bundesverband für Wohneigentum und Stadtentwicklung).

PROF. DR. UDO WEILACHER, geb. 1963, ist Landschaftsarchitekt mit Ausbildung im Garten- und Landschaftsbau, bevor er 1986 Landespflege an der Technischen Universität München studierte. Von 1989 bis 1990 war er an der California State Polytechnic University Pomona, Los Angeles, und schloss sein Landschaftsarchitekturstudium an der TU München 1993 ab. Danach war er als wissenschaftlicher Angestellter und Lehrbeauftragter an der Universität Karlsruhe und an der ETH Zürich tätig, wo er 2002 seine Dissertation mit Auszeichnung fertigstellte. 2002 wurde er als Professor für Landschaftsarchitektur an die Universität Hannover berufen und leitete dort von 2006 bis 2008 als Dekan die Fakultät für Architektur und Landschaft. Seit April 2009 ist Weilacher Professor für Landschaftsarchitektur und industrielle Landschaft an der TU München.

PROF. CHRISTIANE THALGOTT, b. 1942, studied architecture at the Technical University in Braunschweig and the Technical University in Munich. From 1971 to 1972 she worked at the TU Munich in the Department for Rural Architecture and Settlement and from 1972 to 1987 as a town planner at the Planning Authority in Norderstedt, lecturing additionally from 1985 to 1987 at the University of Kiel. In 1987 she headed the planning department in Kassel for five years before becoming head of the municipal planning and building control department at the City of Munich in 1992, a position she held until 2007. Since 2007 she offers consultancy services for urban design and planning procedures. She is a member of numerous organisations, for example the BDA Association of German Architects, the German Work Federation, the German Housing Federation, DASL (German Academy for Urban Design and Regional Planning) and the VHW (National Association for Private Housing and Urban Development).

PROF. DR. UDO WEILACHER, b. 1963, is a landscape architect with a professional background in gardening and landscaping. In 1986 he studied Regional Development at the Technical University in Munich, spending 1989 to 1990 at California State Polytechnic University Pomona in Los Angeles before finishing his landscape architecture studies at the TU Munich in 1993. After a period as a member of staff and lecturer at the University of Karlsruhe, he joined the ETH Zurich where he completed his doctorate with distinction in 2002. In 2002 he became Professor for Landscape Architecture at the University of Hanover, where he was also Dean of the Faculty of Architecture and Landscape from 2006 to 2008. In April 2009, Weilacher became Professor for Landscape Architecture and the Industrial Landscape at the TU Munich.

Über die Förderer der Publikation

BRUNS-PFLANZEN-EXPORT GMBH & CO. KG Bruns-Pflanzen-Export wurde 1876 durch den ersten Gärtner der Familie, Diedrich-Gerhard Bruns, gegründet. In über 130 Jahren entwickelte sich eine der größten Baumschulen Europas. Die Anbauflächen liegen im Ammerland rund um das Zwischenahner Meer und haben eine Größe von mehr als 500 Hektar. 80 Prozent der Pflanzen werden über den Garten- und Landschaftsbau für die Objekt- und Landschaftsbegrünung für private und auch öffentliche Investoren geliefert. 20 Prozent des Umsatzes werden im Gartencenter-Bereich getätigt. Ein besonderer Schwerpunkt in der Produktion der Baumschule Bruns sind Solitärgehölze und bis zu 40-jährige Solitärbäume. Ein weiterer Schwerpunkt liegt in der Produktion von Formgehölzen. Die Pflanzen werden deutschland-, aber auch europaweit verkauft. www.bruns.de

COMPUTERWORKS GMBH Die ComputerWorks GmbH, 1989 in Lörrach gegründet, entwickelt und vertreibt Softwarelösungen für Apple Macintosh® und Microsoft Windows®. Die beiden Standorte in Lörrach und Basel betreuen den deutschsprachigen Markt mit einem Team von mehr als 50 Mitarbeitern. ComputerWorks ist spezialisiert auf Softwareprodukte für Bauwesen und Design. Der Schwerpunkt der Entwicklung liegt bei der CAD-Software Vectorworks. Mit mehr als 450.000 Anwendern weltweit ist Vectorworks das meistgenutzte CAD-Programm auf dem Apple Macintosh und eines der führenden für Windows. Zu den Anwendern der Softwarelösungen zählen z. B. Landschaftsarchitekten, Architekten, Innenarchitekten, Städtebauer, Garten- und Landschaftsbauer, technische Zeichner, Designer, Eventveranstalter und Kommunen. www.computerworks.de

DEHNER GMBH & CO. KG Dehner Garten-Center wurde 1947 im bayerischen Rain am Lech als kleine Gärtnerei und Samenhandlung gegründet und hat sich als Familienunternehmen durch kontinuierliches Wachstum und innovatives Handeln in den vergangenen Jahren zum Marktführer der Gartencenter-Branche entwickelt. Heute gibt es von Kiel bis Graz 107 Gartencenter. Das Sortiment der Gartenmärkte umfasst ein saisonal wechselndes Angebot von Pflanzen in herausragender Qualität sowie eine große Produktpalette mit ca. 50.000 Artikeln rund um die Themen Garten, Zoo und Freizeit, präsentiert auf durchschnittlich 5.000 Quadratmetern Verkaufsfläche. www.dehner.de

About the sponsors of the publication

BRUNS-PFLANZEN-EXPORT GMBH & CO. KG Bruns-Pflanzen-Export was founded in 1876 by Diedrich-Gerhard Bruns, the first gardener in the family. Over the course of 130 years, Bruns has become one of the largest tree nurseries in Europe. Its plants are cultivated on over 500 hectares of land in Ammerland around the Zwischenahner Meer. Eighty percent of the plants it produces are sold to private or public clients via gardening and landscaping contractors, while 20 percent of the turnover is generated in garden centre sales. Bruns specialises in producing solitaire woody plants, and up to 40-year old solitary trees. They also produce form-clipped woody plants. Bruns' plants are sold throughout Germany and Europe. www.bruns.de

COMPUTERWORKS GMBH ComputerWorks GmbH, founded in 1989 in Lörrach, develops and distributes software for the Apple Macintosh® and Microsoft Windows®. A team of over 50 members of staff based in Lörrach and Basel cater for the German language market. ComputerWorks specialises in software products for the construction and design industries, with special focus on the CAD software Vectorworks. With more than 450,000 installations worldwide, Vectorworks is the most popular CAD programme on the Apple Macintosh and a leading programme on Windows. ComputerWorks' software solutions are used by landscape architects, architects, interior designers, urban designers, garden and landscaping firms, technical draughtsmen, designers, event designers and public authorities. www.computerworks.de

DEHNER GMBH & CO. KG Dehner Garten-Center began in 1947 in Rain am Lech, Bavaria, as a small garden nursery and seed shop. Over the years the family-run business has embraced innovation and grown steadily to become one of the market leaders in the garden centres sector. Today there are more than 107 garden centres between Kiel and Graz. Dehner garden centres offer a seasonal range of top-quality plants and a wide variety of items related to gardens, pets and leisure, with approximately 50,000 products displayed over an average of 5,000 square metres of sales floor space. www.dehner.de

DEUTSCHER MIETERBUND E.V. Der Deutsche Mieterbund (DMB) ist der Dachverband von 320 örtlichen Mietervereinen mit mehr als 500 Beratungsstellen in ganz Deutschland. Die Mietervereine sind Interessenvertreter und Rechtsberater vor Ort. Der Dachverband vertritt die politischen Interessen aller Mieter. Zu den Themen der Mieterorganisation gehören sowohl „klassische" Mieterthemen als auch Fragen der energetischen Modernisierung und des verstärkten Einsatzes erneuerbarer Energien, des Städtebaus, der Städtebauförderung und der Gestaltung des Wohnumfeldes. Die Arbeit der Mieterorganisation wird aus Mitgliedsbeiträgen finanziert. Eine öffentliche Förderung gibt es nicht. www.mieterbund.de

GDW BUNDESVERBAND DEUTSCHER WOHNUNGS- UND IMMOBILIEN-UNTERNEHMEN Der GdW Bundesverband deutscher Wohnungs- und Immobilienunternehmen vertritt als größter deutscher Branchendachverband bundesweit und auf europäischer Ebene rund 3.000 kommunale, genossenschaftliche, kirchliche, privatwirtschaftliche, landes- und bundeseigene Wohnungsunternehmen. Sie bewirtschaften rund sechs Millionen Wohnungen, in denen über 13 Millionen Menschen wohnen. Der GdW repräsentiert damit Wohnungsunternehmen, die fast 30 Prozent aller Mietwohnungen in Deutschland bewirtschaften. www.gdw.de

RINN BETON- UND NATURSTEIN GMBH & CO. KG Rinn Beton- und Naturstein ist ein modernes Familienunternehmen in der vierten Generation. Es produziert das komplette Sortiment an Betonsteinprodukten für Garten- und Landschaftsbau sowie Stadtgestaltung. Spezialitäten sind großformatige Magnumplatten für öffentliche Flächen, Maßanfertigungen und Sonderfarben für individuelle Lösungen. Als einziger Hersteller hat Rinn Betonsteine mit Teflon®-Schutz entwickelt, die besonders reinigungsfreundlich, farbstabil und strapazierfähig sind. Aktuell hat Rinn Partnerschaft geschlossen mit Escofet, Barcelona, Hersteller von Sitz- und Designmöbeln für den öffentlichen Bereich. www.rinn.net

DEUTSCHER MIETERBUND E.V. The Deutscher Mieterbund (DMB), the German Tenants' Association, is an umbrella organisation for 320 local tenants' associations, with more than 500 advice centres throughout Germany. The tenants' associations represent tenants locally and offer legal assistance, while the DMB represents the interests of all tenants on a political level. The associations deal with both traditional tenants' issues as well as aspects such as energy efficient modernisation, the increased use of renewable energy resources, issues of urban planning and grant funding and the design of living environments. The work of the association is financed by membership fees; the organisation receives no public funding. www.mieterbund.de

GDW BUNDESVERBAND DEUTSCHER WOHNUNGS- UND IMMOBILIENUNTERNEHMEN The GdW, the German Association of Housing and Real Estate Companies, as the largest sectoral German umbrella organisation nationwide and at a European level, represents some 3,000 municipal, cooperative, church-run, commercial, state and national housing associations. Together, they manage some 6 million apartments housing 13 million people. The GdW therefore represents housing associations that together manage almost 30 percent of all rented accommodation in Germany. www.gdw.de

RINN BETON- UND NATURSTEIN GMBH & CO. KG Rinn is a modern fourth-generation family business and produces a complete range of pre-cast concrete and stone products for use in garden and landscape architecture and urban environments. Specialist products include large-format Magnum paving slabs for public areas as well as made-to-measure items and special colours for individual solutions. Rinn is the only manufacturer to have developed pre-cast concrete products with Teflon® protection that makes them easy to clean, colourfast and hard-wearing. Rinn has recently entered into a collaboration with Escofet in Barcelona, a manufacturer of seating and design furniture for public outdoor spaces. www.rinn.net

Bildnachweis

3+ FREIRAUMPLANER 130
ag.u Lange Landschaftsarchitektur
  Umweltplanung 107
ARGE ParkQuartier Berg 51
ARGE zaharias landschaftsarchitek-
  ten, Ulrike Widmer-Thiel
  Landschaftsplanung 98 oben
atelier le balto 42, 43
bauchplan).(landschaftsarchitek-
  tur und -urbanismus 22, 31
Beierle, Edward 20, 21
bgmr Landschaftsarchitekten 129
Bierwald, Simon 125
Birgit Hammer Landschafts.
  Architektur 63, 64, 65, 66, 67,
  68, 69
Boden, Andreas 144 rechts
club L94 Landschaftsarchitekten 72
Dale, Steven/creativeurbanproject.
  com 18, 19
Depenbrock, Florian 142 links
Dobratz, Tobias 142 links
Dreppenstedt, Claas 117 rechts
Drünkler, Katrin 138 links
el:ch landschaftsarchitekten 100,
  101
Flender, Paul 37
Foster + Partners 16
Fotoatelier2/Holtschneider &
  Peetz 73
Frahm, Klaus 133
FrauenWohnen eG 98 unten, 99
frei raum concept Sinz-Beerstecher
  + Böpple Landschaftsarchitek-
  ten bdla 96, 97
Freyer, Roger 89 unten
Fugmann Janotta Landschaftsarchi-
  tektur und Landschaftsentwick-
  lung bdla 55, 57 unten rechts,
  59 unten, 61 oben
Gladrow, Norbert 151, 155, 156
grigoleit Landschaftsarchitektur
  Umweltplanung 107
gruppe F Landschaftsarchitekten
  Pütz, Kleyhauer, Bauermeis-
  ter 89 oben, 90, 91
Häfner/Jimenez Büro für Land-
  schaftsarchitektur 103 unten,
  111
Häne, Roman 136 links
Imgenberg, Katharina 146 rechts
Irene Burkhardt Landschaftsarchi-
  tekten 84, 85
Joosten, Hanns 77, 79, 103 oben,
  106
Karl, Martin 118
KARO* architekten 46, 47
Keller & Damm Landschaftsarchi-
  tekten Stadtplaner 40, 41, 48,
  49, 131
Kluge, Heike 144 rechts
Knödler, Luc Walter 144 links
Kohlke, Markus 136 rechts
König, Martin 144 rechts
Kraft, Markus 140 rechts
Landeshauptstadt München/
  Referat für Stadtplanung und
  Bauordnung 27, 29, 30

Laudan, Johann 146 links
Levin Monsigny Landschaftsarchi-
  tekten GmbH 117 links
Libuda, Christo/Lichtschwär-
  mer 104
Lieven, B. 59 oben
Luftbild Redl 9
LUZ Landschaftsarchitektur 50
Meyer, Constantin 122, 123
Mueller + Partner Landschaftsarchi-
  tekten bdla 34, 35
Müller, Stefan 70, 71
Nagy, Michael/Landeshauptstadt
  München 23
NUWOG Wohnungsbaugesellschaft
  der Stadt Neu-Ulm GmbH 95
  unten
Nyffenegger, Brigitte 121
Outside! Landschaftsarchitekten 92
Planungsgruppe Valentien
  108 unten
Raulf, Regina 146 rechts
realgrün Landschaftsarchitek-
  ten 120
Rebmann, Martin 93 unten
Richter, Christoph 142 rechts
Risanamento SpA P.I. 15
Rolfes, Johannes 140 links
Rotzler Krebs Partner GmbH
  Landschaftsarchitekten
  BSLA 80, 81
Rümpelein, Jochen/verd.de
  Landschaftsarchitektur 94
  unten, 95 oben
schreiberplan 119
schreinerkastler/Wien 12
Schwager, Christian 83
Schwarzenberger, Anton 132
Scopacasa, Antonello 138 rechts
Siefke, Jan 108/109
Sima, Christine 144 links
sinai. Faust. Schroll. Schwarz.
  GmbH 112, 113 oben
Spieler, Silvio 136 links
Studio Bürgi/Paolo L. Bürgi 75 oben
  rechts, unten
Studio Bürgi/Peter Liedtke
  75 oben links
Süß, Andreas 113 Mitte, unten
Teutsch-Ritz-Rebmann Land-
  schaftsarchitekten 93 oben
Thoma, Matthias 39
Uhlmann, Michael 110
verd.de Landschaftsarchitektur 94
  oben
Wächter, Carolin 148
Waltz, Nicolas 148
Weilacher, Udo 11
Wette & Küneke GbR Landschafts-
  architekten 128
Wiggenhorn & van den Hövel
  Landschaftsarchitekten
  bdla 127
Winkelmeier, Philip Titelbild 56,
  57 oben, 57 unten links, 58, 60,
  61 unten
Zaharias, Gabriella 39

Illustration credits

3+ FREIRAUMPLANER 130
ag.u Lange Landschaftsarchitektur
  Umweltplanung 107
ARGE ParkQuartier Berg 51
ARGE zaharias landschaftsarchitek-
  ten, Ulrike Widmer-Thiel
  Landschaftsplanung 98 top
atelier le balto 42, 43
bauchplan).(landschaftsarchi-
  tektur und -urbanismus 22, 31
Beierle, Edward 20, 21
bgmr Landschaftsarchitekten 129
Bierwald, Simon 125
Birgit Hammer Landschafts.
  Architektur 63, 64, 65, 66, 67,
  68, 69
Boden, Andreas 144 rechts
club L94 Landschaftsarchitekten 72
Dale, Steven/creativeurbanproject.
  com 18, 19
Depenbrock, Florian 142 left
Dobratz, Tobias 142 left
Dreppenstedt, Claas 117 right
Drünkler, Katrin 138 left
el:ch landschaftsarchitekten 100,
  101
Flender, Paul 37
Foster + Partners 16
Fotoatelier2/Holtschneider &
  Peetz 73
Frahm, Klaus 133
FrauenWohnen eG 98 bottom 99
frei raum concept Sinz-Beerstecher
  + Böpple Landschaftsarchitek-
  ten bdla 96, 97
Freyer, Roger 89 bottom
Fugmann Janotta Landschaftsarchi-
  tektur und Landschaftsentwick-
  lung bdla 55, 57 bottom right ,
  59 bottom, 61 top
Gladrow, Norbert 151, 155, 156
grigoleit Landschaftsarchitektur
  Umweltplanung 107
gruppe F Landschaftsarchitekten
  Pütz, Kleyhauer, Bauermeis-
  ter 89 top, 90, 91
Häfner/Jimenez Büro für Land-
  schaftsarchitektur 103 bottom,
  111
Häne, Roman 136 left
Imgenberg, Katharina 146 right
Irene Burkhardt Landschaftsarchi-
  tekten 84, 85
Joosten, Hanns 77, 79, 103 top, 106
Karl, Martin 118
KARO* architekten 46, 47
Keller & Damm Landschaftsarchi-
  tekten Stadtplaner 40, 41, 48,
  49, 131
Kluge, Heike 144 right
Knödler, Luc Walter 144 left
Kohlke, Markus 136 right
König, Martin 144 right
Kraft, Markus 140 right
Landeshauptstadt München/
  Referat für Stadtplanung und
  Bauordnung 27, 29, 30

Laudan, Johann 146 left
Levin Monsigny Landschaftsarchi-
  tekten GmbH 117 left
Libuda, Christo/Lichtschwär-
  mer 104
Lieven, B. 59 top
Luftbild Redl 9
LUZ Landschaftsarchitektur 50
Meyer, Constantin 122, 123
Mueller + Partner Landschaftsarchi-
  tekten bdla 34, 35
Müller, Stefan 70, 71
Nagy, Michael/Landeshauptstadt
  München 23
NUWOG Wohnungsbaugesellschaft
  der Stadt Neu-Ulm GmbH 95
  bottom
Nyffenegger, Brigitte 121
Outside! Landschaftsarchitekten 92
Planungsgruppe Valentien 108
  bottom
Raulf, Regina 146 right
realgrün Landschaftsarchitek-
  ten 120
Rebmann, Martin 93 bottom
Richter, Christoph 142 right
Risanamento SpA P.I. 15
Rolfes, Johannes 140 left
Rotzler Krebs Partner GmbH
  Landschaftsarchitekten
  BSLA 80, 81
Rümpelein, Jochen/verd.de
  Landschaftsarchitektur 94 bot-
  tom, 95 right
schreiberplan 119
schreinerkastler/Wien 12
Schwager, Christian 83
Schwarzenberger, Anton 132
Scopacasa, Antonello 138 right
Siefke, Jan 108/109
Sima, Christine 144 left
sinai. Faust. Schroll. Schwarz.
  GmbH 112, 113 top
Spieler, Silvio 136 left
Studio Bürgi/Paolo L. Bürgi
  75 top right, bottom
Studio Bürgi/Peter Liedtke
  75 top left
Süß, Andreas 113 middle, below
Teutsch-Ritz-Rebmann Land-
  schaftsarchitekten 93 top
Thoma, Matthias 39
Uhlmann, Michael 110
verd.de Landschaftsarchitektur 94
  top
Wächter, Carolin 148
Waltz, Nicolas 148
Weilacher, Udo 11
Wette & Küneke GbR Landschafts-
  architekten 128
Wiggenhorn & van den Hövel
  Landschaftsarchitekten
  bdla 127
Winkelmeier, Philip, title page 56,
  57 top, 57 bottom left, 58, 60,
  61 bottom
Zaharias, Gabriella 39